数智城市的运行逻辑

——探索特大城市治理现代化的南京实践

于君博　王路遥　孔繁斌　著

中国科学技术出版社

·北　京·

图书在版编目（CIP）数据

数智城市的运行逻辑：探索特大城市治理现代化的南京实践 / 于君博，王路遥，孔繁斌著 . -- 北京：中国科学技术出版社，2025.5. -- ISBN 978-7-5236-0979-8

Ⅰ. F299.275.31

中国国家版本馆 CIP 数据核字第 2024UQ0020 号

策划编辑	邓涵文　刘洞天
责任编辑	张敬一
封面设计	中文天地
正文设计	中文天地
责任校对	吕传新
责任印制	徐　飞

出　　版	中国科学技术出版社
发　　行	中国科学技术出版社有限公司
地　　址	北京市海淀区中关村南大街 16 号
邮　　编	100081
发行电话	010-62173865
传　　真	010-62173081
网　　址	http://www.cspbooks.com.cn

开　　本	720mm×1000mm　1/ 小 16
字　　数	318 千字
印　　张	19.5
版　　次	2025 年 5 月第 1 版
印　　次	2025 年 5 月第 1 次印刷
印　　刷	河北鑫玉鸿程印刷有限公司
书　　号	ISBN 978-7-5236-0979-8 / F·1300
定　　价	79.00 元

目 录
CONTENTS

第一章
数智城市的社会意义

城市作为人类文明发展的重要载体，其历史可以追溯到几千年前。最早的城市出现在古代两大文明中心——美索不达米亚和尼罗河流域，如苏美尔城邦和古埃及都城。随着工业革命的到来，城市化进程加速，城市规模不断扩大，城市功能日益复杂。二十世纪后期，信息技术的发展推动了城市的转型，位居发展前沿的城市开始向"智慧城市"方向转型升级。

2019 年，流行性病毒的爆发，无疑给城市的正常运转带来了巨大冲击，也让前沿城市向数智城市的转型蒙上了阴影。疫情导致城市经济活动大幅萎缩，城市财政收入大幅下降，地方政府面临巨大的压力。同时，疫情也暴露了城市在公共卫生、医疗资源、社会保障等方面的诸多短板。而城市也为应对疫情冲击、保护居民生命安全、维持城市运行积极采取了大量信息化和数字化手段。

首先，城市广泛使用移动定位、大数据等技术手段，追踪和管控疫情传播。许多城市开发了疫情防控 APP（应用程序），实现对感染者轨迹的实时监测和管控；还利用大数据分析，精准识别高风险人群，有针对性地采取隔离等措施。其次，疫情期间，远程办公、在线教育等数字化手段的广泛应用，有效维持了城市的经济运转和公共服务。许多企业和政府机构通过视频会议、在线协作等方式，实现了远程办公，保证了工作的正常进行；在线教育平台的广泛使用，也确保了学生的学习不受疫情影响。

这些数字化手段不仅提高了城市的抗疫能力，同时也为城市向数智化转型奠定了基础。疫情也加速了城市基础设施的数字化升级，许多城市加快了5G（第五代移动通信技术）、物联网等新型基础设施的建设，提升了城市的数字化水平。同时，地方政府进一步加大投入，完善了远程医疗、智慧交通等数字化公共服务，提高了城市运行的效率和韧性。

在历史进程中，城市一直是传染病发展的温床。14 世纪，黑死病杀死了欧洲和中东地区三分之一的人口。19 世纪，霍乱摧毁了伦敦、巴黎、莫斯科、汉堡、纽约和芝加哥等大城市。1918—1920 年，大流感夺去全世界 5000 万人的生命。历史上传染病造成严重破坏，并导致重大的文化、政治和城市规划变化，但传染病并没有削弱大城市在社会中的作用。从长远来看，没有任何传染病、自然灾害或战争能够扼杀城市的增长和中心地位。数字技术对社交距离史无前例地压缩，并没有如一些未来学家所预测的那样，让城市密植经济社会资源的优势大幅衰减。事实上，过去两个世纪，随着交通通信能力的每一次重大改进，城市化进程也在加快。因此，尽管流行性病毒在某些城市造成了严重破坏，但它不太可能破坏长期城市化进程和城市的经济作用。创新、创造和经济增长需要人才与经济资产的聚集、面对面互动、创意蜂鸣、多样性以及只有城市才能提供的规模经济优势。奇特的是，交通通信技术促进日常互动越是有效，我们越是能发明出需要线下互动且具有创造性的尖端合作。纵观历史，这其实是大城市总是能从流行病和其他各种危机灾难的破坏中恢复过来的根本原因。

一、技术进步与城市发展的互动

工业革命是人类历史上一系列重大技术变革的总称，它推动了城市化进程的不断深化。从第一次工业革命到第三次工业革命，每一次革命都为城市带来了发展的新动力和新特征。

第一次工业革命始于 18 世纪中期的英国，以蒸汽机为代表的机械化生产技术极大地提高了生产效率，促进了工厂制度的形成。大量农民涌入城市寻找工作机会，城市人口急剧增加，城市规模不断扩大。在这一时期，城市面临着严重的卫生、交通、住房等问题，工人阶级的生活环境恶劣，卫生状况极差，疾病流行。城市规划者开始关注城市基础设施建设，如供水、排水、道路等，以改善城市居民的生活质量。城市管理和规划成为亟待解决的城市功能和公共服务问题。

19 世纪末到 20 世纪初，第二次工业革命以电力和汽车为代表，进一步推动了城市化进程。电力的广泛应用，使城市的夜间照明、工厂生产、交通运输等领域得到了极大改善。汽车的出现，则极大地改变了城市的空间结构，城市开始向郊区扩张，城市中心与郊区之间的联系日益密切。在这一时期，城市规划开始关注城市的整体布局，注重城市功能的合理分区，如居住区、工业区、商业区等。城市基础设施建设也进一步得到完善，城市公共交通网络的建设使得城市空间得到更好的利用。

值得注意的是，随着原子能、电子、化学和航天技术等领域在 20 世纪 40 年代以来的重大突破，一批新兴的工业部门（新能源、信息、生物、海洋和管理等技术群）以较快的速度发展起来。这个发展使新兴工业取代了传统制造业在国民经济中占据的主导地位，同时也促使城市的经济结构、就业结构、社会结构、消费结构发生了重大变化。新兴工业以信息技术为核心，需要高起点上的技术与管理的创新。信息生产的一个显著特征是社会的广泛参与，这种社会化生产程度日益提高，使得城市治理不能再依赖于单一模式。这个转变对城市治理提出了更高的挑战。信息社会最早萌芽就是在这一时期。虽然生活在工业鼎盛时期的欧美城市居民仍然认为自己生活在工业社会里，但事实上他们已经进入一个以创造和分配信息为基础的经济社会，正如奈斯比特所说："从表面上看，美国似乎是一个繁荣的工业经济社会，然而，一项很少为人注意的、带有象征性的里程碑却宣告了一个时代的结束：1956 年，在美国历史上第一次出现了从事技术、管理和服务工作的白领工人数量超过了蓝领工人。美国工业社会让路给一个新社会，在这个新社会里，大多数人要处理信息，而不是生产产品。"[1]

20 世纪后期，以信息技术为代表的第三次工业革命，进一步推动了城市化的发展。20 世纪 80 年代，美国、德国等国首先出现了传统制造业向以智力为基础的服务业的演变。随着高新科技的广泛运用，信息处理成为越来越多人的需要。这种发展趋势正如奈斯比特描绘经济全球化背景时所预言的那样：联系全球的电子计算机网络和信息高速公路的建立，使电视、电话、电脑连为一体，最终将使整个世界变成地球村。在现实中，地球村最初和最活跃的成员，就是城市，尤其是具有辐射全球的交通、通信设施和金融及人员集聚能力的"枢纽"城市（Hub City）。直至 20 世纪末，信息通信技术和信息产业持续地大规模发展，使许多分析者和政治家开始怀疑城市依靠空间集聚而获得的地理枢纽地位的延续性。相对于爆炸发展且克服了沟通距离障碍的虚拟经济，作为一个经济实体，城市吸引力的消退似乎不可避免。

然而，当城市因为空间的浓缩和人口的聚集而经受了流行性病毒最猛烈的打击后，它却奇迹般地在世界各地为居民提供了相对更佳的健康保护、可靠的生存保障与具灵活性和韧性的复苏方案。研究者、决策者和他们的市民邻居同时意识到，技术诚然通过缩短距离、降低成本持续削弱了城市的优势，但却同时在知识、创新和高效协作的治理方面持续为城市赋能。这让城市在信息和组织维度上成了数智复合体（Digital Intelligent Synthesis，DIS），在决策而非生产意义上、在协作而非分工意义上、在发展而非增长意义上，再次占据了开拓人类未来的高地。

二、城市中的生产、就业与组织

在第一次和第二次工业革命中，城市将富有特色的技术、各种社会组织机构及情报信息手段紧密结合在一起，创建了一个惊人的"生产－组织－空间"一体化社会制度。城市社会生产力的空前发展，使人们首先看到城市就业结构的快速变化。随着农业社会向工业社会转变，农业劳动力不断流向在城市聚集的制造业。在工业社会趋于成熟的过程中，制造业劳动力不断增加直至超过农业劳动力，最后不仅农业劳动力继续减少，城市中的制造业劳动力也不断被服务业雇佣劳动力所取代。从 1870 年至 1910 年，美国农业劳动力人口由 53% 下降到 31.6%。之后，大量劳动力和资本又陆续从农业和工业流入公共行政事业和公共服务业。到 20 世纪 60 年代末，白领工人在美国总劳动力人口中的比例已占到 46.7%，这个比例于 20 世纪 80 年代初上升到 50.8%，城市的白领工人成为增长最快的社会职业集团。随着越来越多的城市工作实现了自动化，工人不断离开装配线去从事专业人员、管理人员、办事员和推销员的工作，制造业内白领的占比因此而快速增长。由于科技革命迅猛发展，具备现代科技知识的人才队伍（如教师、工程师和科技人员）也发生了大规模的变化。

城市中就业结构出现这样的流动趋势，在经济学意义上，是因为后现代化的服务产业更善于将城市的基础设施、公共物品予以规模化利用。而从社会学的角度看，其主要原因在于高新技术产业和新兴服务业催生了更加多元、灵活的组织结构和身份认同，从而在更紧密的组织协同过程中推动激励制度和社会契约安排的创新。深入这些城市中新产业的组织结构，革新、改造组织激励制度和组织间契约安排的能力要比合理化生产的能力更具决定作用。因此，人们投入竞争的主要目的首先不是获得持续的赢利，而是谋取足够的革新和改造能力。于是，基于大众生产与消费的工业社会的主要特征，以及基于社会需求稳定之上的所谓西方工业文明的主要特征，都在信息时代的城市中发生着深刻的变化。规模与整体的优势正在失去其重要性，或者说，一种新的运作逻辑正在形成。

现代工业的发展不仅为城市开创了新的生产活动领域，而且也为城市居民组织建立新的激励与协同机制创造了条件。因此，完善城市中各类组织的管理制度变得越来越重要，也就是说，经济社会活动中的规则将日益繁多。人们应付这种环境的对策：对其针对性的识别以及对其演变趋势的把握，也成为城市微观运行中最核心的素质。其实，在当今市场竞争中，有用信息的真正获得在很大程度上取决于参与者对相关对策资源进行选择和利用的有效性。步入信息时代的人们或许已经感受到，新机遇的掌握要求一种新的集体性努力，更确切地说，是以个体在行为对策层面上合作为前提的。可是，想要获得这种合作不是轻而易举的。今天，有越来越多的人对互联网产生了兴趣，因为在网络世界里，人们可以通过技术手段冲破旧的关系格局，享受开放和平等的合作机制。如果人们能够深入到这一现象的背后，或许可以发现，城市数智复合体的形成不仅与城市居民自身的决策需求相关，而且还与城市决策者在新经济浪潮中实施新战略的模式有着密切的联系。

三、城市中的信息、决策与数智化

如前所述，经典的城市运行逻辑着眼于专业化和分工，以生产为城市的价值归宿来论证城市增长、扩张的条件和途径，以及城市治理的结构和机制。但是，这种理论对城市竞争过程中，不同城市采纳专业化和分工的快慢与成败并不关注，这说明经典城市理论对专业化和分工所需要的成本是忽略不计的。但随着新制度主义经济学的兴起，城市中精细的工业化分工，特别是以连接和协同不同生产领域为目的的服务业发展，越来越让经济学家关注到交易成本对城市容纳能力的重要影响。行业内和行业间协调集体行动所需的交易成本考验着城市的政治、经济和社会结构究竟能孕育与支撑怎样的分工精细程度和规模。交易成本的内核，就是城市中个体和组织间信息占有和分布的不均衡。

由于传统的生产过程和生产成本的最小化已经可以依靠人们熟知的 AI 来自动化地控制和实现，交易成本成为主宰城市竞争能力和命运的新经济社会元素。而在交易成本的视角下，城市对私人物品和公共物品的供应不再以规定和计划的需要为根据，而是在同客户互动、沟通的过程中不断激发客户创新自身的需求，进而加深对客户动态需求的理解和把握。相应地，每个个体和组织的合理对策成了稀有资源，但这种博弈类型的资源无法仅靠单方面的封闭生产和学习以及随后的双方互换来完成生产。交易成本的克服和低交易成本的制度创新不仅需要发明者的才华，更需要首先扩大城市中个人和组织交往的开放环境。只有当个体和组织的学习能力得到开发与利用，为其服务的效果才可能出现。在开放博弈互动的过程中识别对方的需求和困境，相应地变化自己的能力，这成为设计友好的制度并有效降低交易成本的重要条件。据此，有竞争力的城市不能再靠文凭和死记硬背的标准化测试来选拔所需的人才。这种新逻辑下的经济社会是围绕可用知识和借助智力组织起来的，有用信息的真正获得在很大程度上取决于参与者对相关对策资源进行选择和利用的有效性。对信息进行有选择地利用，意味着决策。1978 年的诺贝尔经济学奖获得者赫伯特·西蒙在《管理行为》中对此做了精辟的概述：决策是管理的心脏，决策的过程就是全部管理的过程。以降低交易成本为目的的制度创新对信息分布不均衡状态的判断和选择就是决策。城市对于内部愈加复杂的生产和服务过程的组织与控制需要不断降低交易成本，因此不但无法脱离决策，而且需要更加高密度、全流程、贯穿各个层级的科学决策。不仅最高管理阶层需要决策，各级管理人员也都是"决策者"。

进入 21 世纪的城市发展语境中，信息通信技术（ICT）、大数据和人工智能（AI），尤其是生成式人工智能，已经成为降低经济生产活动和公共服务供给活动交易成本的重要工具，从而为城市治理提供了一个更加高效和科学的决策基础。这些技术的应用不仅促进了城市运行的信息对称，而且还推动了数字技术的创新和突破，形成了一个良性互动的循环。首先，ICT 和大数据技术在城市治理中的应用，通过提供实时和准确的数据收集与分析，已被证明可以显著降低交易成本。例如，通过智能交通系统（ITS）的实施，城市交通管理变得更加高效，减少了交通拥堵和环境污染，同时降低了居民出行的时间成本。此外，智慧城市项目通过整合多个信息源，提高了公共服务供给的效率和效果。这些技术的应用使得城市管理者能够在一个更加全面和动态的信息环境中做出决策，提高了决策的科学性和精准度。AI，特别是生成式 AI，进一步扩展了这种能力。生成式 AI 可以模拟和预测城市发展的各种可能性，为城市规划者提供一个强大的工具，以模拟政策变化可能带来的影响。例如，通过使用生成式对抗网络（GANs），规划者可以创建多种城市发展场景，从而更好地理解不同规划选择的潜在后果。这种能力不仅减少了规划过程中的不确定性，还降低了由于决策失误而可能产生的成本。

反过来讲，城市运行和治理过程中信息的对称、交易成本的下降和决策的便利与科学，又进一步推动了数字技术的创新和城市数智化底座的增强。例如，城市中不断增长的数据需求推动了云存储和大数据分析技术的发展。同时，城市治理中对于决策科学性的要求，也促进了 AI 算法的改进和优化。这种需求导向的技术创新，不仅改善了城市服务的质量，还为技术公司提供了新的商业机会，创造了更高的经济增长。在学术文献中，这种良性循环的概念已经得到了广泛探讨。巴蒂在其作品中强调了智慧城市技术在降低城市运行成本和提高治理效率方面的潜力；汤森探讨了技术如何推动城市创新，并提出了一个互联的、可适应的城市系统；基钦对大数据在城市治理中的应用进行了深入分析，并讨论了数据驱动的城市管理的潜力和挑战。

至此，位居发展前沿的城市纷纷开始用数字技术和大数据对城市的各项功能和服务进行全面感知、深度分析和智能优化，从而提高城市运行效率、改善市民生活质量——一个"数智城市"的新形态应运而生，城市的数智化为城市注入了新的活力。通过物联网、大数据、AI 等技术的广泛应用，城市各项功能和服务得到全面感知和优化，城市运行效率大幅提升。例如，智能交通系统可以实时监测道路拥堵情况，并动态控制信号灯，缓解交通压力；智能电网可以实时监测用电情况，提高电力供给效率。这些技术创新不仅提高了城市的运行效率，也为城市带来了新的发展动能。城市数智化还有利于城市实现更加公平、公正的发展。通过大数据分析，城市管理者可以更精准地识别和满足不同群体的需求，缩小城市内部的发展差距。例如，通过分析居民的就业、收入、消费等数据，城市可以更好地了解弱势群体的生活状况，并针对性地提供公共服务。同时，数字技术的广泛应用也降低了城市服务的获取成本，使更多人能够享受到优质的城市服务。此外，数智化的城市转型有利于城市实现更加可持续的发展。通过物联网、大数据等技术，城市可以实现对资源、能源的精细化管理，提高资源利用率，降低碳排放，促进城市绿色发展。例如，智能垃圾收集系统可以根据实时数据优化垃圾收运路线，提高收运效率；智能建筑可以根据使用情况自动调节供暖制冷，降低能耗。这些技术创新不仅提高了城市的运行效率，也为城市的可持续发展贡献了力量。简而言之，数智城市的建设为城市的发展注入了新的动力，有利于激发出更多的技术创新和制度创新，进而实现更加公平、公正和可持续的发展。它为城市的发展开辟了新的道路，也召唤着其他城市的加入与合作。

（一）反哺技术创新与管理创新

城市一直是技术创新和商业创新的主要发起地点，这主要源于城市独特的地理、人口和经济优势。根据熊彼特的创新理论，创新可分为产品创新、流程创新、技术创新和管理创新四个层面。城市在这四个层面上都具备推动创新的有利条件。

城市是人口和需求高度集中的地方，这为产品创新提供了广阔的市场空间。城市拥有庞大的消费群体，根据联合国数据，2018 年全球有 55% 的人口居住在城市地区，到 2050 年这一比例将升至 68%。大城市往往拥有数百万乃至上千万的常住人口，加之大量的流动人口，形成了巨大的消费市场。这种规模经济效应使得企业有动力开发新产品来满足多样化的需求，降低单位成本。城市聚集了来自不同地区、阶层和文化背景的人群，他们对产品的需求也呈现出高度的多元化。例如，纽约时装周上的新款服饰正是为了迎合这座国际大都市中不同族裔、年龄段和职业人群的多样化时尚需求而诞生。这种需求的多元化为产品创新提供了广阔的空间，企业需要不断推陈出新以满足消费者日新月异的偏好。而且，城市是多元文化的熔炉，不同文化在这里交融互鉴。来自世界各地的移民带来了独特的生活方式、审美观念和创意灵感，为产品创新提供了源源不断的动力。在巴塞罗那，时装周上的新款服装往往融合了欧洲、非洲、亚洲等多种文化元素，体现出城市包容、开放、多元的特质。此外，城市拥有发达的教育院校、科研机构和专业人才，形成了丰富、多元的知识及专业背景。这种交叉密植的知识氛围不仅利于技术创新，也为产品创新提供了有利条件。专长于生产、服务和金融的企业可以与学科综合交叉的高校、研究机构开展合作，将最新的科技成果转化为新产品；同时也可以从城市的创新人才库中招募到优秀的设计师、工程师等，为产品创新注入新的活力。

除了产品创新，城市同样为流程创新创造了得天独厚的条件。流程创新指的是对生产或服务流程进行优化和创新，以提高效率、降低成本。城市在以下四个方面为流程创新提供了有利环境。第一是城市的产业集群效应。城市是各类产业高度集中的地方，形成了独特的产业集群。同一产业链上的企业通过地理集聚，可以实现高效的协同生产。以纽约曼哈顿的服装生产为例，从设计到生产、销售的各个环节都高度集中，企业可以通过精益生产模式，大幅缩短从设计到上架的周期。产业集群不仅提高了企业间的协同效率，同时也促进了最佳实践的快速传播。集群内部的企业可以相互学习和模仿，将创新的生产流程迅速复制并推广。这种"集群溢出效应"进一步加速了流程创新在城市内部的扩散。第二是城市的要素集聚效应。城市是生产要素高度集中的地方，为流程创新提供了充足的资源支持。企业可以在城市内部获得所需的土地、资金、人力资源等生产要素，从而专注于优化生产流程。以上海浦东新区为例，这里云集了大量的先进制造业企业，它们可以利用当地丰富的人力资源和金融服务，将更多精力投入到流程再造上。第三是城市的基础设施优势。城市拥有发达的交通、通信、能源等基础设施，为流程创新提供了有利条件。高效的物流运输系统可以支持精益生产，降低库存成本；先进的通信网络则有助于实现远程协作和实时监控，提高生产效率。此外，城市还拥有完善的公共服务设施，如供水、供电、环卫等，为企业的正常运转提供了坚实的保障。第四，城市往往拥有更加开放、包容的环境，有利于吸纳国内外的先进流程理念和流程优化模式。跨国公司的总部通常设在国际大都市，他们的先进管理理念和生产模式在这里得以快速传播。同时，城市的多元文化氛围也有助于不同管理哲学的交流融合，为流程创新提供了源源不断的灵感。

技术创新是推动经济社会发展的不竭动力，而城市则是技术创新的高地。

城市中高端人力资本相对集中，为技术创新提供了智力支持。一方面，城市拥有众多高等院校和科研机构，是培养和输送创新人才的摇篮。以波士顿为例，这里云集了麻省理工学院、哈佛大学等世界一流的高校，每年都有大量优秀的科研人员和工程师从这里走出。另一方面，城市的高薪酬和发展前景也吸引了大量国内外的精英人才汇聚。硅谷的科技公司、纽约的金融机构、伦敦的创意产业，都凝聚了来自世界各地的顶尖人才，为技术创新提供了强有力的智力支持。进一步讲，技术创新往往需要大量的资金投入，而城市作为金融中心，为技术创新提供了充足的资金来源，以及多样化低成本的融资渠道和方案。城市拥有发达的金融服务业，如风险投资、私募基金等，可以为创新型企业和项目提供融资支持。硅谷的许多科技初创公司就是依靠风投的支持，才得以快速发展。同时，城市还吸引了大量企业总部的驻扎，这些企业拥有雄厚的资金实力，可以内生式地投入到技术研发中。例如，波士顿的生物医药企业、纽约的金融科技公司，都凭借总部的资金支持，在技术创新方面处于领先地位。除了人才、资金、产学研协同等要素外，城市还拥有完善的创新生态系统，为技术创新提供全方位的支持。这个生态系统包括：政府的政策扶持、专业服务机构（如专利代理、技术转移等）的支撑、创新文化氛围的滋养等多个层面。以深圳为例，深圳政府出台了一系列扶持创新的政策措施，如税收优惠、风投扶持等；同时也吸引了众多专业服务机构入驻，为创新企业提供全方位的服务；加之浓厚的创业文化氛围，使得深圳成为国内科技创新乃至全球科技创新的重要支点。

同样不容忽视的是，城市擅长孕育和激发基于组织和决策优化的管理创新。管理创新指的是对企业管理模式、组织结构、激励机制等进行创新，以提高企业的运营效率和竞争力。城市是各种文化交流融合的熔炉，为管理创新提供了源源不断的灵感和动力。来自世界各地的移民带来了不同的管理理念和实践方式，在城市这个大熔炉中相互碰撞、交融。例如，日本企业的精益管理、美国企业的扁平化管理、欧洲企业的参与式管理等模式，都在城市内部得到了传播和本土化演进。这种不同管理文化的融合，催生了诸多创新的管理模式。以纽约为例，这里的企业管理模式就体现出多元文化的影响，兼具高效的美式管理和人性化的欧陆理念[①]。这种管理创新不仅提高了企业的运营效率，也增

---

① 欧陆理念：指欧洲大陆地区国家所盛行的人本、可持续发展理念。

强了员工的认同感和凝聚力。

城市往往是一个国家乃至全球经济的窗口，企业在这里可以获得国际化的视野，促进管理创新。跨国公司的总部通常设在国际大都市，其先进的管理理念和模式在这里得到快速传播。例如，很多在伦敦、纽约、中国香港等国际化都市办公的企业，都借鉴了跨国公司的先进管理经验，如扁平化组织、虚拟团队、远程办公等，实现了管理的创新突破。而且，城市也是全球人才的聚集地，企业可以从这里招募到拥有国际视野的优秀管理人才，为管理创新注入新的活力。这些国际化的管理者往往能够将不同国家和地区的管理智慧融会贯通，创造出更加创新的管理模式。城市是各行业竞争最为激烈的区域，企业只有不断创新管理模式，才能在这场"红海"竞争中生存和发展。以纽约的金融业为例，这里云集了来自世界各地的金融机构，竞争异常激烈。为了赢得竞争优势，很多企业都在组织架构、绩效考核、人力资源管理等方面进行了大胆的创新，以提高运营效率，进而吸引并留住人才。这种白热化的竞争环境，迫使企业不得不主动拥抱管理创新。一些在城市落地生根的企业，正是凭借创新的管理模式，在同行中脱颖而出，赢得了可持续发展的动力。城市拥有众多专业服务机构，如咨询公司、人力资源公司等，为企业的管理创新提供了专业支持。这些机构拥有丰富的管理经验和创新理念，可以为企业提供个性化的咨询与培训服务，帮助企业优化管理流程，完善组织架构，建立创新的绩效考核体系等。纽约云集了众多顶尖的管理咨询公司，如麦肯锡、波士顿咨询等，它们的专业服务为众多企业的管理创新提供了强有力的支撑。企业可以借助这些专业机构的力量，更快、更好地实现管理创新。

（二）矫正社会不平等

在城市规划和公共管理领域内，现代信息技术和数字技术的融入被广泛看作是推动城市发展与提高城市治理效率的关键因素。然而，这也带来了一系列的社会问题，包括居民间贫富分化的加剧、政治态度的极端化以及权力不公平现象的出现。同样，在智慧城市的构建和发展过程中，技术的应用和数字化转型也被寄予厚望，以期提高城市的运行效率、促进可持续发展、提高市民的生活质量。可是，智慧城市项目诞生之初的目的不是为了提供平等的机会或管理市场。智慧城市项目是由产业驱动的，并不是由公共福祉驱动的。因此，智慧城市项目主要是为了创造消费者而不是为市民服务。其中，市场根据不同地方和消费者的资源与能力差异而加以区分。智慧城市项目的目的是从这些差异中获利，而不是为了减少差异。换句话说，智慧城市产业是为了制造和服务于有能力和意愿为产品与服务付费的不同市场。

将智慧城市升级为数智城市，是一种城市治理逻辑的增强和创新，而不是技术意义上的划清界限和对立。因此，从纯粹的技术视角切入分析，数智城市也依然存在着加剧社会不平等的种种风险。

1. 与不平等同行

首先，城市治理自动化管理中广泛使用的算法可能无意中加剧了社会的不平等。算法通常基于历史数据和现行趋势来做决策，这可能会产生对某些群体的偏见和不利影响，因为它们往往反映了现有的社会经济结构。例如，基于算法的信用评分系统可能会对低收入社区的居民不利，因为这些地区的居民可能没有稳定的信用记录或者银行账户。在未被识别和纠正的情况下，这种偏见会导致资源分配的不公平，加剧贫富分化。

其次，居民间的数字鸿沟造成了对公共服务获取上的不平衡。数字鸿沟不仅体现在对技术的访问上，还体现在对技术的使用和理解上。那些缺乏必要的数字技能的居民将难以充分利用数字化的公共服务，如在线教育、健康信息和电子政务服务。这种不平衡使得已经处于不利地位的群体更加边缘化，无法有效地保护和争取自己的权利。

最后，由数字化转型所驱动的技术创新和新产业的兴起往往带来高速的经济增长，但这种增长带来的利益并不是平等分配的。高科技产业往往需要较高的技能和教育水平，这意味着那些受过良好教育的人更有可能从中受益。相反，那些在传统产业工作的普通工人很可能会发现自己的技能已经过时，难以在新兴产业中获得就业机会。而且，技术创新带来的利润往往会被企业的投资者和高级管理者所瓜分，而一线工人的收入增长却远远落后。私人投资者收割了大部分回报，他们用承担风险的意愿来合理化他们的高回报。然而，正如经济学家玛丽安娜·马祖卡托所言，尽管政府支持创新理应得到道德上的褒奖和经济上的回报，但私募股权经理和风险资本家却在这两方面得到了过多的回报。这些投资者以及在首次公开募股（IPO）或出售中兑现股权的初创企业创始人和早期员工所积累的巨大财富，涌入城市住房市场。土地价格上涨过高、过快，导致大多数"本地"劳动力无法负担居住费用。此类情况在国内外的数智城市发展初期并不鲜见。城市政府不能或不愿从创新金融回报中拿出一部分，来保障供应足够的可支付住房、运作顺畅的公交系统和公平的公立学校。甚至于一个城市创业生态系统的投资热潮也取决于房地产投机、主权财富基金的融资以及海外投资者签证项目等不可持续的泡沫。

由市场机制主导的数智城市治理，正在成为一种城市政府、企业和过度看重自身雇员及消费者角色的市民们共同疯狂推动的城市企业主义（Urban Corporatism）。对于城市来说，其结果是产生一种新兴的竞争，城市之间彼此竞争成为首要的技术中心，而不是作为特定产业分工的中心，促使城市对技术实验采取一种宽容的态度。数智城市加速了一种城市企业主义形式，从根本上重新配置了工作空间，实现了劳动力的灵活性，并为嵌入和反映在建成环境之上的不稳定工作安排提供了一种替代框架。数智城市所投资的项目实际上是在现有的以权力下放、放松管制和私有化为特点的新自由主义实践中运作。它的创新并不在乎以公平、分配或公民参与为导向。不能因为看到各种数字化、智慧化的城市项目都在与政府合作开发，就期待它们具有推动公共福祉的进步倾向。如果不能意识到数智城市自身被技术驱动的城市企业主义倾向，轻信它们的投资项目会减轻现有的社会不公，那么数智城市很可能会同工业城市一样对公平与正义无能为力，并表示自己"爱莫能助"。

这样的数智城市反而会撕裂城市的组织，导致个体和城市中不同群体政治态度的极端化。社交媒体和定制化的新闻来源容易形成信息茧房，使得人们只接触到与自己观点一致的信息，从而加剧政治观点的对立、冲突，并丧失调和、妥协的可能。此外，数字技术的匿名性和去中心化特征有时也被用来散播不实信息和仇恨言论，这进一步加剧了社会分裂和政治极端化。再者，技术的应用在权力结构中也可能导致不公平。技术的掌握和应用往往集中在少数人手中，这些人因此获得了更大的控制力和影响力。在城市治理中，这可能导致决策过程中某些群体的利益被优先考虑，而其他群体则被边缘化。结果是，政治权力不公平不平等，导致社会经济权利无法保障。

数智城市拥有庞大的资源，同样也承担着巨大的责任，为利用创新促进公共利益提供了一个重要的试验场。面对算法治理和数字经济失控般地破坏城市社会公平正义、撕裂城市组织、威胁城市稳定，数智城市作为权力中心，需要调动经济资源，并将其转化为大规模甚至全球性的社会公平与发展投资。先在工厂里，然后在摩天大楼上，现在则是在孵化器、加速器和协同办公空间，基于实实在在的新生产组织方式，思考问题和风险的解决。同时，作为文化中心，数智城市有责任创造新的想象以及合理化和适应变化的方式——尤其是扼制社会不公正、不平等持续渗透、扩散的有效治理模式。

2. 与网络治理相容

作为权力中心的城市，首先应该在数智化的升级过程中，发挥自身重塑城市的治理结构和治理模式的"禀赋"。传统城市治理往往依赖于政府的自上而下的行政命令控制模式，这种模式在处理快速变化的技术创新和应用方面显得笨重和不匹配。政府的单一决策很难迅速响应市民的多样化需求，也不利于技术创新的民主化和普及化。此外，市场机制虽然在促进技术发展方面发挥了作用，但过分追求成本降低和利润最大化往往导致了对弱势群体需求的忽视，加剧了社会的分裂。两种治理机制的结合，成为科技产业在政策保护下迅猛发展但凶猛逐利的"城市摇篮"。为什么科技产业会选择城市作为行动和执行的热点？因为科技产业需要城市政府的政策作为其创新过程的补贴来源，降低风险。科技公司往往会选择特定的地区实现其运营目标。例如，为了避税，苹果公司在爱尔兰都柏林开展业务。同样，为了最大限度降低劳动成本和就业承诺，科技公司发展出了一种劳动分工，即划分核心和外围工作职能，将非核心职能外包给监管最少的大型劳动力市场，发达国家和发展中国家的所谓中心城市其实就是在分担科技公司设定的"中心 – 外围"角色。

反过来说，城市政府的公共政策让城市变为科技企业的客户。城市购买数字化和信息化企业的产品、系统和平台，为市民提供服务和基础设施。在这个意义上，"城市"作为一个行政单位，在其辖区或领地上提供公共服务。城市是负责管理服务的行政领域，但城市也是潜在数字科技用户集聚的地方。因此，城市提供了一种组织逻辑，在一个特定界限的地理区域内，收集建成环境中人们和组织的特征与行为的信息。无论是城市购买管理公共服务的系统，还是个人用户购买优化其个人行为的服务，城市都为产品开发和部署提供了一个范围机制。因此，科技企业既向城市销售技术，又在城市中向市民销售技术，而且还在城市中研发并创新技术。

但是，对于这样的数智城市来说，支撑其治理模式的底层社会网络结构，是在一个缺乏公平的政策空间和新兴的市场空间中运作的。私人、公共和第三部门虽然在这个空间中生存和互动，但却被共同驱使，无论提高基础设施的性能还是扩大公共服务，均以设计、开发和部署新兴的跨平台、服务集成技术产品及其产业化为目的与准绳。在这样的数智城市中，城市是生产和消费的场所，也是新产品、新系统和新平台被识别、设计与原型化的场所。数智城市可能会愈发成为科技产业从创新到消费的整个生产过程的战略支点。但凡不符合这一战略需求的公共价值、城市愿景，都将无法得到政策、经济和社会资源的支持。

为了克服失衡的城市治理网络所引发的失序风险，数智城市的建设需要引入网络治理和协同合作治理的理念与工具。网络治理强调的是跨界合作、多方参与和信息共享，而协同合作治理则强调不同主体间的合作和协调，以促进共同的目标达成。将这两种治理模式应用于未来数智城市的建设中，意味着需要打破传统的治理边界，鼓励和促进政府、企业、民间组织、社区以及个人之间的合作和交流。以阿姆斯特丹始于 2009 年的一个智慧城市项目为例，其宗旨着眼于通过技术创新提高城市运行效率、可持续性和生活质量，并由阿姆斯特丹经济局、能源公司以及数家信息技术企业合作推动。该项目从一开始就建立了一个开放数据平台并涵盖了交通流量、能源使用、环境质量等多方面的数据，进一步鼓励市民、企业和研究者动态补充、维护以及共享使用这些数据，用以分布式地发现、探索并验证新的解决方案。在各个子项目的融资环节，网络治理的结构鼓励公私伙伴关系，让拥有最直接和充分的信息、最低筹措资金成本和最高回报预期的政府、企业、学术机构和非政府组织共同参与智慧城市解决方案的开发和实施。为了进一步降低投资风险，允许和鼓励更具韧性的融资网络和项目实施参与者网络的发生和创新也非常关键。在这方面，阿姆斯特丹实施了多个试点项目，如智能路灯、智能电网和可持续能源系统，以测试和展示新技术的可行性，但更重要的是培育了支持技术被采纳和运行的城市组织网络。项目采取了逐步实施的方法，先从小规模的试点开始，逐步扩大到更多的区域和领域。其实施过程中强调通过工作坊、公众讨论和在线平台收集市民、企业和相关组织的意见和资源禀赋，根据反馈调整项目方向。项目设立了绩效监测系统，定期评估项目的影响，确保目标的达成和资源的有效使用。由网络治理结构中灵活的治理机制所驱动的智慧城市项目，在阿姆斯特丹不仅推广了智能电网和能源管理系统，更改变了当地居民的用电理念和用电习惯，在减少能源消耗和提高可再生能源使用方面取得了显著的进展。同时，阿姆斯特丹实施的智能交通系统和共享交通服务显著减少了交通拥堵，同步得到了当地多元文化族群在社会资本网络驱动下出行行为和习惯转变的支持，创新了大都市的交通组合模式，提高了交通效率。相应的，该市的开放数据平台和市民参与项目提高了市民对城市治理的参与度和满意度，由内而外地吸引了全球智慧项目资本的投资，促进了清洁技术和信息通信技术相关行业的发展。

总之，通过引入网络式、合作式、多主体协同的城市治理模式，智慧城市的建设可以更好地促进技术的创新和扩散，从而有效解决和减轻社会不公平和不平等问题。这要求政府、企业、民间组织和个人之间建立更加开放、平等的协作关系，共同参与到智慧城市的规划、建设和管理中，确保技术创新能够惠及每一个社区成员。

3. 与参与式治理共赢

治理结构的变革是推动社会进步和公平的关键。传统的政府部门分割、自上而下的"命令 – 控制"模式在当今快速发展的数字时代面临着极大的挑战。这种模式的局限性主要表现在以下几个方面。

首先，严重缺乏灵活响应的能力和制度安排。政府部门分割意味着各部门之间存在壁垒，信息流通不畅，决策过程中的协调和沟通耗时耗力。自上而下的"命令 – 控制"模式过于僵化，难以快速适应环境变化。在智慧城市中，技术和市民需求的变化是快速且不间断的，传统模式难以及时调整政策和服务以满足这些变化。其次，缺乏个性化服务的意识与能力。由于政府部门之间的隔阂及决策机制的集中性，政府往往采取"一刀切"的服务模式，难以提供定制化和个性化的服务。但城市居民不是一个个单一的群体，不同的社区和个人有着不同的需求和偏好，传统模式下的政府服务往往不能精准满足这些多元化的需求。最后，难以克服科层组织的制度惰性。自上而下的"命令 – 控制"模式可能抑制了创新的激励和能力。在这种模式下，政府部门往往更加关注于执行上级的指令，而不是激发内部的创新和探索新的解决方案。这种模式下，政府只能成为技术采纳的追随者而非领导者。

　　相比之下，市场机制在城市的数智化转型中扮演着重要的角色，但它同样存在无法公平满足市民需求的问题，这首先要归咎于利润驱动的局限性。市场机制的核心是利润最大化，这可能导致企业主要关注那些能够带来最大经济回报的市场部分，而忽视那些不具备足够购买力或者需求不明显的群体。这种做法可能导致服务和产品的不公平分配，加剧社会的不平等。而且，市场撮合短线即时交易，容易引发长期的外部性问题和公共品供给不足。市场机制往往关注短期利益，而数智城市的建设是一个长期的过程，往往需要持续的投入、长期的规划及不间断的算法迭代和优化。仅靠市场机制是难以支持长期的基础设施投资和研发。市场机制在处理公共利益和公共资源时，经常陷入供给不足的困境。例如，市场可能无法有效地提供公共交通、环境保护等公共服务，因为这些服务的成本和收益难以直接在市场上体现。

　　为了应对这些挑战，需要重新思考和设计数智城市的治理结构。一种可能的解决方案是推动政府、企业、民间组织和市民积极参与城市规划和决策的治理模式。这种模式鼓励各方参与决策过程，通过合作网络来集中智慧和资源，共同解决城市发展中出现的问题。这种模式的优势在于其能够充分利用各方的专长，提高决策的透明度和参与度，同时促进创新和个性化服务。

　　传统城市中主要依赖政府行政组织和政治领导人来进行治理的关键原因，是城市广大分散的居民之间进行沟通和协商的信息成本过高，严重的信息不对称所引发的道德风险、逆向选择、机会主义行为的问题，会导致城市和公众之间达成集体协议的成本极高，因此难以通过广泛的参与和民主方式进行城市相关重要公共事务的决策。为此，代议制民主式和委托政府与公共组织进行城市治理的方式才广泛存在。具体而言，在城市发展的早期阶段，尤其是在工业革命之前，城市的规模相对较小，社区内部的沟通和决策相对较为直接和简单。然而，随着城市的发展和人口的增长，城市治理变得越来越复杂。在这个过程中，政府行政组织和政治领导人成为主要的决策者，而公众的参与被限制在较低的层次。这种模式的主要原因是信息不对称和高昂的沟通成本。首先，城市居民的需求和意愿是多样化的，而政府往往难以获取和理解所有的信息。这种信息不对称可能导致政府做出不符合公众利益的决策。其次，广大的城市居民之间进行沟通和协商的成本非常高。这不仅包括时间和金钱的成本，还包括在协商过程中可能出现的冲突和矛盾。因此，广大的公众难以通过广泛参与和民主方式进行城市相关重要公共事务的决策。

不过，这种模式的治理效率并不理想。信息不对称可能引发道德风险、逆向选择和机会主义行为等问题。例如，城市中不同层级的政府可能会根据自己而非公众的利益，来制定和执行政策。这种情况在一些历史事件中得到了体现。比如，在 20 世纪 60 年代的美国，政府推动的城市更新项目往往忽视了低收入居民的利益，导致了社会不公和冲突。在中国，改革开放后引人注目的城市化进程中，政府往往优先考虑经济发展、招商引资和产业集聚，由政治和行政力量主导的城市决策同样缺少居民的参与和讨论。大量城市布局和用地规划忽视了环境保护和社会公正等问题，进而导致了空气污染、水资源短缺和城区内部发展不均等现象的出现。

但是，信息技术革命和数字技术在城市居民间、企业间、政府组织内的普及，大大降低并缓解了前述的信息不对称和信息交流沟通成本过高等问题，使得公众广泛参与的城市治理成为可能，而且成为必选项。

在数字时代，新技术和公共数据的共享、资源化和资产化为参与式决策和参与式治理提供了新的契机与工具。首先，社交媒体和在线平台为公众提供了便捷的参与渠道。公众可以通过这些平台实时表达诉求，参与讨论和决策。同时，政府也可以利用这些平台征集公众意见，扩大参与面。韩国首尔"市民即市长"的智慧城市建设理念是最典型的代表——通过构建城市数字化治理平台，实现市长决策、部门响应、市民参与的全流程数据贯通。在中国，发端于城市"市长热线"的数字化政务服务热线，也是数字化赋能参与式治理的重要案例。最初，中国不同城市的政府设立了不同的服务热线来处理公共事务。这些热线各自为政，人为固化了信息在业务部门间的流动，增加了居民与政府间、政府内部部门间信息流动的成本，使得公共服务缺乏统一的标准和协调机制，导致服务质量参差不齐。在北京等城市的居民和企业的推动下，政府推动了政务热线的整合，将多个服务热线合并为一个统一的号码"12345"，并且融合了线上邮件和留言等受理方式。这一改革简化了公民求助的途径，提高了公众需求的识别度及其被感知的便捷性。政务热线的功能从最初的投诉和求助逐渐扩展到包括咨询、建议、预约服务等多个方面，成为一个全方位的政府服务平台。随着信息技术的发展，12345 政务服务便民热线开始整合大数据、AI 等技术，提高了工单受理、分拣和派发的效率与精准度。这一制度的建立和演进体现了中国城市治理从传统的自上而下的管理模式，向更加注重公民参与、透明度和服务导向转变的趋势。

此外，公共数据的开放共享为公众参与提供了更加扎实、便利的信息基础。公众以更低的交易成本获取相关数据，全面了解城市状况，为决策提供反映切身需求且具备广泛公共数据支持的理性建议。进一步讲，伴随数据确权等法律和政策难题的攻克，公共数据资源化和资产化还可以让公众和社会组织共享数据红利，提高其参与数智城市治理的积极性。相应地，数智城市中的政府转型涉及的不只是将技术融入治理，以及开发电子政务发展的多种能力，在观念和认知层面上改变公务员的思维模式和公共机构业务线间的协作方式也至关重要。而这背后则是对数字治理中政府、企业和公众等主体角色身份与能力的重构。毫无疑问，在经历了持续的技术赋权与数据赋能之后，数智城市治理的参与主体将从原来更多依赖层级结构和"命令 - 控制"机制的一元治理，逐渐转换为政府、企业和公众多元参与的共同治理。

（三）实现可持续发展

2019 年，流行性病毒的全球性爆发，为城市治理和规划带来了前所未有的考验。这场危机不仅暴露了城市在公共卫生、社会安全和经济稳定性方面的脆弱性，也促使人们重新思考城市可持续发展的内涵。在疫情之前，城市可持续发展的讨论多聚焦于经济增长与环境保护之间的平衡，而忽视了城市在面对危机时的韧性和安全问题。然而，疫情的冲击让人们认识到，城市安全和危机应对能力是城市可持续发展的重要组成部分，它们与城市的经济、环境、社会目标同等重要。在《联合国 2030 年可持续发展议程》的定义中，城市可持续发展的核心是实现经济增长、社会进步和环境保护三者的和谐统一。它要求城市在发展过程中，不仅要考虑当前的经济利益，还要考虑到长远的生态平衡和社会福祉。在这份疫情之前拟定的议程中，生态平衡实际上就是为人类聚集的城市提供了必要的生态屏障，是城市为了降低自然灾害所带来的损失，并使城市居民的安全少受到生态危机的威胁所采取的策略。而疫情之后，伴随人类对灾害和危机的内涵及其表现形式的认知与理解的丰富，城市更直接面对的可持续发展核心是经济增长、社会进步和"安全"——尽管环境保护依然是安全的重要基础和保障，但城市需要更有针对性和操作性的政策及方案来应对来自自然和人工产物的更加直接且难以避免的冲击。

1. 提升城市韧性

城市的可持续性不仅取决于其经济活力和生态平衡，还在很大程度上取决于其对各种灾害和危机的抵抗力及恢复力，即城市的韧性。信息技术和数字化转型为提升城市韧性提供了强大的工具和手段。首先，信息技术和数字化使得灾害监测变得更加灵敏。通过部署传感器网络、卫星遥感和物联网技术，可以实时监控城市的关键指标，如气候变化、地质活动、水位升降等。大数据分析和 AI 算法能够从这些数据中识别出潜在的灾害趋势和模式，从而提前发出预警。这种早期识别和预警系统显著提高了城市应对突发事件的能力，减少了可能造成的损害。而在灾害发生后，快速准确地评估灾情对于救援工作至关重要。信息技术提供了多维度的灾情捕捉工具，包括社交媒体分析、无人机侦察以及移动应用收集的第一手信息。这些工具可以迅速为决策者提供灾害影响的全面视图，确保救援资源被分配到最需要的地方。其次，数字化平台和通信技术的应用极大提高了救援资源调度的时效性和灵活性。通过协调不同组织和部门的信息系统，可以实现资源共享和动态调配。例如，云计算平台可以整合医疗、食物、住宿等资源信息，实现对受灾民众的有效支持。最后，数字技术在灾后恢复和重建中的作用同样不可或缺。数字化管理工具可以跟踪恢复进度，确保资源得到有效利用。地理信息系统技术能够帮助规划重建工作，避免恢复过程中的重复建设和资源浪费。此外，通过分析灾后数据，可以更好地理解灾害影响，为未来的规划和建设提供科学依据。

以南非首都开普敦为例，作为水资源匮乏城市的代表，开普敦曾经反复面临"清零日"的挑战，即城市的自来水供应完全中断。面对这场根源于环境脆弱性且直接威胁城市安全的危机，开普敦市政府利用了一系列数字技术来治理这场水危机，并有效地避免了"清零日"的到来。首先，该市政府建立了一个水库水位监测系统，它实时收集各个水库的水位数据，并通过数据分析预测未来的水位变化。这些信息被公开发布，以提高公众的危机意识。开普敦市政府还开发了一个在线水使用监测记分板，居民可以通过这个平台了解自己日常的用水量，并与规定的水量使用标准进行比较。同时，市政府利用社交媒体进行宣传教育，鼓励居民节水，并通过移动应用推送节水提示和水量使用的限制通知。为了更有效地管理水资源，市政府在全市范围内安装了智能水表，这些水表可以远程读取数据，帮助检测漏水并分析居民的用水模式。最后，经过开普敦市民和市政府的共同努力，加上有效利用数字技术，使得开普敦在干旱最严重的时期成功减少了水使用量。居民的日均用水量从 2015 年每人 400 升降至 2018 年每人 50 升。长期来看，这场危机和对应的数字化应对措施，改变了开普敦的用水治理模式和策略。数字技术的应用提高了水资源管理的透明度和效率，也促进了开普敦市民对水资源的珍惜和保护意识，这对于提升城市的长期韧性和可持续性至关重要。

2. 赋能城市竞争力

拥有了安全保障的城市，必须要回归到自身竞争力的形成、迭代和升级，才能为可持续发展注入不竭的动能。对于数智城市来说，数据正在逐渐成为与劳动、资源、资本并列的关键经济要素。以产业数字化、数字产业化和数字治理为核心的数字经济模式，已成为城市产业转型升级及增强全球竞争力的核心动力。这一模式的兴起，得益于数码技术的集成应用，它不仅扩展了产业的边界，还创造了新的价值生成机制。理论上，数字经济的演进体现了经济学中的规模经济（scale economies）、网络经济（network economies）和平台经济（platform economies）等概念，这些效应极大地强化了城市的竞争力。数字经济所带来的规模效应降低了生产和交易的边际成本，网络效应则通过用户增长增强了产品或服务的价值，而平台效应则为各种市场参与者提供了互动的场所，这些效应共同推动了城市产业经济的发展，打破了传统的时间和空间限制。这种发展模式使得城市不再仅仅依赖传统的政策或地理位置上的优势，而是能够通过数字化转型创造新的竞争优势，为那些曾处于工业时代边缘的城市，甚至是后发城市提供了追赶甚至超越的机会。

从根本上来说，数字经济的扩散和深化为可能深陷资源诅咒的先发城市带来了禀赋重构的契机——通过数字化赋能，城市能够重塑其发展的基本要素，从而获取新的发展机遇和动能。城市不再是静态的地理实体，而是动态的信息流交汇点，它们通过吸收和利用数字技术，不仅改变了自身的产业结构和经济活动模式，还在全球范围内重新找到了自己的竞争地位。在中国西部的贵州省省会贵阳，经济增长长期依赖农业、煤炭采掘和加工以及酿酒业，同沿海发达城市相比，甚至还没有充分实现工业化转型。然而，就是在这样的基础上，贵阳市政府在大数据产业的发展上采取了前瞻性的战略规划。2013 年，贵阳被中国国务院确定为国家大数据综合试验区，这标志着贵阳开始正式以国家级的身份，系统地布局大数据产业。贵阳首先加大了对基础设施的投资，包括改善网络带宽和服务器的建设。城市的互联网基础设施得到了显著提升，为数据中心的建设和运营提供了基础。此外，贵阳拥有得天独厚的自然环境优势，常年气候凉爽，这对于维护数据中心的低温运行环境极为有利。加之贵州多山富水，绿能资源丰富，且电力供应相对稳定，这又为吸引国际上越来越重视 ESG（Environmental Social and Governance，环境、社会和治理）标准的领先科技企业的数据中心选址增加了筹码。2017 年 7 月，苹果公司选择在贵阳建立其在中国的第一个数据中心，标志着贵阳在全球大数据领域的地位得到了认可。苹果的选择不仅为当地创造了就业，还提升了贵阳的品牌形象，使其吸引了更多国内外企业的关注和投资。

除了贵阳的成功案例，合肥、长沙、南昌等内陆传统工业城市，纷纷在大数据、AI、网络游戏、工业互联网、智能驾驶等领域打造了具有城市产业特色的独角兽企业，并持续引入国内知名数字经济巨头总部，大力拓展在区块链、工业互联网、AI 等领域的发展规划，搭建大数据、互联网、虚拟现实、AI 等行业峰会平台，吸聚全球数字经济人才与资源，以培育数字经济生态。而且，数字经济生态的形成对城市竞争力的提升作用不仅体现在就业机会和国内生产总值的增长上，更在城市服务功能、治理机制和产业创新等方面对城市运作模式进行了根本性的重塑。随着城市政府在数据开放性方面的逐步增强，数字经济领域的创新企业正利用这些开放数据来开发产品和应用，以解决城市发展所面临的各种问题，这已成为数字治理与数字经济融合的关键趋势。具体而言，数字政府通过向公众开放公共数据资源，促进了数字经济实体的研发活动，这些活动不仅助力政府解决城市问题，同时也探索了可持续的商业模式和城市治理模式，实现了社会问题的长期稳定解决和多方利益的共赢。目前，众多城市已经开始加强引进和培育数字经济企业，并将这些企业作为衡量城市发展潜力的重要指标，这反映了政府在推动数字化转型和接纳数字经济方面的坚定决心和战略定力。

在全球范围内，更是存在着像美国"钢都"匹兹堡化身为"锈带"创新与创意之都这样的数字化转型驱动城市可持续发展的知名案例。在第二次世界大战之后，匹兹堡作为美国先进制造业的代表，经历了 20 世纪 80 年代的工业衰退，钢铁生产能力锐减，失业率飙升。面对这一挑战，匹兹堡开始了艰难的转型之路，在20世纪50—70年代，它尝试过两次转型，即《金三角计划》推动城市环境重建"与"匹兹堡城市再开发局（URA）主持的大规模棕地开发"。然而两次转型都没能培育出新的产业支撑，城市持续衰落。直到匹兹堡市政府、大学和企业联合制定了转型战略，即《21世纪战略》，才充分利用卡内基梅隆大学在计算机科学和机器人技术领域的领先优势，吸引了大量科技公司和投资。奥克兰创新区是匹兹堡转型的关键，这里聚集了匹兹堡大学、卡内基梅隆大学、匹兹堡大学医学中心等机构，形成了一个高强度的研究、实践和合作开发的中心。该区域虽然只占城市土地面积的3%，但却提供了29%的就业机会，成为全球远程教育和数字医疗、保险等高端服务业的重要基地。

相比之下，即便是有丰饶化石能源的资源型城市，如阿联酋的迪拜，早在2013年，便发布了向"智慧城市"进军的计划，该项计划演变为以6个关键目标和100项创新举措为核心的迪拜"智慧城市"战略。2016年，迪拜公布了"智能迪拜2021"计划，以"成为地球上最幸福的城市"为愿景，让迪拜在2021年成为世界领先的智慧城市。在该阶段，迪拜将提升居民满意度与幸福感作为智慧城市建设的最大驱动力，将"关注终端用户的体验"扩大到"关注所有用户在各种平台上的体验"。2017年，迪拜进一步推出了以未来为导向的计划——迪拜"10X"计划，目标是让迪拜比其他城市领先10年——每个政府部门都应该找到自己想要提供的服务，这些服务可以让迪拜每个人的收益比以前高10倍，城市发展比以前快10倍，工作效率也比以前高10倍。迪拜智慧城市的演进也逐步展现出从数字经济向数字治理辐射、带动的特征：迪拜的智慧政府和执行办公室开发了"幸福指数"应用，允许用户在触摸屏设备、网页及APP等渠道上，即时为所有政府的线上和线下服务进行一键评分。其所有数字服务的核心思想是：为用户解决问题，而不是首先考虑为政府解决什么难题；城市治理在数字时代变成城市的"全部议程"，而非单纯的政府过程或政策工具；不管是利用区块链技术、AI技术还是机器人技术，使用数字技术不仅要提升经济效率，更要探索突破城市治理极限的可能性。

3. 培育城市的数字素养

城市可持续发展的微观基础是人。随着数字化、网络化及智能化技术的不断演进，城市的社会结构模式经历了显著的转型。这一转型跨越了从基于地缘和血缘关系的早期城区、乡村熟人社会，经过以业缘和趣缘为特征的现代城市陌生人社会，直至当前数字化与城镇化叠加形成的"业主群"社区。在这一新型社会结构中，个体不仅仅是数字平台和智能设备的操控者和使用者，也构成了平台数据的主体。个体的存在跨越了实体城市空间与虚拟网络空间，在数据流转和需求演变的动态过程中，频繁地在两空间的交汇点与边缘地带进行交互。

在社会层面上，城市数字化生存的质量和可持续性，取决于政府、企业和居民三方面数字素养的共同提升。首先，政府公共部门在政策决策、城市管理、公共服务及监管活动中应高效运用数字化工具与应用，同时为居民提供便捷、智能化的在线政务服务平台，以此显著提高公共服务的效能。其次，企业通过数字化营销、管理和售后服务流程，有效降低运营成本，实现从市场调研到产品创新的全链条数字化运作。最后，居民日常生活中的移动支付、二维码识别、地图导航、网约车、网络订餐等数字服务已成常态。在城市数字化转型的进程中，伴随着城市治理与服务的资源配置、需求响应的互动及冲突解决，政府、企业与居民三者将持续深化对数字化的理解，并逐步掌握数字时代所需的关键技能。这些认知与技能的积累，最终将内化为各主体在数字时代中生存和发展的数字素养。

在新型城镇化建设的大背景下，数智城市的出现和升级必将带来一系列社会结构和阶层划分的新变化。一方面，多样化的人口群体，包括不同社会阶层、职业领域和教育背景的个体，正在快速融入城市生活，成为"新市民"。另一方面，公众在数字素养上的差异导致了"新数字鸿沟"的出现。这一现象不再仅仅是数字技术与设备的"获取不平等"，而是扩展到了"使用不平等"，以及人们在使用数字网络应用时表现出的"自我节制"与"过度依赖"之间的对立。

数字素养的高低正逐渐取代传统的职业类型和经济实力，成为城市社会分层的关键指标。对于数字时代的"新新人类"，即数字原住民而言，高水平的数字素养是他们快速、高效获取城市生存资源的重要保障，例如使用二维码乘车、移动支付购物、在线预约娱乐活动等。而对于那些在学习和掌握数字化应用方面存在障碍的高龄人群，他们可能会因为不熟悉智能手机操作而面临失去基本生活的便利，如乘坐公共交通的能力。

随着城市数智化转型的不断深入，公众的数字素养对城市的发展潜力和可持续性也会产生更加显著的影响。在"共建、共治、共享"的城市治理理念指导下，市民的在线参政议政能力、城市服务数据的分析与应用能力及城市发展在线议程的规划与设计能力，正逐渐成为推动城市型社会可持续发展的关键动力。因此，提升市民的数字素养，不仅是提高个体生活质量的需要，也是城市治理现代化、服务精准化及产业创新化的必要条件。良好的市民数字素养，正在成为推动城市治理、服务及产业创新的重要新生力量。

四、小结

在城市向数智化演进的关键阶段，城市领导者面临着如何精准定位城市发展路径的严峻挑战。为了深入分析并创新数智城市治理的理念与模式，必须首先深刻理解数字时代城市所经历的三大转型。

第一，城市政府职能的转变：城市政府正从传统的管制型政府——以行政组织内的"命令－控制"和强制执行为动员集体行动并达成城市运行秩序手段，逐步转型成服务型政府，后者以回应、协调多元利益主体的动态诉求和平衡复杂利益关系为进阶的秩序建构手段，以引导和妥协、谅解为实现集体行动的基本策略。

第二，城市价值观念的更新：数智城市的核心价值观念不再只依赖于传统的地理交通、区位条件、资源能源和生产效率等优势，而是转向以数据要素为驱动力的网络节点和数据枢纽，这标志着城市即平台（City as a Platform）的新型价值模式。

第三，城市发展动力的重构：数智城市发展的驱动力亦在经历转型，正从依赖基础设施投资、招商引资和产业政策的传统模式，转变为以产业创新、服务供给优化和品牌形象升级为主导的新模式。数智城市可持续发展的驱动，不仅仅是数字技术给城市生产力的诸如算力、算法和效率等，更是以此为基础的资本与劳动、政府与市场、国家与社会、技术与组织生产关系和治理结构的动态优化与创新。

第二章

中国式数智城市

城市驱动传统城市向数智城市转型的共同逻辑是城市中"人"的要求的进步与升级：从高效生产更多产品来满足生存，到提供更人性化的优质服务来实现发展；从为降低生产成本而新增基础设施并追求规模经济，到为降低交易成本而数字化基础设施并倡导共享经济；从依赖分工分层的层级组织"令行禁止"地来管理城市，到数据赋能"条块"协同和"政企社"联动，"价值共创"地治理城市。不同国家、不同地区与不同城市，在依据这一逻辑迈向数智城市的过程中，"同归"却也"殊途"，达成优质发展、共享经济和价值共创的具体方案必然要因地制宜、各具特色。改革开放后的中国特大城市，人口持续快速增长，产业集聚日新月异，一方面要在维持城市运行的压力驱动下不断改变城市的物理状态和自然环境，另一方面又要不断进行社会改造以适应城市环境的变化。而城市的社会改造既不能没有引领组织，又不能忽视引领组织与其他社会成员间的协同配合。改变城市的自然环境以维持城市运行，是人们熟识的城市管理工作的内容；而引领城市社会改造的组织力量如何运作及如何支持其他组织适应城市环境的变化，是中国城市政务服务工作的重点。

一、从智慧城管到"一网统管"

数智城市的雏形依然是自然属性的城市与社会属性的城市的融合。将城市自然属性的物理特征进行数字化，使数字城市的建设成为可能。当然，城市的建设者和决策者不是无目的、不加选择地对城市的物理特征进行数字化——那些影响城市社会属性如自由、安全、平等、多元活力等价值需求的物理特征，如水系、路网、管网、居住区、就业生产园区、危险和污染物存放处等，一定是城市数字化优先覆盖的领域，即城市"生命线"的数字化。智慧化的城市管理，就是以数字化的城市生命线为"纲"，将城市的物理特征准确实时地与负责满足城市社会需求的管理组织的决策相匹配。

（一）智慧城管的出现

长期以来，监测、改造中国城市自然属性的物理特征以满足城市社会需求的管理组织是高度行政化的。因此，数字化城市的物理特征，尤其是城市生命线的数字化和智慧化，曾经分属交通、公安、国土、住建、应急、水电气等多个政府条线和公共企事业单位管辖。由于这些机构的专业性强且密切影响城市的平稳运行，所以被认为是城市的关键"硬件"和"基础"。传统观念中，这些管理组织的运作相对封闭，也无需对居民局部、短期的诉求进行灵活的回应。因此，它们的数字化转型早，但缺少智慧化迭代、升级以及对居民诉求予以汇集回应的动力。相比之下，反而是对"附着"在生命线硬件之上的社会生产和生活活动进行管理、维护的"城管"队伍，在城市自然与社会属性的交界面上，率先开启了智慧升级的进程。

2003 年 5 月，针对当时北京市城区市容破坏和污染源头多元、散布、频发，道路、绿地、建筑等市政公共设施资源被挤占和滥用情况严重，城市管理行政执法人员不足且执法行为亟待规范等问题，东城区政府牵头联合多家单位，成立了"东城区网格化城市管理系统"课题组，开始着手研发数字化城市管理信息系统。2004 年 10 月，北京市东城区上线运行了"东城区网格化城市管理系统"，成为国内较早探索智慧城管的地区之一。作为城市物理空间与社会活动匹配并建构城市秩序的改革，东城区的网格化城市管理系统首先将东城区划分为多个网格，为每个网格设立专职网格员。网格员负责监管本网格内的城市运行状况，整合多个城市管理相关政府部门的城管职能，形成了"监管分离"的新体制。在组织与空间重组的基础上，东城区利用信息化的技术手段，如视频监控、移动执法等，实现城管队伍对网格内城市运行状态的实时监测和数据采集，综合利用移动通信、地理信息系统、卫星定位系统和地理编码等高科技手段，进一步完成了对网格员和城管队员业务工作方式和流程的重塑。同时，东城区智慧城管综合信息管理平台的建立，一方面引入社会力量的参与，方便公众通过热线电话、智慧城管 APP 等方式反映市容和市政设施维护问题；另一方面，打通城管系统和社区网格工作间的信息壁垒，实现巡查和报障信息共享及协同作业，初步实现了基于"万米单元网格"对城市管理对象（部件和事件）的标准化分类、编码和定位。作为将创新制度化的延伸，东城区网格化城市管理系统的智慧升级高度重视对管理职能的确责、确权和量化绩效考核标准制定，建立了闭环的城市管理工作流程和科学的绩效评价体系，在城市管理方面取得了显著的成效。

在 2005 年，"东城区网格化城市管理系统"得到了当时中央编办、国信办、科技部、住建部、北京市委市政府以及多位知名行业专家的积极评价。在此背景下，该系统被列入住建部的"十五"科技攻关计划示范工程，并成功通过专家的严格验收。同时，该系统的科技成果也经过了北京市科学技术委员会的认证鉴定。此外，该系统被选为国家信息化示范项目以及北京市信息化重大应用项目，进一步证明了其在城市管理领域的创新性和实用性。住建部更是将其确认为"数字化城市管理新模式"，并开始在南京市鼓楼区、沈阳市铁西区、长春市朝阳区等全国其他城市城区推广。自此，全国各地的智慧城管建设如火如荼地展开，显示出其在城市治理领域的广泛应用潜力。

（二）智慧城管的局限

不容否认的是，中国城市的智慧城管创新，实际上只是局部的城市物理空间及其感知设备的数字化，同时也不过是城市社会功能中特定"条线"上政务服务的数字化，以及前述两个维度上数字化的连通和匹配。所以，智慧城管和城市全域的智慧管理之间，还存在着十分明显的差距。智慧城管的孤岛式创新也导致了城市问题发现滞后、预警被动、社会秩序维护压力增大等中国式城市病，难以得到根本性改变。

全域城市管理的智慧化，必须以城市自然和社会属性的数字化和虚拟化为前提，借助物联网技术和政务云平台的开发，才能实现广泛存在、触手可及。也就是说，物理空间和城市公共服务间各自的数字化，加之相互间的支持、调适，将把城市的全部活动变为一个可感知、可调节、可调控的生态系统，通过把各类传感器、物联网植入城市的自然环境和社会网络，实现城市对象的透彻感知，从而获得城市各要素的属性信息，经汇总、整合、深度互联构成城市的各类优化模型，并在模型的引导下，为城市生活、规划、建设和发展提供智慧化的服务。

相比之下，我国早期的智慧城管创新虽然掌握和表达了条线上业务内的数据，但在其中并没有高水平的大规模的智慧式的开发使用，并未达到利用信息化改变治理主体工作方式、城市居民生活方式和生命线运维方式的目标。开展智慧城管创新的城市先一步地认识到，要想让城市的自然信息和社会信息按照治理需求获得全面、准确、实时、分类感知和掌握，要具备对信息进行分析、过滤、鉴定、挖掘、对比、整合的能力，化信息为知识与智慧，最终形成对治理问题和形势的科学决策，那么智慧城管就必须在物理功能、空间范围和服务能力三个维度上实现突破，进而在实用意义上开展真正的"全域"城市治理。在操作过程中，上海、深圳等超大规模城市和南京、杭州等特大规模城市也逐步在以上三个维度中，增强与扩展了早期智慧城管系统的功能、范围和能力。比如，这些城市的智慧城管没有停留于用数字化在虚拟空间映射传统城市的地表公用设施这一阶段，而是在此基础上进一步利用传感技术与智能技术实现对城市地面上下管网、设施、建筑物的运行状态的自动、实时、全面透彻的感知。这些城市也突破了基于地理信息系统的"部件"和"事件"管理，即围绕"物"（城市公共物品）及与"物"相关的"事"的管理，深入到更加重视人的主体地位及社会服务管理，将管理对象拓展到全方位的"人、地、物、事、组织"。增强型的智慧城管开始摆脱依赖，采用成立指挥中心、聘用监督员等方式实现指挥、调度和监督的协同，更加注重通过社会资源的广泛发动，通过市民城管通、城管政务百科的方式汇聚大众的力量和群众的智慧解决城市中的管理难题。新阶段的智慧城管开始超越以提升社会生产和管理效率为导向来设计和实现城市各领域的信息化，转而更强调人的主体地位，更关注用户视角的服务设计和支持，更强调用各领域的信息化赋能开放创新空间的塑造、市民参与和用户体验的提升，"以人为本"地实现可持续创新。

（三）"一网统管"的先声

2015 年，国务院印发《关于积极推进"互联网＋"行动的指导意见》，标志着中国政府组织与互联网技术的融合发展由侧重线上和虚拟映射的"电子政府"走向线上线下相融合的"互联网＋"政务服务时代。与之相伴的是，数字经济领域的新模式、新业态、新体验也对数字治理的适恰、便利与安全提出了更高的要求，云计算、物联网、AI 等数字基础设施的快速崛起，也为前文所关注的"全域智慧化城市管理"提供了更多的技术支持。2015—2020 年，国家一体化在线政务服务平台建设、政府信息资源共享与开放，以及城市级服务平台建设在央地政府之间自上而下和自下而上的协力推动下不断加速。从政府层面与城市层面的顶层设计和数字化行动来看，中国数字治理的重点在这一阶段由此前尚显单一的贯通式、强条线①"T 型"模式，逐步走向条块互动、开源支撑的"Z 型"模式。从中央和地方在网络平台、数据共享、电子证照、电子身份、电子印章等方面对城市级应用的支撑力度，以及城市数字治理与公共服务平台在面对具体场景时的模式和体验创新能力来看，"条"和"块"在这一时期进入了一个"竞速互补"的局面。2015—2019 年，是地方全域智慧化城市治理创新性解决方案百花齐放的阶段，而中央政府则不断总结经验，一方面借助全国性的政务服务评估、营商环境试评价等工具提炼、筛选技术路线和治理模式，另一方面为差异化的地方创新解决方案提供急需的基础设施支撑、标准确认和制度保障。从 2020 年疫情防控阶段开始，国家级政务服务平台在城市应用入口搭建、健康码数据互认、通信行程卡数据查验以及城市复工复产支持等方面，更加果断、主动地将中央层面的数字治理基础能力与公共能力快速下沉至城市运行的具体场景中，同时带动后发城市对齐技术标准和数字治理体系，为疫情时期全域智慧化城市管理注入了新的动力。

具体而言，在 2017 年党的十九大报告中，"数字中国"与"智慧社会"的表述首次出现。如果在宏观和顶层设计意义上将"数字中国"理解为以中央意志贯彻为目标的国家构建，那么"智慧社会"则是微观和"落地"意义上面向城乡生活与社会细节的治理和服务模式的愿景。尽管数字中国整体布局规划的官方文件在 2023 年 2 月才正式发布，但在前述国家建构和治理愿景的引导下，中国省、市、县区三级地方政府在更大范围内开启了积极推动和参与政府数字化转型与城市数字化转型，浙江、广东，杭州、深圳则是这一时期各地探索中的突出代表，以"浙里办"APP、"粤省事"小程序为代表的省级政务服务平台与以杭州城市大脑、"i 深圳"APP 为代表的城市级治理和服务数字化应用一度领先全国。

这一时期移动设备与智能应用的不断丰富，以及城市基础设施与公共服务资源的智能化升级加速，对城市治理与服务产生了重要的影响。城市政府的数据采集、分析和应用能力不断提升，大数据管理部门首次出现在部分地区

---

① 条线：指科层制组织中的业务部门分工。

省、市两级政府序列之中，成为与城管、公安、建设、水利、交通、卫生等传统职能部门相并列的结构。至此，从智慧城管与城市治理体系中单一条线、部门业务的捆绑，到全域智慧化城市管理对多条线部门的跨组织协同，再到以全新大数据管理部门为依托的专业化城市治理信息汇聚、开发、应用赋能，智慧城市的治理已经在中国迅速迭代出新的组织模式。大数据管理部门一方面是城市政府推动城市治理政策落地的执行机构，另一方面是向其他部门职能进行数据赋能的支撑与协调机构。它们既"对数据治理"，即通过对城市不同系统、平台、源头的数据进行梳理、清洗和管理，建立城市数据档案和目录体系，对所有数据进行规范化、标准化、资产化管理；又"用数据治理"，即利用已有的数据平台、数据资源及算法，针对城市治理和服务的具体场景，如交通、安防、水利等进行有针对性的数据优化与城市运行模式设计，实现数据驱动城市创新的有序发展。2023 年 3 月，中共中央、国务院印发了《党和国家机构改革方案》，组建国家数据局。2023 年 10 月 25 日，国家数据局正式揭牌。截至2024 年 4 月，31 个省（市、区）和新疆生产建设兵团均已完成机构组建，其中独立设置机构的有 26 个，加挂牌子的有 6 个。在全新的组织模式下，城市运行过程中空间、社会、技术三者新一轮的碰撞和互动，必然催生出中国式智慧城市全新的解决方案。

二、"一网统管"的运行逻辑

2018 年 11 月，习近平总书记在上海考察时强调："推进国家治理体系和治理能力现代化，必须抓好城市治理体系和治理能力现代化。运用大数据、云计算、区块链、AI 等前沿技术推动城市管理手段、管理模式、管理理念创新，从数字化到智能化再到智慧化，让城市更聪明一些、更智慧一些，是推动城市治理体系和治理能力现代化的必由之路。"习近平总书记的一系列重要论述为新时代中国城市治理，特别是大城市治理指出了改革方向，也为"一网统管"的萌芽与发展奠定了前期思想基础和政治基调。

（一）目标与内涵

2019 年，上海首次将城市数字政府建设的目标概括为：政务服务"一网通办"与城市运行"一网统管",本质上是以信息为纽带,将城市物理设施的建设运维、社会需求的升级响应、组织核心的转换变革借助信息技术的突破创新实现可持续协同与联动。"一网统管"思维下的城市运行,把对信息技术的孤立认知转换为一种面向城市设施、社会、治理三大核心要素的"组织技术"——以人为核心,以数据要素为驱动,以政府、企业和公众三方协同,从技术、资源、组织等层面重构城市运行体系的数字时代城市发展理念。

"一网统管"的概念源于上海对城市管理精细化工作的探索和总结。2019年年初,上海市委、市政府聚焦城市管理提出"一屏观天下、一网管全城"的目标要求,在全市层面规划了城市运行"一网统管"的雏形。这不仅代表着在数字政府建设趋势下从"服务"到"治理"的重心平移,同时也意味着在数字化、网络化、智能化发展形势下,"一网统管"正在成为超大城市治理的全新视角。同年11月,习近平总书记在上海考察期间指出,抓好政务服务"一网通办"、城市运行"一网统管",并将"两张网"建设作为提高城市现代化治理能力和水平的"牛鼻子"工程。"一网统管"的概念迅速传播开来。

2020年4月,上海市委常委会会议审议通过《上海市城市运行"一网统管"建设三年行动计划(2020—2022年)》。会议认为,"一网统管"是超大城市治理的"牛鼻子"工作,必须高度重视、统一思想、合力建设,坚持顶层设计与需求导向相结合,聚焦重点领域、重要场景,围绕"高效处置一件事",加快系统整合,强化数据赋能,夯实信息安全,切实做到实战中管用、基层干部爱用、群众感到受用。2020年以来,"一网统管"频繁出现在各级政府发文中,从中央到地方政府陆续出台相关政策、规划及行动计划,支持加快推进"一网统管"建设。"一网统管"实现了从上海探索到全国创新实践,已成为"十四五"期间我国推进新型智慧城市建设、提升城市治理智能化水平的重要内容。

在各级各地相关文件和政策的共识中,"一网统管"被定义为是一项复杂且系统的工程,需强化基础设施建设,稳固根基。应聚焦于"人–物–动–态"的全面监测,精确捕获城市运行的基本特征,深入理解城市主体、结构与动态元素,以期实现对关键态势的有效预判。数据集成与系统整合是"一网统管"的核心内涵,旨在打造数据汇聚、系统融合与功能协同的统一平台。此外,加大城市智能感知设备的部署力度,采用最前沿、可靠的科技手段,确保系统的安全性与稳定性。同时,作为牵头"一网统管"实施的组织力量,上海市城市运行管理中心负责明确阶段性目标，细化实施步骤，压实责任链条，优先推进城市生命线应急保障、交通管理、智能防洪、人群密集区域管控等关键应用系统的建设，以科技赋能城市常态运行的效率、安全和社会经济的持续发展。

上海"一网统管"模式在维持各行政机构既有业务架构的基础上，通过科技与管理的深度耦合，打破信息孤岛，创新开发了涵盖地图服务、气象预警、交通调度、应急响应等六大功能模块，为跨部门、跨系统的协作提供了强有力的支持，初步达成了全城一体化管理的目标。此外，该系统还着重提升了预警预测与应急反应的能力，通过部署包含门磁感应、燃气泄漏监测、火灾报警及人体活动监测在内的"智能四件套"传感器网络，针对独居老人群体实现了异常情况的即时监测与快速响应机制，维护了高风险群体的安全与福祉。作为上海智慧城市架构的中枢神经系统——"城市大脑"的核心组成，"一网统管"系统深度吸纳了智慧警务、智慧网格等传统强条线"T型"业务信息化系统的建设成就，并依托大数据分析、云计算能力、物联网技术及 AI 算法的前沿优势，创造性地构建了一套详尽的城市运行健康指标体系，有效促进了城市管理的精细化与智能化。至 2020 年 10 月，已有 48 个政府机构的 179 个信息系统接入城市运行管理中心，衍生出 710 项具体应用案例，显著增强了城市管理的效能与协同性。以上海市城市网格化综合管理平台为例，经过纳入"一网统管"系统后的扩展连接、升级能力，现集成了逾百项关键数据资源，覆盖了广泛的城市构成单元，诸如 1495 万城市基础设施部件、绵延 2.68 万千米的地下管网系统、1.4 万余个居民社区、3000 余座历史文物保护建筑，以及实时更新的城管执法与网格巡查动态信息。通过 GIS 集成的可视化策略，该平台在上海市、区、街道三级治理体系中实现了信息的高效共享、便捷交互与标准化管理，于单一界面下全方位、多层次地展示了城市治理的全貌，包括但不限于要素构成、对象管理、流程监控与成效评估。

综合部分先期探索"一网统管"系统的城市的经验，可以概括性地将"一网统管"定义为以数据为基础、以平台为支撑、以协同为关键，通过打通城市各治理系统的业务平台，实现对城市治理事件进行集成化、协同化、闭环化的高效处置，以及对城市治理要素、对象、过程、结果等各类信息的全景呈现，进而实现对城市进行有效治理、趋势预测和决策支撑。"一网统管"的内涵要素包括：首先，标准网络通全城，联通城市各部门的业务系统，形成数据、指令、工作流的闭环，实现城市治理的全面感知、实时响应和高效处置；其次，专职机构理全域，建立专职机构梳理、运维统一的指挥体系，打破部门壁垒，实现城市治理的横向到边、纵向到底、协同一致；最后，专业队伍干治理，整合城市的治理力量，构建专业高效的治理队伍，提升城市治理的效能。

以上述要素为支撑，上海等城市将"一网统管"系统支持下的城市运行目标设定为：①动态提升城市治理效能，实现信息技术与城市管理的深度融合。通过 5G、IPv6+ 等新一代信息技术实现城市治理对象、资源、工具等的有机连接，统一城市级各类传感器连接管理、数据采集及共享，融合城市管理基础网格，推动跨部门、跨层级的协同联动，以动态的数据赋能、流程再造、协同联动，提高城市治理的效率、精准度和居民的满意度。②全面推进城市组织流程再造。以"一网统管"为基础，构建全域感知、实时分析、智能决策、协同处置的城市组织网络，推动城市政府全面梳理业务流程，通过梳理事项清单，优化核心同类事项、相似事项与重复事项，建设统一目录清单，确保不同层级与不同区域的相同事项基本要素完全统一。厘清事项责任边界，优化事项处理流程，建立健全全生命周期监管机制，推动城市治理业务融合和流程再造，为城市协同治理提供工作基础。③持续增强城市科学决策能力。以"一网统管"为抓手，推动城市治理理念、制度、方式和能力的现代化。充分利用城市运行平台上积累、沉淀的设备感知数据和组织管理流程数据，经过大数据分析和算法模型匹配，结合实际治理专题场景，形成有数据支撑的"城市体征分析报告"，从宏观和微观的两个维度为城市运行管理提供决策依据。通过深度分析挖掘数据，识别城市风险隐患，探索城市"城市病""重难点"等问题的深层成因，精准决策、系统施治，助力城市治理"防患于未然"。

（二）结构与动力

在后全球化、后城镇化与后疫情时代要素不断叠加的百年未有之大变局中，数字化、智能化与智慧化持续推动着中国的城市治理模式不断演进。早期智慧城市，特别是智慧城管的建设投入与努力，逐步演绎出中国超大城市、特大城市应对疫情过程中"一网统管"的结构雏形。

首先，"一网统管"是不同来源和功能的数据的结构与互动。"一网统管"系统的数据基础是从城市各个角落和不同部门收集来的信息，涵盖了交通、环境、安全、人员、物资、设备等多个维度的数据源。通过物联网传感器、视频监控、移动终端、社交媒体等多种渠道，实时获取数据并进行标准化处理，打破了信息孤岛，实现数据的互联互通。这个过程往往需要高度集成的数据交换平台和数据清洗、融合技术，确保数据的准确性和时效性。然后，"一网统管"系统运用大数据分析、机器学习等技术，对收集到的海量数据进行深度分析，旨在识别城市治理中的问题、隐患和潜在趋势。例如，通过分析历史交通流量数据，系统能够预测未来的交通拥堵情况，或者通过环境监测数据预测空气质量的变化情况，从而为决策提供科学依据。此外，通过挖掘数据间的关联，可以发现隐性的城市管理规律，为优化资源配置、提升公共服务效能提供支持。该层主要服务于城市管理决策者，通过实时数据可视化工具和智能决策辅助系统，将复杂数据转化为直观易懂的图表和报告，帮助决策者快速把握城市运行的整体状况和细节问题。决策支持系统能够根据数据分析结果生成预警信号、趋势预测和优化建议，支持领导层做出更加精准、迅速的决策。可视化界面通常包含交互式地图、仪表板、热力图等，便于实时监控和应急响应。基于数据分析结果，"一网统管"平台能够自动或半自动地生成任务指令，并将这些指令精准派发至相关部门或个人。例如，一旦系统监测到某区域的异常情况，如交通堵塞、环境污染事件，便会立即触发任务调度机制，通知相关部门采取行动，如调度交警疏导交通、派遣环保人员检查污染源。该层还包括任务跟踪、反馈与评估机制，确保指令能够得到有效执行，并为后续改进提供反馈。最后，针对公共安全、交通管理、环境保护、民生服务等公共服务的具体流程应用"一网统管"的上述数据分析功能，便可以形成多种具有针对性的应用场景解决方案。每个场景都设计了具体的功能模块和服务流程，如要素治城、文明创城、安全护城、生态美城等，涵盖了城市管理中的方方面面。通过不断地迭代和优化，系统能够适应新的治理需求，进而提供更加个性化与智能化的服务。

中国城市的"一网统管"平台还运转着一套与数据逻辑并行的组织逻辑。这一逻辑是由城市治理主体组织化的目标与规划，落实目标与规划的角色分工及业务场景，以及实现分工和场景中核心流程的软硬件要素共同串联形成的（如图2-1所示）。"一网统管"设施主体的核心是高度组织化的管理者。在近似治理模式的"一网统管"体系内，城市与居民分别是治理和统管的对象，数据和信息技术是治理的工具和抓手，城市的政治中枢及其行政组织是治理的策

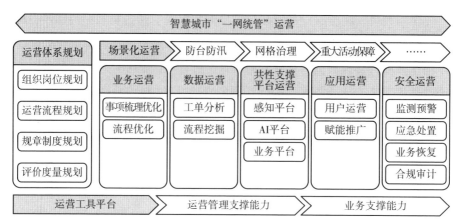

图 2-1 城市"一网统管"的结构与逻辑示意图

源力量。后者要善用工具来服务对象，就必须为组织运行提供动员集体行动所需的目标和规划。为此，中国的相关城市，无一例外地在"一网统管"建设初期将运营组织、部门、岗位以及相关配套规范等内容提前考虑并纳入顶层设计，规范化各组织间运行机制和标准规范，并根据运营组织、运营流程、规章制度、评价度量等方面的变化持续迭代更新，避免在项目建成后没有运营组织承接运营工作，最终导致"一网统管"部分环节停摆。

在目标和规划的执行层面，"一网统管"被高效处置城市中的特征公共服务和事件所驱动，有必要深入到对处置事件流程的梳理、规范和优化中，避免事项清单和流程因业务变化而不能及时更新，进而导致高发、重要治理场景中责任不清晰、部门互相推诿、案件反复处置等各类问题出现，影响"一网统管"的整体运行效率。就此，"一网统管"可以通过场景化运营，围绕防台防汛、网格治理、重大活动保障等具体业务场景，有针对性地开展业务梳理与分析、场景保障方案设计、场景化应用设计、预案设计等运营工作，充分利用数据、共性支撑平台、各类应用的有效融合，设计、革新业务场景数字化解决方案，精准提升业务场景的数字化效能。

接下来，要想"一网统管"具备理性化业务流程的能力，就要发挥数据对于组织协同降低交易成本的功效。一方面，通过数据运营，充分挖掘、发挥数据价值，利用大数据和 AI 挖掘分析汇聚"一网统管"平台内的城市事件数据，从源头发现、减少以及预警问题，为高效解决问题的流程优化提供数据依据，从事件分拨效率、处置时长、办结率等方面分析事件处置效能，为事件处置时效提升提供科学依据。另一方面，通过共性支撑平台运营，规范化各业务和场景的牵头分工组织内部平台数据、接口对接标准，为充分发挥共性支撑平台的共享能力、智能发现能力、数据处理能力等方面提供持续性监测、分析、提升优化等运营工作，为"一网统管"高效运行、融合创新提供平台支持。此外，为了保障"一网统管"系统的稳定运行，还需构建强大的技术支撑体系，包括政务云平台、政务大数据中心、感知网络、标准规范和安全保障等。这涉及云计算、智能连接、AI 等核心技术的集成应用，以及严格的数据加密、访问控制、灾难恢复等安全措施，以确保数据的安全传输和存储，保护公民的隐私安全。

（三）挑战与愿景

以"一网统管"为特征的数字化、智能化和智慧化持续推动着中国城市治理模式的不断演进，超大城市、特大城市、大型城市、中小城镇等不同主体的发展诉求越来越多元。但回归"人民城市"的核心理念，前述多元诉求下的共同趋势则是呼唤将制度、技术、体验、数据、安全等多要素作为评价考量，系统、平衡地推进城市治理的现代化。基于城市治理现代化评估指标体系，中国城市与小城镇改革发展中心借助国家级智库及高校研究机构的权威报告、城市政府部门年度公开数据、权威媒体数据等多维数据来源，对全国 15 个副省级城市（广州、武汉、哈尔滨、沈阳、成都、南京、西安、长春、济南、杭州、大连、青岛、深圳、厦门、宁波）开展了试评估研究，初步形成了评估结果及排名。评估结果显示，中国副省级城市的治理现代化发展水平平均分为64.69 分，其中深圳市得分最高，而长春市得分最低。

在一级指标中，参评城市在"精细治理"的平均得分最高，"人本服务"得分次之，"多元协同"得分最低，仅为 56.75 分。由此可见，通过城市网格化管理与感知网络设施支撑的精细化治理取得了一定的成效。然而，政府、企业和公众的多元参与治理模式和平台尚未成熟。这反映了目前在城市治理现代化进程中，尽管技术与管理手段的精细化有所提升，但多方协同治理的机制仍需进一步完善。理论上，城市的数字化转型不仅仅涉及将技术嵌入治理过程与开发多种电子政务的能力，更重要的是根本性地改变城市治理主体的思维模式和主体中不同组织之间的合作方式。在这一背景下，政府、企业与市民等主体在

"一网统管"体系中的角色和能力需要全面重构。毫无疑问，随着技术赋能与数据驱动的持续推进，中国城市"一网统管"急需应对的挑战就是实现城市治理主体从若干专业化的政府部门"烟囱式"的分散治理逐步演变为政府内部高度协同，政府、企业、市民多元化共同治理的格局。

政府在这一过程中，从传统的监管者转变为公共利益与资源的协调者，成为多元利益格局中的一员。作为"一网统管"建设的引导者，城市政府必须首先为推进各层级政府部门实现统筹运行、高效运转、协同联动而建构起"三级平台、五级应用"的城市运行管理架构。市级政府要制定和执行相关的政策和规划，投入必要的资金和资源，通过"一网统管"平台向社会公众和企业提供公共服务，统筹"一网统管"运营和管理，同时引领各方合作和创新发展，鼓励企业、社会组织和公众参与"一网统管"建设与运营，保障"一网统管"目标的实现。针对"三级平台、五级应用"的结构模型，市级政府需要在实践中助力、促进市级平台、区县平台和街镇平台的筹建，推动开发市、区县、街镇、网格到小区楼宇五个层级的具体应用，实现各级间数据贯通、协同联动，形成高效完备的"一网统管"运行管理架构体系，为构建覆盖全城的数字治理平台体系，形成高度统筹、联勤联动的治理新局面奠定基础。

此外，"一网统管"必须赋权市民从传统视角下的城市服务消费者转变为积极的城市治理参与者，助推公民数字素养的提升并充分激发、释放市民的城市治理参与意愿和能力。线上参与城市公共决策与治理成为数字时代市民政治生活的重要组成部分。从国务院"互联网+"督查平台到地方政府官方微博及微信对市民在线诉求的回应中，可以看到市民的声音正逐渐成为改善城市治理的重要因素。公众作为城市治理的主体之一，必须能够通过"一网统管"参与城市治理，通过工单热线平台、终端 APP、小程序等各类渠道，随时随地上报和反馈相关问题建议，进而推动形成社会共治共享、良性互动的良好局面。包括居民、社会组织、企事业单位以及城市临时来访人员等的社会公众也要能通过"一网统管"平台更加方便快捷地获取各类公共服务，并监督和管理"一网统管"的运营和维护状态，确保其符合公众的需求和期望。

不仅是政府和市民，"一网统管"也应该推动企业在城市治理中角色的转变。在传统的城市治理模式下，企业主要承担建设者和执行者的职责，被视为效率和利润最大化的引路人。就此而言，"一网统管"运营离不开各类企业的参与和支持，根据合作关系的不同可以分为总承包方和合作方，根据提供的服务类型不同，可以分为软件服务商、硬件服务商、数据服务商、云服务商、运维服务商和系统集成服务商等，这些企业通常具备丰富的技术资源和运营经验，能够围绕"一网统管"提供各类服务和支持，如平台建设维护、场景快速开发、数据整合分析、服务推广、合作参与和资源整合等，弥补政府在技术、管理和运营经验等方面的不足。然而，长期被视作政府购买公共服务供给者的企业，并未被视为城市议程的共同制定者，这意味着其"政治性"角色是缺失的。随着数字治理的推进，城市政府在独立制定政策和设计数字时代服务的能力方面略显不足。依赖单一的政策规划部门或信息技术部门，政府难以迅速且有前瞻性地掌控未来城市发展的方向并满足治理服务需求。在这种背景下，企业必须以数字治理"合作伙伴"的身份出现，与政府和市民一起，围绕特定城市发展议题或治理场景共同创新，推动"一网统管"资金来源与合作生态更加多元化。只有这样的"一网统管"，才能让企业在数字治理中的角色从单纯的执行者转为创新者，释放企业家精神和企业组织智改数转[①]带来的创造力与效率，推动城市中数字治理、数字政府和数字经济的互动与融合（如图2-2所示）。

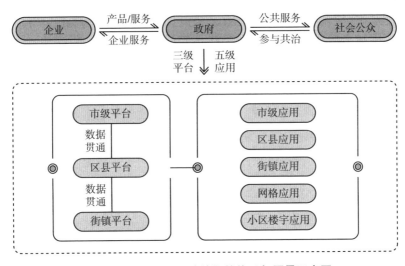

图2-2　城市"一网统管"的体系与愿景示意图

---

① 智改数转：官方文件中对企业智能化改造和数字化转型要求的简称。

三、从"一网统管"到数智城市

针对智慧城市理念下城市"一网统管"体系早期发展呈现出的项目工程化、唯技术论以及"重建设、轻运营"的弊端，持续迈向数智城市的数字化转型应该更多关注服务能力、市民体验以及制度规范的完善与设计，并强调政府、企业和市民的共同参与，进而推动建设数字中国、智慧社会趋势下城市发展的可持续性。

（一）治理理念创新

当前，"一网统管"体系在运营过程中面临着数据价值未能充分挖掘和数据质量难以满足业务需求的双重挑战。尽管该体系业务接入了大量多样的数据资源，但这些数据的使用仍局限于"大屏"展示，缺乏深入的分析和研究。一方面，从火灾、车祸到井盖、积水，"一网统管"可以局部实现事无巨细的精准感知和实时数据呈现。但另一方面，这些数据与城市党政组织、企业、群众作为治理主体的价值需求、体制机制约束、行为策略间尚未建立联系，由"技术到服务"的思维和话语体系转换还没有完成。此外，数据资源建设体系尚不完善，缺乏统一的建设标准和必要的支撑工具，数据更新不及时会进一步导致数据质量难以满足业务运营的需求。与此同时，通过"场景化智能运营和创新"来提升城市治理效能仍需深入探索和持续改进。当前，智能化手段在辅助城市治理中尚未完全发挥其潜力，尤其是涉及民生的城市管理事件和城市管理部件类案件，大部分仍需工作人员现场确认信息并制定处置方案，处置结束后还需再次到场拍照确认，耗时费力。由于缺乏社会学、艺术、心理学、隐私法律等跨学科专家的共同设计与研究，城市"一网统管"的灵敏要转化为可操作、智慧化的"敏捷"服务仍有距离，甚至有时引发了传统工作方式与孤立的技术创新间的物理叠加，在"二次录入""打卡留痕"的形式主义运作模式中加重了基层工作者的负担。

在从数字化、智能化向智慧化演进的过程中，在"共建、共治、共享"的社会治理新格局中，数智城市必须在"一网统管"模式的基础上，创新城市科技基础设施与城市社会系统融合互嵌的理念，才能破解上述只"增数"不"增能"的难题。首先，必须确立转变城市政府职能的理念。数智城市的政府要由一个单纯注重命令发布和执行以及相应权力分配、绩效考核的管制型政府逐步转型为一个以协调多方利益、平衡各方诉求、激发多元主体潜力为核心的服务型政府。其次，必须确立"城市即平台"的价值理念。城市的核心价值不再只是以交通枢纽、区位优势及资源能源为核心的传统价值，而是以数据要素为驱动的网络节点价值与数据枢纽价值。最后，必须确立城市发展动能转换的理念。从以基建投资、招商扩张及产业政策为动能，逐步转型为以城市人性、敏捷、韧性的公共服务供给能力为核心，把产业创新、服务供给及品牌升级作为发展动能的主要来源。

以上海市为例，平行于 2019 年后发展起来的"一网统管"系统，2022 年出现的"上海社区红黑榜"（以下简称"红黑榜"）为如何转变数智城市治理理念，推动"一网统管"模式迭代升级，提供了重要启发。2022 年 4 月出现的"红黑榜"得到了上海市民的广泛关注和深度参与。这一倡议旨在对上海市的服务机构、食品安全、新能源车辆充电桩等多领域公共服务、城市治理质量进行社区层面的评比，通过公开透明的信息共享与反馈机制，进一步提升城市治理的参与度和公平性。"红榜"表彰那些表现卓越、服务优质的单位和个人，对他们的积极贡献予以肯定。与此同时，"黑榜"则列举了那些存在问题、需要整改的主体，旨在通过公开监督，推动其改进和提升。"红黑榜"的实施不仅是对公共服务质量的简要反映，也是对城市治理和公共信任建设的有力促进。自"红黑榜"实施以来，已产生了大量积极的反馈，市民们通过这一渠道表达意见，提出改进建议，对相关部门和机构的改进提出实际需求。

"红黑榜"的"可参与"特性体现了信息化时代公民参与城市治理的新形态，代表了一种透明公开、公平公正的治理方向。在"红黑榜"的实践中，社区居民、志愿者和相关职能部门共同形成了一个多元化的互动平台，充分反映了公众对城市管理的实际观感和期待。随着时间的推移，"红黑榜"的内容也在不断丰富和细化，从最初的对一个季度的服务满意度调查，扩展到包括"食品安全""环境卫生""交通管理""能源设施""公共服务质量"等诸多方面。每当有新的内容要加入和更新时，市民都可以通过官方网站或者社交媒体平台浏览、反馈各类信息。"红黑榜"一方面体现了数字时代下个体力量在城市治理中不可忽视的作用；另一方面，其公开透明的特性也促使参与者更加关注事实和数据，减少了不实信息的传播以及舆论的偏激化倾向。"红黑榜"的每一条信息、每一项评选都是市民们共同努力的结果，每个参与者都成了城市治理信息的"审核员"和"贡献者"，而非单纯的"吃瓜群众"。正因为对城市服务质量和个人生活感受的重视，"红黑榜"摒弃了社交媒体上常见的激烈对立讨论，"红榜"的赞誉和"黑榜"的鞭策形成了一种良性循环的治理结构。

通过"红黑榜"，市民们不仅更透明地了解到城市服务和设施的运行状况，也增强了自我参与城市治理的责任感。每个市民、每家商户、每个公共服务单位都可能成为这个网络社会中的关键"节点"，他们在政府职能部门的监督之外，又形成了一层有力的社会监督保障，极大地缩短了发现和解决问题之间的时间差，从而成为自我和他人的守护者。如果能够将"一网统管"平台上的数据信息和公共服务资源、力量与民间"红黑榜"上的公众需求信息和公众参与及监督资源相整合，形成技术和制度上的升级迭代，那么就可以一改往日城市治理中统治与被统治、命令与服从的陈旧范式，在去中心化的组织设计、开放议程设置、没有中心思想的行动路径及流动式开放参与等特征下，通过平等对话、交互与协作，最终实现在治理智慧与公共精神上的共同成长。

（二）数字技术创新

2024 年 5 月 14 日，国家发展改革委、国家数据局、财政部、自然资源部联合发布《关于深化智慧城市发展 推进城市全域数字化转型的指导意见》（以下简称《全域指导意见》）。针对此前城市"一网统管"业务运营暴露出的平台构建标准体系参差不齐，流程和接口标准化程度低，跨系统事件处理缺乏高效协同等问题，以及当前"一网统管"集成平台结构复杂，各业务模块间的协同机制尚不明确，致使跨系统事件的流转面临诸多障碍，许多系统难以实现高效利用的弊病，《全域指导意见》倡导"全领域推进城市数字化转型"。其中，在"建立城市数字化共性基础"的意见中，"构建统一规划、统一架构、统一标准、统一运维的城市运行和治理智能中枢，打造线上线下联动、服务管理协同的城市共性支撑平台"，明确肯定以"一网统管"系统平台为基础，在城市内更多相关主体组织和业务间以及更多城市间，推广更加统一和标准化的智能中枢与共性支撑平台。而在具体的技术操作层面，《全域指导意见》明确强调，"鼓励发展基于 AI 等技术的智能分析、智能调度、智能监管、辅助决策，全面支撑赋能城市数字化转型场景建设与发展"。同时，还要"因地制宜有序探索推进数字孪生城市建设，推动虚实共生、仿真推演、迭代优化的数字孪生场景落地"。

数智城市的治理与服务将在 AI 的推动下得到显著提升。结合当前城市"一网统管"已有的应用场景，AI 技术已初步服务于七大治理任务及功能的实现。而最新的 AIGC（生成式人工智能）和政务大模型技术的爆发，又会进一步推动这些功能的升级，为数智城市的发展带来全新机遇。一是智能搜索任务的实现。智能搜索通过智能语义分析、用户画像与事项之间的关联关系，结合政务大数据和实名认证系统，为公众提供更加便捷的办事搜索服务。AIGC 技术在此基础上，实现了用户查询内容的高度定制化推荐，借助更智能的语言生成模型，能够进一步提升搜索推荐和搜索纠错功能的准确度与实用性。在无须跳转页面或输入个人基本信息的情况下，即可实现"所搜即所办"，并解决用户在网上办事时常遇到的"找不到"问题。二是智能问答。通过智能语音技术、对话理解和场景上下文联想，智能问答利用政务大模型搭建智能知识库和意图识别体系，能够更精确地把握用户需求。政务大模型能够生成更自然、准确的语言对话，进一步模拟真实交互，从而提供深度个性化的"一问一答"服务，使智能助手真正成为了解和服务用户需求的好帮手。三是智能办理。智能办理系统结合政务大数据、电子证照和电子云签等技术，以"服务对象为中心"和"一次都不跑"的目标为导向，通过 AIGC 和政务大模型自动生成和处理相关文档，提供办事资格预审、零填报、网上签名和智能推荐等服务。这样可以实现全流程的网上办理，解决了政务服务过程中线上申请与线下提交之间的堵点。四是智能受理。智能受理系统利用政务大数据、OCR（光学字符识别）等技术，结合 AIGC 和政务大模型对业务受理场景进行深度优化，自动识别和处理申请材料中可能存在的瑕疵，并提供无差别的全科综合受理服务。依托智能化模型，能更快、更准确地提醒审查点，解决了窗口综合受理中"落实难"的问题。五是智慧审批。智慧审批借助政务大数据共享交换平台和先进的图像识别、自然语言理解等技术，通过政务大模型实现自动化审批。通过实时的数据共享和比对核验，自动生成审批决策并即时反馈申请人，实现了无人工干预智能审批，提升审批效率和准确度。六是智能检测。智能检测模块利用自然语言理解和上下文关联分析技术，对事项设立的法律法规进行深度语义分析，提取关键要素并通过政务大模型进行智能核验。通过问题预警和及时修正功能，提供更精确的清单要素核验，避免可能存在的法律风险。七是智能监督。智能监督系统通过建立智能评估指标体系，结合多方评估对服务质量进行综合评价，借助大数据监察技术和政务大模型，能够更准确地识别服务供给中的问题。引入"红黄牌"制度，并使用多维图表展示各级政务服务能力，实现对政务服务效能的全面提升和动态考核监管。

在数据驱动的城市发展进程中，数字孪生技术已逐步应用于市政、水务、交通等领域，如在城市环卫系统中。城市垃圾的收集与处理一直是一个巨大的挑战，尤其是在高密度居民区，垃圾堆积、未及时清理等问题不仅影响市容，还可能滋生细菌和传播疾病。基于数字孪生城市的全域感知技术赋予环卫设施智能化感知功能，可为城市管理者打造一款能够远程监测垃圾桶内容量、垃圾车运行路线等信息，同时能够在出现问题时及时报警并提出高效处理方案的智能环卫管理平台。该平台可同时完成垃圾桶满溢状态监测、垃圾车定位跟踪、街道清洁状况监控、温湿度监测等功能。基于城市数字孪生体和物联网技术等，人们通过智能感知设备、无线网络、垃圾压缩处理设备、车辆监控设备等在线监测设备，实时感知城市环卫系统的运行状态，并采用可视化的方式整合城市环卫服务与设施，形成"城市智慧环卫孪生体"，及时分析处理海量环卫信息，并提出相应辅助决策建议，以更加精细和动态的方式管理城市环卫系统的全流程，保障城市的清洁卫生，实现数字化智能应用的状态。例如，环境监测数字孪生体结合垃圾分类、大数据分析、预测未来垃圾激增时间和状况，促使城市环卫部门及时做出调整，优化垃圾收集和处理流程，避免垃圾堆积和城市卫生问题的发生。通过这些智能化手段，城市管理将变得更加精准、有序，市容市貌焕然一新，居民生活也会更加健康舒适。

在技术层面，数字孪生城市涵盖了"云–网–端"三个层次，构成了未来数智城市的综合技术支撑体系。在云侧，实现了随需调度和迭代学习；在网侧，达成了泛在高速和天地一体的网络架构；在端侧，实现了群智感知和可视可控的智能终端管理。其核心在于通过数据全域标识、状态精准感知、数据实时分析、模型科学决策和智能精准执行，构建城市级数据闭环赋能体系，从而有效模拟、监控、诊断、预测和控制城市运作，解决城市规划、建设、运行、管理和服务中的复杂性和不确定性等问题。

在"一网统管"向数智城市治理升级的过程中，数字城市与物理城市形成了虚实互动、孪生并行的治理模式，通过物联网感知和泛在网络实现数据从物理城市到数字城市的转换，再借助科学决策和智能控制实现反向的数字城市对物理城市的优化管理。优化后的物理城市数据通过物联感知及泛在网络再次进入数字城市，使其进行仿真分析和决策，然后再反馈到物理城市进行执行。如此循环，虚实迭代，不断优化，将逐步形成一种具备深度学习和自我优化能力的内生发展模式，显著提升数智城市治理的能力和水平。

（三）体制机制创新

"一网统管"不仅是一种城市治理的技术模式，其本质也是一种面向数据时代城市发展的组织模式与机制创新，是城市实现从服务数字化转型向治理数字化转型演变的重要阶段。在操作和技术层面，"一网统管"此前主要显形于"数字孪生城市"的技术逻辑与应用手段中，广为人知的是其实时在线的数据和各类模型算法，及时、精准地发现问题、对接需求、研判形势、预防风险的功能，以及在最低层级、最早时间以相对最小成本解决最突出的问题，取得最佳综合效应，实现线上线下协同高效处置一件事的本领。但"一网统管"背后是推进"互联网＋"政务服务、一体化政务服务平台、政府数据开放的突破和进展——城市一网通办乃至都市圈通办、跨省通办的泛在与便捷，反衬出"一网统管"对于城市部件、资源和行为的治理方面，融合与开发仍处于较低的水平。

特别是，"一网统管"的运营面临着缺乏专门的组织管理机构和有效的运营支撑体系的挑战。许多地方政府尚未设置常设的跨部门协调机构，且统筹协调能力不足，导致其难以高效运作。城市运行管理中心（以下简称"城运中心"）或市域治理现代化指挥中心（以下简称"指挥中心"）常常牵头"一网统管"的设计实施，主要发挥数据赋能、信息调度、趋势研判、综合指挥、应急处置等作用，依责组织、指导、协调、赋能各相关政府职能部门开展工作，但不替代、不包揽相关部门的日常运行管理职能；重点做好拟订城市运行管理智能化管理战略、编制智能化发展规划和专项规划、城市运行状态监测分析和预警预判，以及应急事件联动处置等工作。从组织职能设计来看，城运中心和指挥中心通常是市政府直属事业单位，主要通过数据赋能来协调城市各部门参与城市治理，并从顶层设计入手推动城市数字治理战略发展。一方面，这些机构与公安、税务、交通等传统强势的垂直机构在政府行政序列中处于同一级别，属于同级部门；另一方面，它们作为事业单位的行政权威相对较弱，却具有围绕城市数据进行顶层设计推进、项目预算评审及横向协调的职能，在现行的城市政府运行体系下，当面对具体的工作与应用场景时，难以推动相关政府条线实现内部数据共享。此外，虽然城运中心和指挥中心承担了城市官网设施、硬件资源和行为数据的开发利用职责，但更多城市治理相关数据的归集、共享与开放职责，则是分属于原来的大数据部门和政务服务部门。例如，天津市大数据管理中心负责数据资源的采集、存储、登记、开发利用和共享；上海市大数据中心承担政务数据的归集和应用融合工作，负责全市统一政务数据共享交换平台的建设；杭州、宁波、合肥、青岛等地的大数据管理机构职责包括统筹管理政务数据资源的收集、挖掘、共享、开放等。"一网统管"此前治理体系碎片化、治理资源分散化的体制弊端，使得相关部门和资源难以充分动员，使"一网统管"的执行难以达到预期效果。

体制弊端的机制后果是，在实际操作过程中，"一网统管"项目往往过度关注前期的系统软硬件建设，而忽视了后期业务运营的整体规划，这就直接导致了实际业务运行效果不尽如人意。特别是在业务运营中，跨级联动的社会治理能力亟待提升，涉及市、区县、街镇、村（社区）四级的协同机制尚未理顺。此外，相关业务事项的梳理和细化程度不足、事项清单不清晰、权责界定不明确等问题依然突出，进而导致事件分拨处理不准确，影响了事件的及时解决和处理效果。为了解决这种部门权力与部门职责尚无法形成实质上对等的现状，个别城市通过"迂回策略"解决"一网统管"牵头机构的执行力问题，如上海市政府副秘书长统筹分管"一网通办"和"一网统管"工作，南通市先后由市政府副秘书长和市委副秘书长担任指挥中心主任等。由此，"一网统管"牵头机构被赋予了更大的工作策动空间和更强的资源协调能力。

2024年公布的《全域指导意见》强调，要"整体性重塑智慧城市技术架构、系统性变革城市管理流程"。国家数据局挂牌成立后，省市两级政务服务"一网通办"、城市治理"一网统管"以及原有大数据管理机构实现了前所未有的机构整合，也为"一网统管"向数智城市的升级提供了制度契机和体制机制保障。基于"城市是生命体、有机体"的整体性治理理念，全新的城市数字化转型牵头机构应实施整体性转变、全方位赋能与革命性重塑，全面推动城市经济、生活、治理的数字化转型。首先，数智城市需要加速经济的数字化转型，以提升经济发展质量。通过推动数字产业化与产业数字化，扩大数字经济的辐射带动效应，增强和优化城市的核心功能，从而促进高质量发展和新质生产力的提升。其次，为了满足市民美好生活的需求，数智城市应推进生活领域的数字化转型，构建智能便捷的数字化公共服务体系，强化政府、企业、社会各类信息系统的业务协同与数据联动。最后，数智城市应继续推动治理数字化转型，提升现代化治理效能，通过缜密监测城市的"生命体征"，构建科学化、精细化、智能化的中国现代化都市新范式。

"一网统管"向数智城市的升级，应该体现中国城市在数字时代的价值和治理创新取向，而这种中国故事对全球城市的启示主要在于：首先，全面、系统、无死角的城市数字化转型已经成为不可逆的趋势，涵盖从经济到政治、从服务到治理、从机构到个体等各个方面，每个城市要素都面临着数字化重构的需求。其次，城市数字化转型并无固定模式，只能在"摸着石头过河"的过程中不断探索，各城市需根据自身历史条件、发展基础、资源禀赋以及人文传统等独特因素，因地制宜地制定数字化转型路径，从而真正实现"人民城市"的全面数字化转型。

第三章

全球数智城市治理的启示

在当今全球化和信息化的大背景下，城市治理正面临着前所未有的机遇与挑战。随着人口增长、环境恶化、资源紧张等问题日益凸显，如何通过创新以及科技手段提升城市的治理水平，成为各国政府和城市规划者关注的焦点。欧洲作为全球智慧城市建设的先驱之一，其在数智城市治理方面的探索和实践无疑为世界其他地区提供了宝贵的经验和启示。一方面是因为欧洲在智慧城市建设方面有着深厚的历史积淀和丰富的实践经验，从早期的城市规划理论到现代的信息技术应用，欧洲在城市治理创新方面一直走在世界前列；另一方面，欧洲城市在面对全球化、老龄化、环境变化等挑战时，展现出的多元化和包容性，也为其他地区的城市治理提供了重要的参考价值。其中意大利米兰、西班牙巴塞罗那和德国慕尼黑在欧洲智慧城市建设方面处于领先地位，这些城市以在支持欧洲竞争力方面的作用以及它们在城市数字化转型策略上的独特方法闻名全球，这不仅体现了欧洲城市治理的先进理念，也展现了不同城市在面对共同挑战时的独特解决方案。

巴塞罗那、米兰和慕尼黑这三座城市，分别代表了欧洲在智慧城市建设过程中的三种不同模式和路径。巴塞罗那以其开放和创新的城市文化，通过引入大数据和物联网技术，实现了城市管理的智能化和精细化；米兰则依托其强大的工业基础和设计传统，通过推动工业制造和智能转型，打造了一个高效、可持续的智慧工业城市；而慕尼黑则以其雄厚的科研实力和创新氛围，通过发展高科技产业和建设智慧园区，成为欧洲智慧城市建设的典范。

一、巴塞罗那

巴塞罗那在智慧城市的建设方面取得了广泛的国际认可和多项荣誉。它被认为是全球领先的智慧城市之一，特别是在低碳解决方案的创新应用方面表现突出。2014 年，由于其在智慧城市领域的先进实践和成就，巴塞罗那被欧盟命名为"欧洲创新之都"。此外，巴塞罗那在 2015 年的智慧城市博览会世界大会中获得了"最佳智慧城市倡议奖"。这些智慧城市倡议不仅吸引了超过40 亿欧元的投资，而且促进了经济增长并创造了大量新的就业机会，彰显了巴塞罗那在提升城市治理效率和市民生活质量方面的重要成就。

（一）城市概况

作为西班牙加泰罗尼亚自治区的首府，巴塞罗那以其 102.15 平方千米的面积荣居西班牙第二大城市，坐落于风景如画的伊比利亚半岛东北部，毗邻地中海，是世界闻名的旅游胜地和历史文化名城。这座城市因其宜人的气候、旖旎的风光和丰富的历史遗迹，被誉为"伊比利亚半岛的明珠"，吸引着无数游客前来探索。同时，巴塞罗那的经济结构多元化，展现出强大的活力，2020年人均国内生产总值高达 4.26 万欧元，经济活动人口比例和就业率均高于加泰罗尼亚、西班牙乃至欧洲的平均水平，尤其是女性就业率超过 70%，显示出该市在性别平等方面的突出成就。此外，巴塞罗那的劳动力市场中有 56.7%的岗位属于知识密集型，根据《2021 年数字人才解码报告》，巴塞罗那在全球吸引数字人才的排名中名列前茅，进一步证明了其在数字经济和创新科技领域的重要地位。由此可见，巴塞罗那不仅是一个充满魅力的旅游城市，也是一个经济繁荣、人才聚集的现代化都市，为来自世界各地的旅行者和专业人士提供了丰富的可能性和机遇。

（二）智慧城市发展战略与方案

巴塞罗那智慧城市的建设经历了三个主要的发展阶段。在"智慧城市1.0"阶段，巴塞罗那主要集中于基础的数字化建设，如电子政务的推广和数字基础设施的初步建立，这些措施旨在提高政府运作的效率和透明度。随后进入"智慧城市 2.0"阶段，巴塞罗那开始更加注重市民的实际需求和参与度，推出了更多的在线服务和互动平台，使市民能够更加直接地参与城市管理和服务的改进，同时强调开放数据、共享资源和协同工作，以及利用技术手段来促进市民参与和社会创新。到了"智慧城市3.0"阶段，巴塞罗那进一步深化其智慧城市战略，不仅继续推动技术创新和数字化服务，还加强了公民参与和数据主权的概念，通过建立开放的数据平台和鼓励社区驱动的项目，实现了技术进步与社区问题解决的紧密结合，推动了城市朝着更加人性化、可持续和包容性的方向发展。整个过程可概述为从"自上而下"的决策模式，转向"上下连接"的协同发展，最后构建出"自下而上"的城市共同体，巴塞罗那智慧城市建设重点事件梳理见表3-1。

表 3-1　巴塞罗那智慧城市建设重点事件梳理

年份	事件	描述
2000	提出智慧城市概念	巴塞罗那市政府提出了智慧城市的概念，旨在通过技术提升城市生活质量并促进经济增长
2009	启动智慧城市战略	巴塞罗那市议会提出了"智慧城市"模式的设想，希望提高公民的福利和生活质量
2011	推广智慧城市品牌	巴塞罗那市政府宣布加强智慧城市品牌，促进城市服务新经济的发展
2013	明确智慧城市战略	巴塞罗那市议会宣布希望成为西班牙第一个真正的智慧城市，并明确了智慧城市的定义
2018	提出数字主权战略	巴塞罗那首席技术官弗兰切斯卡·布里亚提出"数字主权战略"，强调数据是智慧城市的核心
2019	举办全球智慧城市大会	巴塞罗那举办2019全球智慧城市大会，上海联数物联网有限公司和上海数据交易中心参展，展示了中国在智慧城市领域的技术成果
	华为与巴塞罗那签署合作意向书	华为在第九届全球智慧城市博览会（SCEWC）上与巴塞罗那市政府签署合作意向书，双方将合作创新项目，并促进巴塞罗那市政府的技术投资
2020	推动数字化转型	巴塞罗那市议会首席信息官纳舒·桑蒂利亚纳·蒙铁尔通过AI、实时数据分析和流程数字化等技术项目，推动智慧城市概念的实现
	成立市政数据办公室（OMD）	巴塞罗那市议会成立市政数据办公室，负责数据的管理、质量、治理、分析和传播，支持基于证据的公共政策发展

（续表）

年份	事件	描述
2021	创建数字孪生系统	巴塞罗那创建了自己的数字孪生，以检查城市是否满足"15分钟城市"的要求，即从任何地方步行15分钟内可到达公共服务和设施
2022	实践智慧城市技术	巴塞罗那市议会实施包括消除老年人和残疾人孤独感的聊天机器人、通过Bizum支付罚款和税款、巴塞罗那公募服务的数字化等多项技术举措
2023	设计智慧城市工具	巴塞罗那在智慧城市战略设计中，面对数字权利、数字民主、隐私保护等议题，推出了系列工具，如基于道德数字标准的政策工具包、基于区块链的数字民主决策咨询平台等

1. 智慧城市 1.0 阶段

智慧城市1.0阶段的核心在于基础设施的数字化转型与信息化升级。在这一时期，城市逐步采纳并实施了众多前沿信息技术，包括物联网、云计算、大数据等，旨在极大提升城市的管理效率和服务质量。这些创新技术被广泛应用于基础设施的实时监控与精细管理，例如通过智能电网优化能源分配，以及利用智能交通系统缓解交通拥堵等问题。智慧城市1.0时代的显著特点是以技术为驱动力，采纳自上而下的决策流程，其中政府发挥着关键的领导作用，推动智慧城市建设的全面发展。

巴塞罗那在信息和通信技术（Information and Communication Technology，ICT）领域的采纳与实践始终处于领先地位，这一创新传统起源于1967年成立的市政计算机中心，后发展为市政信息学研究所。自那个时代起，尤其是在20世纪80年代，在经济几近崩溃、增长停滞和面临广泛失业的严峻挑战时，ICT成为巴塞罗那现代化进程中不可或缺的核心动力。最初，ICT的应用主要集中在推动电子政务的发展，但随着时间的推移，巴塞罗那开始大力投资智慧城市项目，致力于通过科技创新来提升城市的管理和服务水平。2007年，加泰罗尼亚议会通过了一项具有里程碑意义的议案，旨在通过数字互联信息技术，在接下来的10～15年内，由自治区与市政厅共同投资，将这座城市打造成为"互联、开放、智能"的典范，以显著提升民众的福利和生活质量。该议案的提出，初衷是应对城市改造过程中出现的"空中蛛网线、路面开拉链"等问题，却意外地为巴塞罗那的未来带来了深远的影响。同年11月7日，市政厅投资改造了波布罗诺区的一座废弃厂房，创建了"众创空间"（Fab Lab），并引入了美国麻省理工学院的"区域智能管理模式"，为那些具有数字创业精神的高新科技小微企业提供了免费的注册和落户机会。通过数字信息技术的加持，空间管理方为这些新兴企业提供了技术和设备支持，同时建立了一个将创新成果转化为商业应用的网络平台，使得科技创新不再局限于少数 IT 专业人士和科研机构，而是向每一个有想法、有能力的人敞开大门。正是在这样的创新氛围中，波布罗诺区孵化出了如 Fiestas、Airbnb 和 ABA English 等一批引领潮流的企业，它们不仅为巴塞罗那的经济发展注入了新动力，也成为智慧城市建设中的璀璨明珠，彰显着这座城市在智慧城市领域的领导地位和创新精神。这种具有前瞻性的战略布局不仅推动了城市基础设施的智能化升级，也为巴塞罗那在全球智慧城市建设中树立了典范。

智慧城市理念的首次亮相可追溯至 2008 年的 ICT 总体规划中，该规划明确提出了四项核心目标：首先，通过关注公民需求和提升服务质量来优化城市运营与服务；其次，采纳一种新的地域模型，以 73 个街区为单位取代传统的 10 个区域划分，以此加强社区间的联系与合作；再次，大力推广新技术的密集应用，以激发城市的创新活力；最后，实施绩效管理，确保各项措施的有效性。该规划的终极愿景是通过这些投资和努力，塑造一个简洁、高效、紧密联系公民、全面互联、无处不在且充满创新精神的城市政府，从而将巴塞罗那塑造为智慧城市的典范。基于这一愿景，规划特别强调了三个关键领域的优先发展：基础设施建设、智能服务提供以及公民互动的深化与拓展。

在随后的 2009—2011 年，巴塞罗那见证了众多创新企业的蓬勃兴起。其中，最为引人注目的是 VR（Virtual Reality，虚拟现实）技术公司 SoccerDream，该公司获得了巴塞罗那足球俱乐部的青睐，其 VR 技术被俱乐部采纳，融入到一线球队的训练和青训营的教学中，这一创新举措使得 SoccerDream 在国际足球界声名鹊起，成为一时无两的焦点。在同一时期，门票串联公司 Trip4real 通过开发一套旅游景点门票的实时大数据库，引起了巴塞罗那旅游局的高度关注。该数据库最终被旅游局采纳，并升级改造成观光套餐分票系统。这套系统至今仍然是巴塞罗那所有旅行社自动配发景点门票的得力助手，极大地提高了巴塞罗那旅游业的运营效率和游客的游玩体验。这些企业的创新实践不仅推动了巴塞罗那智慧城市建设的步伐，也为城市的经济发展和国际形象的提升做出了重要的贡献。

2. 智慧城市 2.0 阶段

智慧城市 2.0 阶段标志着对市民实际需求和参与度的重视达到了新的高度。在这一发展阶段，城市管理者致力于推出更多样化的在线服务和互动平台，赋予市民更直接参与城市治理和服务改进的途径。智慧城市 2.0 的核心理念在于倡导开放数据、资源共享及协同合作的精神，同时充分发挥技术的力量，激励市民积极参与并推动社会创新。通过这种方式，智慧城市 2.0 不仅提升了城市管理的透明度和效率，也为市民提供了更多实现自我价值和参与社区发展的机会。

随着 2011 年巴塞罗那市政府的成功换届，这座城市在智慧化建设的道路上迈出了更加坚定的步伐。新一届政府展现出了对加强巴塞罗那作为智慧城市品牌的承诺，旨在将其打造成城市服务新经济的引领者。他们的目标是将巴塞罗那塑造为全球城市转型和经济重塑的典范，向所有追求类似发展模式的城市展示其独特的价值和影响力。2011 年，巴塞罗那首次举办了"智慧城市博览会暨世界大会"，这不仅是新一届政府智慧城市愿景的起点，也是向全世界宣告其在智慧城市领域领导地位的重要事件，巴塞罗那建设智慧城市过程中的多主体合作模式如图 3-1 所示。

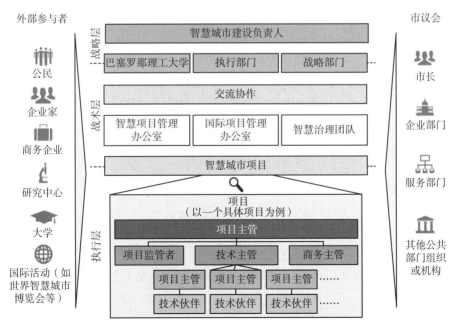

图 3-1　巴塞罗那建设智慧城市过程中的多主体合作模式示意图

到 2012 年，巴塞罗那已经完成了一系列卓有成效的智慧城市项目，并据此被评为欧洲智慧城市标杆。之后，巴塞罗那又根据"欧洲 2020 战略"制定了 MESSI［Mobility（流动性），E-Government（电子政务），Smart City（智慧城市），Systems of Information and Innovation（信息与创新系统）］战略，旨在协调经济、环境和社会可持续发展，为提高公民的福利和生活质量，促进经济进步做出努力。市政府据此确立了城市愿景、智慧城市口号和智慧城市战略。首先，其愿景是建设一个包容性强、生产力高、自给自足、智慧创新的城市。其次，基于这一愿景，市政府制定了城市口号：一个以人为本的、生产力强的社区型自给自足城市，位于一个超互联的零排放大都市区。最后，该战略的两个目标是：利用新技术提高城市居民的幸福感和生活质量、促进经济增长。该战略包括三个主要方面：国际定位、国际合作和 22 个智能地方项目（如图 3-2 所示），这些项目催生了超过 200 个具体项目的实施，旨在通过智能决策推动城市的数字化转型。例如，智能数据系统是一个基于传感器的系统，能够收集关于空气污染、噪声、交通和人流量的数据，为基于数据的决策方法提供支持；智能管理方面的实践包括公民虚拟办公室，该办公室将新的在线服务网站与配备视频会议屏幕、打印机和扫描仪的自助服务终端相结合，使公民能够实时与城市议会互动；还有巴塞罗那 Vincles 项目，这是一项跨领域的举措，为老年人

1 电信网络-城市宽带和无线通信网络建设
2 城市平台-集成城市管理信息系统平台
3 智能数据-大数据分析和智能数据服务
4 智能照明-节能智控路灯系统
5 能源自给-可再生能源利用与能效管理
6 智能用水-智能水务管理与节水技术
7 智能出行-交通流量监控和智能交通系统
8 自然化-城市绿化和生态恢复
9 城市转型-城市基础设施和公共空间的现代化
10 智能家居-智能住宅与社区服务
11 城市韧性-增强城市对自然灾害和应急事件的抵抗力
12 公民身份-增强市民参与和身份认同
13 开放政府-增强政府透明度
14 随身巴塞罗那-移动城市信息服务平台
15 智能垃圾收集-高效率垃圾分类与回收系统
16 智能规制-智能城市法规和政策创新
17 智能创新-促进科技创新和智慧城市解决方案的研发
18 健康和社会服务-智能健康服务与社会福利体系
19 教育-教育资源的智能化和信息化
20 智慧旅游-提升旅游体验的智能服务和管理
21 基础设施和物流-智能物流系统与城市基础建设
22 休闲娱乐-提升公民日常文化生活质量

22 个地方项目
200+具体项目

图 3-2　巴塞罗那 MESSI 战略智能地方项目清单

提供近距离信息移动服务；智能城市协作方面的案例包括雅典网络制造空间，这是一个公民、地方协会和团体、大学和企业可以共同开展社会创新倡议的空间。

3. 智慧城市 3.0 阶段

如果说智慧城市 1.0 是技术驱动的"自上而下"的决策模式，智慧城市 2.0 是"上下连接"的协同发展，那么智慧城市 3.0 则是"自下而上"的城市"命运共同体"。

2018 年，巴塞罗那首席技术官（CTO）弗兰切斯卡·布里亚提出了"数字主权战略"，这不仅是巴塞罗那应对全球城市数字化转型的一次战略对焦，同时也是智慧城市发展历程上的一次关键选择。布里亚认为，数据是巴塞罗那智慧城市的核心，鼓励市民分享他们的信息，与部署医疗、教育和交通等方面的技术同等重要。她同时还提出，智慧城市不只是一个关乎建筑结构与新技术的问题，而必须提供一个可持续的经济体系，让每个市民都可以享受智慧城市的成果。早在巴塞罗那市议会发布的《巴塞罗那数字城市2017—2020》，就强调了"数据驱动技术来改善政府工作、促进创新型经济发展和确保数字公平"的战略。这一战略有三个重点：数字化转型、数字创新和数字赋权。由此，巴塞罗那"数字城市计划"超越了以技术为导向的智慧城市理念，并被视为城市拓展其市民"技术主权"的一种方式。也就是说，数字工具旨在促进公众积极参与城市的政治讨论，教育应致力于加强公众的数字化能力，公众的数字权利也应得到拓展，让他们能够成为参与者与行动者。

在智慧城市 3.0 阶段，巴塞罗那从数字化转型、数字创新和数字赋权三大领域推动了城市的全面发展。在数字化转型方面，其致力于利用科技提升政府效率、透明度和社会创新能力，通过开发跨平台技术、开放数据平台和开源网络应用程序，如 DECODE 区块链项目，该项目的目标在于开发去中心化技术，以使人们能够更好地控制他们在城市中产生的数据并选择与谁共享。长期以来，人们对自己所注册服务的运营商几乎一无所知，而运营商却对他们的一切都了如指掌，DECODE 希望扭转这样的状况。因此，该项目旨在开发并测试一种开源、去中心化、注重隐私保护、尊重权利的技术，以使市民能够决定要保留哪种数据，要与谁共享，在什么基础上与谁共享哪些数据等。这是关于数据的新协议，也是一项新的社会契约，通过这样的方式，将数据所代表的巨大经济价值还给市民。除此之外，巴塞罗那还致力于探索以数据为中心的数字经济，举办世界数据可视化挑战赛，推动数据的民主化和规范化管理。在数字创新方面，巴塞罗那通过服务、规划和基础设施推动数字经济发展，建立数字创客网络，并推进"BIT Habitat-i.lab"计划，提供创新解决方案，同时通过征集和资助市民创新项目，促进地方经济和城市治理服务的改善。在数字赋权方面，巴塞罗那实施数字教育与培训，减少数字鸿沟，并通过开源平台 Decidim. Barcelona 实现数字民主，让公民参与政策法规的制定，巴塞罗那"数字主权战略"重点项目的意义和内容如表 3-2 所示。得益于 Decidim 平台，巴塞罗那与市民一起成功制定了战略性城市规划，平台中的近 7000 个市民提案，其中 70%已被采纳。这些提议强调了巴塞罗那市民关心的问题，因此会成为政府的优先处理事项。诸如经济适用房、气候变迁、能源转型、可持续性等问题是其中的核心。此外，巴塞罗那建立了"Sentilo"数据采集平台、"CityOS"数据分析平台和用户端应用程序，使市民更容易访问数据，所有开发的平台和应用均为开源，代码在线公开，展现了巴塞罗那在数字领域的领先地位和对公民参与的重视。

表 3-2 "数字主权战略"重点项目

项目名称	主要内容	意义
DECODE	开发去中心化技术，提供工具让公民个人控制自己的数据，决定将个人信息保密或开放共享。通过这样的方式，将数据所代表的巨大经济价值还给市民	探索建立以数据为中心的数字经济
BIT Habitat-i.lab	旨在通过 i.lab 实验室为城市和市民应对新挑战和需求提供最合适的解决方案。该计划的目标是促进负责任地使用数据和技术，使从该计划中受益的市民和企业的数量最大化	负责任地使用数据和技术
Decidim.Barcelona	开展大规模参与实验，利用市民的集体智慧来制定能够更好地满足其需求的政策。因此每个市民均可贡献自己的知识，根据他们的集体需求提出政策建议，并就关心的问题与他人展开讨论	缩小数字鸿沟与促进数字公平

（三）经验与启示

巴塞罗那在智慧城市的建设中，采取了一种独特的"自给自足"策略，这在全球智慧城市的发展中显得格外突出。这种策略不仅关注于提升连接性、降低碳排放和优化服务等常见目标，而且还体现了一种独立自主的城市发展理念。巴塞罗那的城市发展轨迹显示，尽管其在全球政治、经济和文化领域具有重要地位，但在智慧城市的规划和实施上，却展现出一种内敛且专注的姿态。此外，巴塞罗那的智慧城市战略强调通过数字技术加强城市与居民间的联系，这一宗旨贯穿于决策和执行的各个层面，体现了"市民即用户"的现代城市管理理念。这种以人为本的智慧城市模式，探索了一种创新的人与城市之间的互动关系。最后，巴塞罗那的"数字主权战略"在数字化转型的大潮中不仅推动了智慧城市概念的发展，还在技术、产业和平台等方面寻求与市民生活和谐融合的解决方案。通过这种方式，巴塞罗那致力于为市民提供更加精准和高效的服务，同时确保数据的民主化和规范化管理，从而在智慧城市的建设中实现真正的可持续发展。

总的来说，巴塞罗那的智慧城市建设项目是一个全方位的城市发展战略，它通过技术手段和创新机制，实现了市民的广泛参与和数字主权的保护，为其他城市提供了宝贵的经验和启示。这种以人为本的智慧城市理念，不仅有助于提升城市的可持续发展能力，也为市民的数字生活带来了实实在在的改善和提升。

二、米兰

米兰在智慧城市的建设上同样取得了显著的国际认可和成就。作为意大利的智慧城市典范，米兰的发展模式强调社会创新和包容性，专注于通过技术推动区域经济和社会包容的发展。米兰作为全球主要的智慧城市之一，展示出了其在提高城市治理、增强公共服务效率及市民参与方面的努力。米兰还大力投资于技术基础设施，包括全面的宽带覆盖、公共 Wi-Fi 和 5G 网络，为智慧城市的建设提供了坚实的硬件基础。通过智慧城市联盟，米兰推动了公私合作，加速智慧解决方案的应用，目标是建设一个更宜居、有韧性和可持续的城市。这些倡议不仅改善了市民的生活质量，也促进了当地经济增长和技术创新。

（一）城市概况

作为意大利伦巴第大区的首府，米兰以其181.76平方千米的面积成为意大利的第二大城市，坐落于波河流域的中心地带，是意大利的经济、时尚与设计之都。这座城市因其独特的地理位置、丰富的文化遗产和前沿的时尚地位，被誉为"意大利的心脏"，每年吸引着数以百万计的游客和专业人士前来参观和工作。米兰以时尚之都和设计之都而闻名于世，实际上，其产业和服务部门也呈现高度多元化，并已成为一股活跃的经济驱动力。作为意大利制造业的重要基地，尤其是纺织和服装制造，这些制造业通常与时尚产业紧密相关，同时也包括机械、化工和电子等行业，米兰均以其高品质和创新能力而闻名。同时，米兰的经济实力亦不容小觑，它是意大利最重要的商业和金融中心之一，拥有意大利证券交易所（Borsa Italiana）和许多国内外银行、保险公司和投资机构的总部或重要分支机构。金融服务业为米兰的经济发展提供了强有力的支持。

（二）智慧城市发展战略与方案

米兰强调技术的社会效益，通过一系列以公民为中心的举措，解决了关键的社会问题，并推动可持续发展的模式。自2011年起，米兰市政府启动了智慧城市的初步规划，并通过一系列地方政府计划为未来的发展奠定了基础。到2014年，这一总体布局得到了市议会的正式批准，随即米兰开始着手实施多项智慧城市项目，这些项目涵盖了从数字基础设施建设到数字服务的广泛领域。在智慧城市发展过程中的组织架构方面，米兰大力推动公私合作，积极利用学校资源和国际合作，全面推进本地建设。这一时期的努力，为米兰在全球智慧城市发展中的地位奠定了坚实的基础，米兰在建设智慧城市过程中的重点事件如表3-3所示。

表3-3　米兰建设智慧城市重点事件梳理

年份	事件	描述
2011	地方政府计划获批	米兰智慧城市建设项目的起点。该计划专注于绿化、基础设施和公共服务问题，强调从项目初期就需要市民参与，并鼓励私人（非营利和营利性）行为主体对公共利益目标的贡献

（续表）

年份	事件	描述
2012	启动智慧城市项目	米兰正式启动智慧城市项目，标志着城市智能化改造和实践的开始。项目以市民需求为导向，涵盖市政规划和交通出行等多个领域
2014	"米兰智慧城市"文件获得市议会批准	提出智慧城市不仅要培养技术能力，还必须将经济发展与社会包容、创新、培训、研究和参与结合起来，将工作内容分为七个要点
2014	研发 SmartH$_2$O 系统	米兰理工大学研发了 SmartH$_2$O 系统，开始在城市部分区域进行测试，通过智能水表监控和收集用水数据，优化水资源管理
2018	启用智能购票系统	米兰地铁开始使用智能购票系统，乘客可以通过信用卡或借记卡快速通行，系统还能根据乘客购票次数提供优惠方案
2018	启动"城市学校倡议"计划	米兰市政府启动了为期3年的"城市学校倡议"计划，旨在将居民纳入城市数字化建设进程中，鼓励市民参与智慧城市建设
2019	交通污染排放遥感监测	米兰开始对城市交通污染排放进行遥感监测，建立车辆废气排放数据库，为改善交通方式和降低事故发生率提供数据支持。并将物联网、大数据、AI 等技术融合应用于智能汽车、无人驾驶等开发领域
2019	启用 5G 网络	意大利电信（TIM）宣布启用 5G 网络，并计划将服务范围扩大至米兰等城市，为智慧城市的大数据传输与联动提供重要保障
2021	智慧医疗保健体系合作	米兰圣拉斐尔医院与华为合作，共同开发智慧医疗保健体系，实现数据联动
2021	建设城市数据中心	易昆尼克斯宣布在米兰投资 5100 万美元建设城市数据中心，计划于 2022 年第一季度投入运营
2021	探讨"数字桥梁"合作机制	米兰与纽约、伦敦、大连等国际城市探讨建立"数字桥梁"合作机制，通过数字化方式实现信息共享

1. 策略蓝图到行动图景：转型的全程探索

虽然米兰使用创新城市规划工具的历史可以追溯到 20 世纪 80 年代，但直到 2011 年首个地方政府计划获批后，这座城市才在城市治理方面采取了更具战略性和参与性的方法。2011 年，米兰市议会在当时市长朱利亚诺·皮萨皮亚的领导下，通过了一项地方政府计划，这可以被视为米兰首个智慧城市建设项目的起点。该计划专注于绿化、基础设施和公共服务问题，强调从项目初期就需要市民参与，并鼓励私人（非营利和营利性）行为主体对公共利益目标做出贡献。虽然该计划最初并未特别侧重于 ICT 的发展，但后来许多项目被重新框定并整合到更广泛的智慧城市战略中，这包括在 ICT 基础设施上增加投资。

2012年12月，米兰公布了智慧城市项目的行动路线，并发起了公众咨询，对城市进行智能化改造和实践。从市政规划到交通出行，米兰以市民需求为导向进行技术创新，不断延伸智慧城市的涵盖领域。

2013 年春天，米兰市政府启动了一项研究和参与性反思过程，以确定政府有关智慧城市的指导方针。在制定智慧城市战略时，特别考虑米兰既定的城市模型，该模型通过整合城市规划、经济、治理和采用非传统解决方案提供公共服务，来支持市政区域的发展动力和宜居性。从一开始，市政当局在制定智慧城市战略的过程中，就与米兰商会等其他公共机构进行了正式的合作。他们遵循公私合作模式，明确了愿景：米兰旨在成为智能（允许与公民对话）、包容、吸引人力资本、绿色和可持续的城市。在此基础上形成了作为其成果的"米兰智慧城市"文件，并于 2014 年获得市议会批准。文件中指出，智慧城市不仅要培养技术能力，还必须将经济发展与社会包容、创新、培训、研究和参与度结合起来，该文件分为七个要点（如表 3-4 所示）：①成为全球、欧洲及国家实验室；②发展可持续城市交通；③完善环境和能源政策；④包容社会多样性；⑤关注城市健康；⑥简化行政程序；⑦鼓励创新创业。

2. 识别潜在的合作伙伴，形成多中心的治理模式

米兰在智慧城市建设中采取了一种综合性的多中心治理模式，通过跨部门合作、与学术机构的紧密联系、积极引入私营部门的参与、拓展国际合作等策略，成功构建了一个多元化的合作伙伴网络。与其他欧洲国家不同的是，米兰在智慧城市建设过程中没有一个明确的组织单位负责数字化转型或智慧城市建设。在智慧城市"跨部门"主题下有许多横向工作，众多的倡议也需要将不同部门整合起来，但是这带来了智慧城市战略过程中的组织内部和跨组织协调等困难。为了应对这一问题，米兰市政府强调参与式治理和协调策略。市政府设立了专门的协调角色，这些角色由不同的市政部门负责，如经济发展责任部门、

表 3-4　米兰智慧城市发展行动计划的七个要点

米兰智慧城市发展行动计划	描述	措施
成为全球、欧洲及国家实验室	米兰是一个融入全球经济、社会和文化网络的国际城市。为了成为绿色、包容及国家实验室，米兰需做到自省自开放。通过市内社区规划、与其他城市的交流以及国家间的合作，获得可复制的实践经验与技术创新	参与性治理和社会创新：积极参与国际、欧洲主要智慧城市，持续参与智慧城市实施与讨论。建立起与欧洲城市、企业和大学之间的良性伙伴关系，探索出兼具可复制性和持续性的智慧城市发展策略。全球学习和示范效应：米兰的智慧城市项目被用作全球城市发展的典范，其策略和实践被用来指导其他城市的智慧城市转型。例如，米兰通过其广泛的城市更新和智能技术应用，成为其他城市的学习对象
发展可持续城市交通	米兰在其智慧城市战略的框架下，积极发展可持续的城市交通，重点推广以市民为中心的创新和环保可持续性。以系统目协调城市管理方式管理城市交通，改善公共交通服务和停车系统的使用。旨在通过各种形式的可持续交通来改善市民生活质量，使城市旅行成为一种方便和乐趣和一种有意识的选择	共享自行车计划：城市实施了全面的共享自行车计划，包括将电动自行车整合到现有的 BikeMi 计划中。这一策略在推广自行车作为主要交通方式方面至关重要，这不仅环保而且可以有效减少车辆的使用。拥堵收费：为了减少私家车的使用，米兰在市中心实施了拥堵收费政策（USP）。这一政策鼓励居民和游客使用公共交通、步行或骑行，从而减少交通拥堵并改善空气质量。智能城市基础设施：智慧城市计划包括开发智能路灯和一个支持电动出行与能源管理服务的城市共享平台（USP），有助于信息化的城市管理和规划。这些路灯配备了环境传感器，用于监测空气质量、噪声和交通水平
完善环境和能源政策	米兰关注于通过提高环境质量来提升市民的生活质量。这包括减少污染、提高能效，比如改进建筑的能效、公共照明，以及管理废物和创建智能能源网络。能源是智慧城市建设的核心，稀缺资源如水等需要被保护和维护，这也是米兰力争成为欧洲废物管理循环中的领导者之一的重要目标，即要实现大城市中最高的分类回收率	空气和气候计划（PAC）：米兰市政府通过参与性过程制定了 PAC，该计划旨在到 2050 年实现碳中和并在 2030 年实现碳友好型的城市。PAC 涵盖了健康、连接和可达性、能源、适应气候变化和意识提升等五个领域，推动了一系列旨在提高生活质量并实现碳中和的具体行动。能源和建筑基础设施更新：PAC 还包括了对公共建筑进行能源翻新，以减少化石燃料使用，并计划到 2030 年安装超过 60 000 平方米的光伏板，以求覆盖公共基础设施的能源消耗。绿色基础设施的发展：米兰通过铺装、增加城市绿地和人工造林等措施来减少城市热岛效应与洪水风险，同时提高公共空间的宜居性

（续表）

米兰智慧城市发展行动计划	描述	措施
包容社会多样性	米兰强调通过新技术的应用促进社会的重组，这些技术帮助加强公共事务与私人资源之间的关系，还支持各种非正式网络之间的合作。这种方法支持多元文化的推广，并通过新工具提供家庭护理和增强"弱势"个体的主导地位。米兰致力于创造一个包容和智能的城市环境，通过智能政策关注老年人、儿童、残疾人以及更易受伤害的群体，确保机会的平等，消除基于种族、民族、宗教、国籍、性别、性取向、年龄、残疾和健康状况的障碍和歧视	社会和经济一体化：米兰的智慧城市计划不仅关注技术投入，还强调社会的包容性。通过在经济上为边缘化地区推广"创业孵化器和共享空间，如 FabriQ 和 Base。促进经济和社会的融合，为社会各样性的人群提供就业和自我表达的机会 数字社会市场平台：米兰开发了名为 SharingMi 的数字社会市场平台，这是一个允许市民分享经验和观点的社交网络，旨在增加公民对城市挑战的认识和参与。这个平台通过"掌声"系统，激励市民分享故事并参与城市的社会活动中，从而增强社区的凝聚力和包容性
关注城市健康	米兰着重于通过技术和创新政策提升城市空间和居民的生活质量。强调将城市娱乐和多功能公园重新设计为可以促进娱乐和多能使用的区域，城市使用者和游客提供更好的体验。此外，设计计划通过新工具和服务的推广，包括在线服务的发展，来改善城市居民的生活，确保所有市民都能感受到被支持和满意	弥合数字鸿沟：米兰通过推广智能技术并提供数字教育资源来弥合数字鸿沟。这包括在公共图书馆和社区中心提供免费的 WI-FI 和计算机，以及开设计对所有年龄和科技水平人群的数字技能培训课程 尊重社会环境及文化：米兰的智慧城市战略强调可持续发展和环境保护。通过改善公共交通系统，增加绿地和公园，以及推广环保项目，如回收和提升能源效率，不仅改善了城市环境，还促进了居民环保意识的提升。此外，米兰在城市规划和发展中也很重视保护历史遗迹和文化地标，确保新的发展项目与城市的历史文化相协调

（续表）

米兰智慧城市发展行动计划	描述	措施
简化行政程序	米兰通过简化行政程序和推广透明度来改善市民与公共机构的互动。该计划旨在通过减少官僚程序，提供直接、透明且简单的信息访问渠道，从而使公共服务更更容易为市民理解和使用。此外，这一策略还包括开发在线服务，使市民能够更有效地获取和使用公共资源和信息。这些措施有助于提升市政服务的效率和市民的满意度	使用技术杠杆：通过实施数字化和信息技术，米兰提高了公共服务的效率和可访问性，并降低了行政负担。城市通过在线服务使市民能够轻松支付税款，使访问个人文件，而无须亲自在政府部门办理。此外，电子政务平台的建立和完善也提供了一站式服务，简化了许多行政程序。数据互操作性提升，通过整合不同部门的数据，加快了数据处理速度，使政府能够更迅速地响应市民需求。这些技术的应用不仅优化了行政效率，还改善了政府与市民之间的互动模式，使得公共服务更加透明和便捷 传播行政知识：米兰通过多种方式增强了公共服务的透明度和市民的参与度。特别是通过数字教育计划为市民提供必要的数字技能培训，确保他们能有效地使用电子政务服务。此外，市政府还定期通过研讨会、新闻发布和在线教程等公共信息活动，向市民介绍如何利用数字平台处理各种行政事务，如支付税费或使用申请许可证等。通过公开行政数据和行政流程的透明化措施，米兰不仅提升了行政效率，还使市民更易于理解政府的工作机制和决策过程，从而提高了公众对政府的信任和工作的满意度
致励创新创业	米兰致力于支持可监控和可评估的企业发展项目。这包括促进公私合作伙伴关系，并从理念阶段开始就与利益相关者合作，以确保这些项目的目标得以实现。米兰通过创建有利的环境来促进企业创新，特别是利用世博会等大型事件来提供新的发展机会。此外，这一努力还包括简化官僚程序，简化审批流程，以便更好地支持本地企业和创业活动	建设公私合作平台：米兰推动了名为 "Milano Smart City Alliance"（米兰智慧城市联盟）的倡议，这是一个由 Assolombarda 牵头的公私合作平台。该平台汇集了包括 A2A Smart City、埃森哲、思科等在内的多家企业，共同设计未来城市的发展方向，专注于技术创新，可持续发展以及企业与政府之间的活跃合作。这一联盟致力于通过技术创新和协作来解决未来几十年的城市挑战，建设更宜居、更有韧性和更可持续的城市环境 政策制定与财政投入：米兰市政府通过把社会创新放在智慧城市框架的中心，重视通过政策制定和财政资源的投入来支持创新型创业公司，共享工作空间和孵化器。这包括利用市政空置的公共房产为非营利和营利性企业提供空间，支持这些机构的发展和运营

大学和研究部门。这一策略致力于在政府内部通过打破部门壁垒，建立起联通机制，确保各部门间的信息流通和资源共享。而在政府外部，这些协调人员则负责确保市政府内部与外部利益相关者之间的良性互动和目标一致性。在多中心治理模式下保证智慧城市建设项目的稳步推进。

首先，米兰市政府积极与本地高等教育机构建立紧密的合作关系，充分利用这些学术机构的专业知识和技术资源，共同推进智慧城市建设的策略研究与实践。2018年，市政府发起了一项为期三年的"城市学校倡议"计划，联合米兰大学、米兰理工大学、博科尼大学等六所本地高校的城市规划专家，定期与政府工作人员就智慧城市建设中遇到的问题进行深入讨论，并共同开展政策测试。在这一过程中，大学方面主要负责提供必要的技术支持，而政府部门则与专家们携手进行政策的实地测试与优化。在具体应用方面，以城市用水管理为例，米兰理工大学早在2014年就研发出了 $SmartH_2O$ 系统，并在城市的部分地区进行了测试。该系统通过安装联网的智能水表，实时监控并收集用水数据，不仅为个性化的水资源管理提供了坚实的技术基础，还能对漏水等异常情况进行及时预警，有效减少水资源浪费，提升了城市水资源管理的智能化水平。这些合作举措不仅推动了米兰智慧城市建设的进程，也为其他城市提供了可借鉴的经验和模式。

此外，米兰市政府认识到智慧城市的构建并非政府独自承担的任务，而是需要与私营部门携手合作，共同探索和投资创新的智慧解决方案。这种伙伴关系不仅为私营部门提供了展示其创新技术和商业模式的舞台，还拓展了应用的广度和数据运用的深度。例如，米兰智慧城市联盟就是一个由多个公私部门实体组成的合作平台，致力于共同开发和测试创新的公私合作项目，以应对未来几十年可能面对的挑战。在这样的合作框架下，米兰实施了智能购票系统，使乘客能够便捷地使用信用卡或借记卡通过闸机，简化了自动扣费的流程，鼓励市民对公共交通的使用，同时减少了对私家车的依赖。在医疗健康领域，米兰圣拉斐尔医院与华为的合作成果显著，共同打造的智慧医疗保健体系实现了医疗数据的有效联动，提升了医疗服务的效率和质量，为患者和医护人员带来了更加人性化的医疗体验。此外，易昆尼克斯对米兰5100万美元的城市数据中心投资，不仅加强了米兰的数字化基础设施，也为智慧城市的持续运行和未来发展提供了坚实的支撑。这些合作实践表明，通过政府与私营部门的共同努力，米兰正在稳步推进智慧城市建设，不断提升市民的生活质量和城市的可持续发展能力。

在国际交流与合作方面，米兰还积极投身于欧盟主导的项目和全球性的行动计划。特别是在 2016 年，米兰加入了欧盟推出的"共享城市灯塔计划"，这一计划致力于推动城市间的跨国协作，共同探索并实施全面的智慧城市战略。在协作中，米兰专注于整合城市的历史中心区域与周边农业地带，对居民住宅和商业建筑的功能进行创新性的优化与整合。同时，米兰还注重对车站和公园周边交通系统的构建，包括建设电动自行车充电站、智能化停车设施等，力求通过利用前沿技术来提升城市交通系统、建筑物的能源使用效率，并有效降低特定区域的碳排放量，该项目成功获得了欧盟"地平线 2020"研究与创新计划的财政支持，显示出其在可持续发展领域的领先地位与影响力。

为了积极应对全球气候变化的挑战，米兰市政府制定并公布了一项全面的气候行动计划，并积极参与到"全球气候与能源市长盟约"以及"全球 100 韧性城市"等国际倡议中，展现了其对于环境保护和气候变化问题的高度责任感与领导力。对于米兰来说，城市气候行动的推进不仅是一项必要的风险管理措施，更是一次把握经济可持续发展新机遇的战略行动。在这一过程中，米兰致力于扩展和升级其市辖区内的供热网络系统，通过采用先进的技术和创新的解决方案，显著提升了整个系统的能源效率。这不仅减少了对环境的影响，还为城市的经济发展注入了全新的动力，同时也提高了市民的生活质量。这一系列行动，不仅展示了其作为全球气候行动领导者的形象，也为其他城市提供了宝贵的经验和参考。

"数字桥梁"项目也是米兰数字化转型过程中的亮点之一。尽管作为商业重地的米兰在多个领域已经处于领先地位，但要与世界其他国际化大都市保持同步甚至领先，就必须采取更进一步的措施。因此，米兰与其他国际城市如纽约、伦敦、大连等探讨建立了合作机制，该项目旨在通过数字化方式实现信息共享，共同解决城市化进程中面临的交通拥堵、环境污染等问题。通过合作加强城市间的交流与协作，利用数字化手段提高城市管理的效率和效果，推动城市的可持续发展。

3. 完善数字基础设施，打造便利舒适的城市服务

罗伯塔·科科是米兰市副市长，同时也是政府数字化转型和公民服务委

员会委员。在她看来，基础设施建设是数字化转型战略规划的核心与基石。她认为，米兰的数字化进程必须从最基础的层面着手，确保每位市民都能平等地享受到基本的数字化服务。自她上任以来，她的首要任务便聚焦于基础设施的升级与完善，这与她之前在一家致力于高科技发展的私营企业工作的经历不无关联。她选择了互联网领域作为切入点，并向米兰市长指出，米兰虽有超过200个数据库，但它们之间缺乏有效的连接，阻碍了城市的高速智能化发展。因此，她计划从基础设施着手，打通数据孤岛，使这些数据能够服务于市民的日常生活。5G技术的推广是基础设施升级过程中的重要环节。2019年7月，作为意大利规模最大的通信运营商，意大利电信宣布启用5G网络，并在2020年前将服务范围扩张至六个意大利城市以及几十个旅游景点和商业中心，这也使意大利成为欧洲第三个启动5G服务商用化的国家。作为意大利首批引入5G服务的地区之一，米兰正在基于此技术规划其城市智能化改造的蓝图。

除了对基础设施的重视，罗伯塔·科科同样强调了数字服务在数字化转型战略规划中的重要地位。她致力于将数字服务打造得更加高效便捷，确保市民能够轻松体验到数字化带来的各种优势。其愿景是将米兰打造成一个真正的智慧城市，实现数字化成果的普惠，让每一位市民都能从中受益。在2019年的国际智能城市峰会上，罗伯塔·科科发表了重要讲话。她阐述了米兰对城市发展的新愿景，即从智慧城市的构建转向以人为核心的智慧公民城市。她提倡将"智能城市"这一技术性概念转化为更注重人文关怀的"智慧公民"，为市民提供更多机会来评估和享受城市所提供的智能服务。她指出数字化服务应该全方位融入市民的日常生活，尤其是通过手机这一普及率极高的设备。虽然不是所有人都能通过电脑上网，但几乎每位米兰居民都拥有至少一部手机。因此，政府部门的工作重心应该是确保公共服务能够覆盖到每一位市民，让他们能够通过手机移动端直接访问和享受公共服务，让技术真正成为市民生活的助力。

市民数字档案的建设是米兰市政府在提供便捷数字服务方面迈出的重要一步。为了更好地服务民众，米兰市政府建立了涵盖每一名市民的数字档案，市民可以轻松地访问和管理自己的数字档案，这些档案中包含各种重要的个人文件，如各类证书、税务缴纳指南、子女的学校入学记录等。此外，该平台还提供了一个直观的界面，让市民能够快速了解并支付给市政府各项费用，同时也能迅速联系到相关的政府工作人员。这一创新举措在意大利尚属首次，不仅极大地提升了市民生活的便利性，还显著提高了米兰市政府的工作效率。通过这个平台，市民不再需要亲自前往登记注册部门提交文件，而是可以直接通过手机完成这些操作，这不仅节省了时间，也减少了纸质文件的使用，进一步推动了环保和可持续发展的理念。

除此之外，米兰正在大力发展数字支付技术、拓展数字支付场景。根据米兰理工大学创新支付观测站的数据，2023 年意大利的数字支付交易规模较2022 年增长了 12%，达到了 4440 亿欧元，这一增长表明数字支付在意大利越来越受消费者欢迎。其中近 80% 的店内消费是通过非接触式实体卡或配备NFC 技术的设备进行的，这种支付方式的便捷性和安全性得到了消费者的认可。智能手机支付也得到了快速推广，消费次数大幅增长，显示出消费者对于便捷支付方式的高接受度。此外，先买后付等新型支付模式在电子商务市场中占据了一席之地，为消费者提供了更多的支付选择。流行性病毒的爆发进一步加速了数字支付的普及，而政府和教育机构的支持也为支付技术的创新和应用提供了坚实的基础。米兰在数字支付领域的进步不仅提升了消费者的支付体验，也为城市的数字化转型做出了重要的贡献。

通过这些措施，罗伯塔·科科和米兰市政府展现了他们对于数字化转型的承诺，以及对于提高市民生活质量和政府服务效率的不懈追求。这些努力不仅让米兰在意大利乃至全球范围内树立了智慧城市的典范，也为其他城市提供了宝贵的经验和启示。

（三）经验与启示

在审视米兰智慧城市建设的经验与启示时，可以从以下几个关键方面汲取宝贵的教训，以指导其他城市在类似领域的探索与实践。

首先，米兰的智慧城市战略强调了社会创新和包容性，这表明在推进技术进步的同时，必须关注社会价值和公民福祉。通过将市民的需求置于核心位置，米兰不仅提升了公共服务的效率，也增强了市民的参与感和归属感。这一点对于任何希望建立智慧城市的地区都是至关重要的，因为它确保了技术发展与社会进步相协调。其次，米兰市政府在智慧城市建设中采取的多中心治理模式，展现了跨部门合作和多方利益相关者参与的重要性。通过打破部门壁垒，建立联通机制，米兰市政府能够确保信息流通和资源共享，这对于实现复杂项目的协调和执行至关重要。这种模式鼓励了私营部门、学术机构和非营利组织的参与，形成了一个多元化的合作伙伴网络，共同推动智慧城市的发展。再次，米兰在数字化基础设施建设上的投资，尤其是 5G 技术的推广和应用，为智慧城市提供了坚实的技术基础。这表明，为了实现智慧城市的愿景，必须要有前瞻性的技术规划和投资。同时，米兰市政府对于数字服务的重视，确保了市民能够便捷地享受数字化带来的优势，这一点对于提升市民生活质量和政府服务效率至关重要。最后，米兰市政府在提供便捷数字服务方面的创新举措，如公民数字档案的建设，不仅提升了市民生活的便利性，还显著提高了政府的工作效率。这种以服务为导向的数字化转型，展示了如何通过技术提高公共服务的可达性和效率。

综上所述，米兰的智慧城市建设经验提供的启示包括：社会创新和包容性是智慧城市建设的核心，多中心治理模式和跨部门合作是实现智慧城市战略的关键，前瞻性的技术规划和投资是智慧城市成功的基础，以服务为导向的数字化转型能够显著提升市民的生活质量和政府服务的效率。这些经验对于其他城市在智慧城市建设中具有重要的借鉴意义。

三、慕尼黑

德国慕尼黑在多个国际和欧洲智慧城市排名中表现出色。2023 年，慕尼黑在 Haselhorst Associates Consulting（专业咨询公司）的智慧城市排名中荣获第一名，体现了该市在城市转型管理和提高居民生活质量方面的卓越表现。此外，根据 IMD（瑞士国际管理发展学院）的智慧城市指数排名，慕尼黑也在欧洲顶级智慧城市中表现突出，这一排名综合考虑了城市的技术创新、公共交通和环境可持续性等多个维度。这些成就展示了慕尼黑在整合创新技术和推动可持续城市发展方面的领导能力，同时也反映了该市在全球智慧城市发展中的重要地位。同时，慕尼黑作为德国转型压力最大的城市，其用地紧缺、人口的迅速增长、发达的经济以及交通需求的不断变化引发了诸多全新的问题与挑战。对于这些困难，采用常规的方法往往无法有效应对，慕尼黑的数字化转型策略恰恰为城市治理带来了新的思路。慕尼黑智慧城市项目因其合理规划及高效执行,已经收获了许多的成果,为诸多城市建设智慧城市提供了范本,入选了德国智慧城市地图,也让慕尼黑成为德国及欧洲智慧城市项目的示范城市之一。

(一)城市概况

慕尼黑,德国巴伐利亚州的首府,是一个充满活力、历史悠久且现代化的城市。它位于德国东南部,阿尔卑斯山脉的北麓,以其310.4平方千米的面积成为德国第三大城市,慕尼黑市的人均年收入为66 868欧元,明显高于该地区的平均水平(42 950欧元)。慕尼黑是德国的经济重镇之一,拥有强大的经济实力。它是许多国际知名企业的总部所在地,包括宝马、西门子和安联保险等。这些公司不仅为慕尼黑带来了经济上的繁荣,也推动了当地科技和工业的发展。此外,慕尼黑还是一个重要的金融中心,拥有多家大型银行和保险公司。这些集中的经济活动,使慕尼黑成为德国乃至欧洲富裕的城市之一。同时,慕尼黑被誉为德国的"硅谷",是科技创新的重要中心。慕尼黑还拥有多所世界级的研究机构和高等教育机构,如慕尼黑工业大学与马克斯·普朗克研究所,这些机构为城市的科技发展和人才培养提供了坚实的基础。慕尼黑的科技产业涵盖了生物技术、信息技术、航空航天和可再生能源等多个领域,吸引了大量国内外的科技人才与投资。

(二)智慧城市发展战略与方案

慕尼黑的智慧城市发展战略脱胎于其战略性城市发展规划概念"慕尼黑展望"(Perspective Munich)。"慕尼黑展望"自1998年以来不断更新,提供了城市未来发展的指导原则和框架,涵盖了指导原则、指导方针、实施项目和行动领域。在该指导框架下,慕尼黑将不断拓展发挥自身优势,因地制宜推动智慧城市建设,创新生态系统是其城市发展的核心优势,通过"慕尼黑城市合作实验室"(Munich Urban Colab)项目加强了其作为创新中心的地位。该项目旨在聚集初创企业、成熟公司、科学界和创意产业的声音以及地方政府机构,共同开发和测试解决城市挑战的创新解决方案。实验室提供了一个多功能平台,允许各种创新活动的发生,从而使慕尼黑成为可持续和智慧城市解决方案的试验场,慕尼黑建设智慧城市重点事件见表3-5。

表 3-5　慕尼黑建设智慧城市重点事件梳理

年份	事件	描述
2007	启动慕尼黑信息技术行动倡议	旨在优化城市政府信息基础设施和信息技术水平，提出在城市政府内部，设置负责实施相关工作的两个部门：劳动和经济事务部、城市规划部
2014	在原有"慕尼黑展望"框架中增加"慕尼黑智慧城市"计划	规划了系统性地整合信息通信技术和资源高效技术的应用，旨在达成一系列战略目标：引领后碳经济的发展，显著降低碳基能源的消耗，构建一个更加自给自足、不依赖资源周转的经济体系，确保并提升市民的生活质量，同时增强城市的经济竞争力
	与思科合作，实施智慧市项目	与思科合作，启动了包括交通、照明和电子服务在内的智慧城市试点项目
2015	加入欧盟"地平线2020"计划	参与欧盟的"地平线2020"计划，推动智慧城市相关项目，如"Smarter Together"项目
2016	启动智慧城市转型发展的倡议活动	与伙伴城市里昂和维也纳共同启动了首批关于向智慧城市转型发展的倡议活动。此后，慕尼黑及其城市社会以及各外部合作伙伴持续致力于开发并实施真实试验室及示范项目。由此积累的知识与经验被逐步整合至2019年制定的慕尼黑数字化战略中
	成立"慕尼黑城市合作实验室"	慕尼黑市政府同慕尼黑工业大学创新中心联合建立了一处新的创新创业中心，旨在将初创企业、老牌大中型企业、创意人员、科研人员、城市规划者和建筑师们聚合到一起，共同致力于创新和开发智能产品，以及探索面向未来城市的技术与服务，从而助推慕尼黑的创新创业氛围更上一层楼
2018	成立信息与电信技术局	慕尼黑市首席数字办公室设于信息与电信技术局。信息与电信技术局由慕尼黑市政府于2018年初成立，负责慕尼黑市数字化战略的制定，致力于市政管理、基础设施、城市社会三大主题领域
2020	设定碳中和目标	设定了到2035年实现"碳中和"的目标，通过智慧城市措施促进环境保护和宜居城市发展
	参与欧盟"共同智慧"项目	慕尼黑作为欧盟"共同智慧"项目的领头合作伙伴之一，旨在提供智能和包容性的解决方案，提高市民的生活质量

1. 战略指引框架——"慕尼黑展望"

尽管在众多领域取得了显著成就并获得广泛认可，但是慕尼黑在数字化转型的赛道上，仍被看作是一位新兴的竞争者。慕尼黑于2007年启动了名为

"MIT-KonkreT"的倡议，即"慕尼黑信息技术行动"，持续期大约十年，该倡议旨在优化慕尼黑政府信息基础设施和信息技术水平，作为智能管理倡议的一部分，倡议提出在城市政府内部，设置负责实施相关工作的两个部门：劳动和经济事务部（特别是其欧洲事务处）与城市规划部。这一行动为后续慕尼黑智慧城市的建设提供了基础。

而这座城市作为智慧城市的发展起点可追溯至2014年，这一转型的推动力源自城市对于创新解决方案的迫切需求，用以应对一系列复杂的城市发展挑战。这些挑战包括但不限于城市中心区域的发展瓶颈、日益增长的城市空间需求、交通模式的演变、居民对住房的旺盛需求，以及对气候变化的应对策略。因此，慕尼黑智慧城市建设的努力并非孤立发生，而是深深植根于对城市发展模式进行重新审视的广泛需求中。这种对城市发展模式的反思和调整，在慕尼黑的历史长河中是一个反复出现的主题。在不断演进的过程中，"慕尼黑展望"扮演了至关重要的角色。

作为一个在1998年制定的战略规划工具，它不断吸纳着市民和城市其他利益相关者的反馈，并据此进行调整和更新。至今，"慕尼黑展望"依然是指导慕尼黑城市发展的一项灵活而有效的框架。由此可见，此处的智慧城市战略需结合"慕尼黑展望"战略框架进行分析。作为长期性城市发展战略，慕尼黑以"城市均衡"为总体建设方向，即在城市发展框架下，所有组织机构作为单独主体能达到其最佳运行状态，相互之间亦能和谐合作并相互促进，确保整体保持动态平衡的理想状态。为了将这一宏伟蓝图转化为现实，城市管理者在2014年通过"慕尼黑展望"战略框架，明确提出了4项核心指导原则和16项具体的专题指导方针。这些原则包括推动基于对话与合作的领导方式、打造开放且具有吸引力的城市环境、构建坚固且充满责任感的城市社会及营造高质量且独具特色的城市区域。在这些方针中，"慕尼黑智慧城市"计划的提出尤为关键，它规划了系统性地整合信息通信技术和资源高效技术的应用，旨在达成一系列战略目标：引领后碳经济的发展，显著降低碳基能源的消耗，构建一个更加自给自足、不依赖资源周转的经济体系，确保并提升市民的生活质量，以及增强城市的经济竞争力（如图3-3所示）。通过这些综合性的努力，慕尼黑正朝着成为一个真正的智慧城市迈进，旨在为市民创造一个更加绿色、高效、和谐且充满活力的未来。

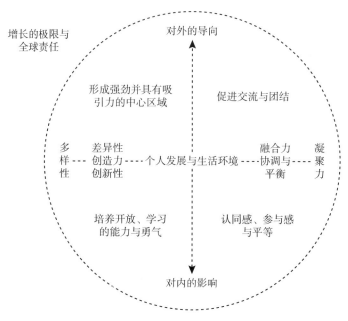

图 3-3 慕尼黑城市建设战略方向的相互作用示意图

在全球数字化浪潮的推动下，慕尼黑正面临着与其他城市相似的机遇与挑战。城市管理者也将数字化转型融入了新时代下的"慕尼黑展望"之中。这座城市致力于采取一种有远见且有序的方法来应对这一趋势，始终将人的需求和福祉放在数字化进程的核心位置。为了实现这一愿景，慕尼黑已经制定了一套详尽的战略规划，并设定了清晰的数字化发展目标。该战略旨在整合和优化城市的所有相关项目和活动，确保它们能够有效地协同工作，共同为实现这些目标做出贡献。认识到数字化及其所伴随的深刻文化转型并非一时之选，而是一个持续演进的过程，慕尼黑的数字化战略采取了一种长期视角，规划了直至 2025 年的发展蓝图。这一战略不仅为城市提供了一个明确的发展路径，还强调了灵活性和适应性，确保每年都能根据最新的技术进步和趋势对其进行审视与必要的调整。通过这种前瞻性的思维和持续的自我完善，慕尼黑正稳步推进其数字化转型，旨在建设一个更加智能、互联和响应市民需求的未来城市。慕尼黑数字化战略的愿景是至 2025 年成为面向未来的可持续发展大都市，积极并负责任地让数字化为城市社会造福。为了实现该愿景，慕尼黑在实施数字化过程中遵循下述基本战略原则：首先，信息安全与数据保护被视为贯穿始终的关键考量，对于所有数字化措施，都必须满足严格的法律和强制性要求，确保公共管理的安全性和信任度。其次，开放与透明被奉为数字化的基石。为了消除公众对自动化和数字化可能产生的疑虑，慕尼黑致力于提高其工作的透明度，并推动开源数据的发展，使新技术更加易于理解和接受。在推进数字化的过程中，慕尼黑还特别注重标准的采用。通过对现有管理体系的现代化改造，并在新的 IT 解决方案中遵循行业标准，慕尼黑不仅确保了投资的合理性和安全性，还提升了与合作伙伴协同工作的能力。同时，无障碍原则确保了数字化进程的包容性，无论年龄、能力还是背景，所有人都能参与并受益于数字化带来的新机遇。这有助于促进社会的无障碍和融合发展，提升城市生活的整体质量。最后，以客户为导向的理念确保了数字化进程紧绕围绕城市居民的福祉展开。慕尼黑市政府认识到，居民和当地企业都是市政部门的重要客户，只有深入了解他们的需求和期望，才能提供最优质的服务。通过这种以人为本的策略，慕尼黑的数字化转型不仅提升了行政效率，也增强了市民的满意度和生活质量。

在智慧城市建设主要内容方面，慕尼黑作为德国转型压力最大的城市，面临着用地紧张、人口迅速增长、经济发展和交通需求变化等多重挑战，这些问题超出了传统解决方法的范畴，需要通过全面的数字化转型来应对。在这一转型过程中，慕尼黑成为探索未来解决方案的实验场，不仅关注交通系统的优化，还致力于气候保护，通过高效能源管理和扩展数字化基础设施等措施来提升市民的生活品质。根据"慕尼黑展望"指导框架下的战略目标，慕尼黑智慧城市制定了六个核心主题：智慧生活、智慧市民、智慧环境、智慧交通、智慧经济和智慧政务（如图 3-4 所示）。这六个主题领域涵盖了关系到城市主要功能的核心系统，即组织 / 人、业务 / 政务、交通、通信、水和能源，这些系统以协作的方式相互衔接。在此基础上，慕尼黑智慧城市在各个领域制定了相应的子项目，各个项目以上述战略目标为统一指导方针制定方向和框架，涉及领域有所交叉但总体上保持相对独立运行（如表 3-6 所示）。

慕尼黑的新奥宾 - 韦斯特科鲁兹区域改造项目是该市智慧城市建设计划的一部分，旨在通过智能技术和社区参与创建可持续的城市生活空间。该项目涵盖了老旧的新奥宾 - 韦斯特科鲁兹区和新开发的弗赖汉姆区。具体措施包括：扩建和升级公共绿地和活动空间，为市民提供绿色休憩空间；扩建和

混合出行模式
智慧交通
清洁/非机动化出行选项
综合信息通信技术

智慧市民
紧跟时代发展的教育
包容性社会
培养创造力

文化与幸福感
智慧生活
安全感
健康

智慧经济
企业创新
生产力
国际交流

供需政策
智慧政务
透明度与数据开放
城市资源配置优化

智慧环境
绿色建筑
绿色能源
城市绿色空间规划与保护

图3-4　慕尼黑建设智慧城市六大核心主题

表3-6　慕尼黑智慧城市项目概览

领域 / 实施项目	智慧生活	智慧市民	智慧环境	智慧交通	智慧经济	智慧政务
新奥宾–韦斯特科鲁兹区域（慕尼黑22区奥宾–洛赫豪森–朗格韦德区）更新改造项目	√	√				
新奥宾–韦斯特科鲁兹区域公众参与项目	√	√				
地热 / 远程供暖 / 低温网络	√	√	√			
高效远程供热	√	√	√			
三维打印建筑	√	√	√	√	√	
慕尼黑住房管理协会建筑改造示范项目	√	√	√	√	√	
弗莱哈姆新区智能卡 / 市民卡	√	√			√	√
新市民交通与能源咨询服务	√	√	√	√	√	
交通平台	√	√	√	√	√	√
虚拟电动交通				√		
多式联运交通站			√	√	√	
电动巴士				√		
智能街道照明 / 充电站				√		

升级公共绿地和活动空间，为市民提供绿色休憩空间；加强社会和文化的基础设施建设，改善市民生活环境；促进城区可持续发展和提升能源利用效率等。该项目实现了显著的能源节约和二氧化碳减排，预计到 2050 年达到碳中和状态。这些成果是结合技术创新、社区参与和可持续城市规划的方法全面实现的。项目每年可减少约 971 吨二氧化碳排放，并节约 2785 兆瓦时的初级能源。该项目是城市区域向可持续性和智能技术整合转型的范例。它为其他城市提供了一个蓝图，这些城市旨在减少环境影响，同时改善居民的生活质量。项目关注包容性、可持续性和创新，反映了欧盟在推进城市发展方面的更广泛的目标。

2. 创新生态系统——城市合作实验室

慕尼黑的持续发展得益于其独特的创新生态系统，这一系统涵盖了大学、研究所、企业研发部门、工会以及政府机构之间的紧密合作。这种跨部门的合作模式在过去 60 多年中为城市的发展带来了显著的制度优势。慕尼黑特别以其私营和公共部门之间的利益高度一致，以及企业和知识机构在政策制定中的重要影响力而闻名。这种平衡的实现，部分得益于城市的政治稳定性。多年来，尽管社会民主党人主导了城市的治理，而州政府则由保守党人领导，但两者之间的合作始终紧密无间，共同推动了慕尼黑的繁荣与发展。这种跨党派的协作精神，不仅巩固了慕尼黑作为创新和科技发展前沿的地位，也为城市的长期繁荣和稳定奠定了坚实的基础。

但在激烈的全球竞争以及创新企业不断涌现的当下，慕尼黑市政府意识到，想要确保慕尼黑在创新创业领域的领导者地位，目前所构建的创新创业体系还远远不够。2016 年初，慕尼黑市政府决定同慕尼黑工业大学创新中心联手建立一处新的创新创业中心，旨在将初创企业、老牌大中型企业、创意人员、科研人员、城市规划者和建筑师聚到一起，共同致力于创新和开发智能产品，以及发展面向未来城市的技术与服务，从而助推慕尼黑的创新创业氛围更上一层楼，也让这座历史悠久的古城在智慧城市解决方案的开发中占据领先之地。慕尼黑市政府和慕尼黑工业大学创新中心作为"慕尼黑城市合作实验室"的项目发起人，联合了包括宝马公司、英飞凌公司、毕马威会计师事务所、上巴伐利亚地区工商大会等十大合作伙伴，为"慕尼黑城市合作实验室"构建了一幅可持续发展的蓝图。未来的"慕尼黑城市合作实验室"不仅仅是一座办公大楼或一座创新创业中心，更是未来城市规划的一个微缩样本，它将为身在其中的人提供许多便利。第一，理想的工作条件。各个行业的创新企业、初创企业家、科研人员和创新人员共同致力于提供智慧城市的解决方案。除了办公室和会议室，"慕尼黑城市合作中心"还规划了生活实验室、高科技原型车间和多个可以用于举办活动和展览技术平台空间。"慕尼黑城市合作中心"也邀请艺术家和创意人员入驻，让艺术与技术建立联系，并助推二者之间的融合与合作。第二，技术和创新创业专业知识。慕尼黑工业大学创新中心将其多年来在创新创业领域工作的专业知识注入"慕尼黑城市合作中心"的经营之中。运营顺利的项目如"数字产品学院"（Digital Product School）或"AI应用的倡议"项目将会长期驻扎在"慕尼黑城市合作中心"。第三，独特的网络。"慕尼黑城市合作中心"将人才、技术、资金和客户有针对性地进行互联。创业生态系统包括100多家工业公司、德国领先的技术初创企业、投资者、基金会等合作伙伴，以及一个超过40 000名校友的人才库。慕尼黑市政府的劳动和经济部会确保所有人员能够及时迅速地同城市基建部门进行沟通，如地区行政部门、城建部门、市政管理部门、交通部门等。第四，优良的居住环境。"慕尼黑城市合作中心"坐落于慕尼黑最充满活力且发展迅速的创意区，因而能够为所有人提供海量的文化和休闲活动。建筑内部还设置了咖啡馆、两处室内花园、商店以及健身房等场所，让这座大楼不仅仅是一座办公楼，更提供了一定的生活空间，倡导了工作与生活之间的有机平衡。"慕尼黑城市合作实验室"这一平台为慕尼黑智慧城市的建设提供了源源不断的动力，而在其建设智慧城市的过程中，多元主体的组织方式和责任制度同样为城市治理提供了示范性作用。

慕尼黑市公共事务和服务公司是该创新生态系统中的重要参与者，作为欧洲领先的地方公共事务和服务企业之一，以及德国顶尖的地方能源供应商，肩负着为慕尼黑提供关键城市资源的重任，包括电力、天然气、暖气和饮用水，同时还负责管理公共交通和电信服务。该公司与慕尼黑交通协会紧密合作，致力于智慧城市建设的整体项目规划与实施，特别是在移动交通、能源管理和资源高效利用等关键领域。通过与创新系统中其他参与者的协同合作，慕尼黑市公共事务和服务公司不仅确保了城市基础设施的高效运行，也为推动慕尼黑向更加智能、更可持续的未来迈进做出了重要的贡献。

除此之外，慕尼黑的高等教育机构、科研院所以及专家团队也融入到创新系统中，在战略研究层面构建了一个多样化的研究网络。慕尼黑工业大学在建筑、电机工程、信息工程以及建筑地理环境等领域的研究中扮演着关键角色，而弗劳恩霍夫研究院则专注于通信技术的实践应用和项目实施。德国联邦政府和巴伐利亚州政府通过制定法规政策并提供资金支持，为智慧城市的发展提供了坚实的后盾。

同时，市民作为信息的提供者和互动的参与者，在慕尼黑智慧城市建设中也发挥着不可或缺的作用，他们的参与和反馈对于塑造更加人性化和高效的城市环境来说至关重要。

最后，城市规划和建筑法规局作为慕尼黑智慧城市措施的核心管理机构，在战略性城市发展规划中扮演着至关重要的角色。在"慕尼黑展望"战略框架的指导下，该局集中负责所有智慧城市项目的推进与实施，有效简化了流程，降低了沟通成本，确保了各个项目的高效运作。工作指导组由来自项目组、不同部门的代表以及合作伙伴（包括城市协会、工业界、高校、中小微企业、科研机构以及非营利组织）的成员组成，共同负责制订项目计划和执行指导方针。他们管理并分配下属工作组的任务，确保项目按计划顺利进行，同时协调整个项目的进展，以实现慕尼黑智慧城市战略目标的达成。

（三）经验与启示

慕尼黑在智慧城市的构建上，采取了与其他城市不同的策略，它并未将智慧城市战略作为一个全面的城市发展框架，而是巧妙地将其融入到现有的长期城市发展战略"慕尼黑展望"中，使其成为该战略的一个重要组成部分。这一策略的核心在于充分利用数字化时代的机遇，通过技术创新来解决城市发展过程中遇到的问题和挑战，旨在提升城市社会的福祉，改善居民的生活质量，并推动城市的现代化和可持续发展进程。同时，慕尼黑在制定智慧城市措施时，建立了一套完整的框架体系。该体系以"慕尼黑展望"战略目标为指导，围绕城市的主要功能系统（包括组织、业务、交通、通信、水和能源）构建了六大主题领域，每个领域都有其独特的措施方案，虽然它们之间存在一定的交叉，但总体上保持了相对的独立性，部分领域通过合作实现了协同效应。

慕尼黑独特的创新生态系统也给其智慧城市建设提供了多方支撑。城市合作实验室作为智慧城市建设的创新平台，提供了关于协同合作、创新生态系统构建、多功能空间设计、技术与专业知识整合、资源优化配置、优质生活和工作环境营造、市民参与重要性、政府领导作用、法规政策支持以及长期规划与持续反馈等方面的宝贵经验。实验室通过促进不同领域和部门之间的紧密合作，强化了城市的创新能力，同时确保了项目的专业性和执行的高效性。它不仅为城市创新提供了丰富的资源和强大的支持网络，还提升了生活和工作的质量，促进了工作与生活的平衡。此外，实验室强调了市民在智慧城市建设中的参与和反馈，展示了政府在推动项目中的领导和协调作用，并凸显了法规政策和资金支持对于智慧城市成功发展的重要性。慕尼黑城市合作实验室的经验表明，构建一个开放、协作的创新平台能够有效推动城市治理的现代化，提升市民生活质量，并促进城市的可持续发展，为其他城市在智慧城市建设中的策略制定和实施提供了重要的参考和借鉴。

四、经验与结论

中国作为世界上人口第二多的国家，其城市化进程的快速推进，也带来了许多城市治理的挑战和问题。在这一点上，中国本土城市与欧洲城市有着许多相似之处。例如，中国的一些大城市如北京、上海、深圳等，也面临着人口密集、交通拥堵、环境污染等问题。同时，中国城市在智慧城市建设方面也有着自己的特色和优势，如移动支付、电子商务、共享经济等。通过比较和借鉴欧洲城市在智慧城市建设过程中的经验和做法，可以为中国城市治理的创新和发展提供有益的启示和借鉴。

在细致审视巴塞罗那、米兰和慕尼黑这三个城市的智慧城市建设案例后，能够提炼出对中国智慧城市建设具有深远意义的经验和启示。巴塞罗那的智慧城市建设项目体现了一种内敛而专注的城市发展理念，其"数字主权战略"特别强调了数据在智慧城市建设中的核心地位。通过鼓励市民共享信息，巴塞罗那不仅推动了技术的进步，而且在技术、产业和平台等方面寻求与市民生活和谐融合的解决方案。这种以人为本的智慧城市模式，探索了一种创新的人与城市之间的互动关系，为市民提供了更加精准和高效的服务，同时确保数据的民主化和规范化管理。对于中国城市而言，这意味着在智慧城市的规划和实施过程中，应重视数据的民主化和规范化管理，确保技术发展能够真正提升居民的生活质量，同时保护市民的数字权利。

米兰的智慧城市战略凸显了社会创新和包容性的重要性。通过多中心治理模式，米兰市政府成功构建了一个多元化的合作伙伴网络，这种模式鼓励了私营部门、学术机构和非营利组织的参与，形成了共同推动智慧城市发展的合力。中国城市在推进智慧城市建设时，可以借鉴米兰的经验，即通过打破部门壁垒，建立联通机制，确保信息流通和资源共享。同时，米兰在数字化基础设施建设上的投资，尤其是新型数字技术的推广和应用，为智慧城市提供了坚实的发展基础。

慕尼黑的智慧城市发展战略则展现了如何将智慧城市建设融入到长期的城市发展之中。慕尼黑的"慕尼黑展望"战略框架，通过不断吸纳市民和城市其他利益相关者的反馈，提供了城市未来发展的指导原则和框架。这一框架涵盖了指导原则、指导方针、项目和行动领域，旨在通过数字化转型来优化城市管理并提升市民的生活质量。中国在智慧城市的建设过程中，应注重长期规划和持续反馈，确保智慧城市建设能够适应不断变化的社会需求和技术进步。

然而，在借鉴欧洲经验的同时，中国城市也需要注意避免一些潜在的问题。技术至上主义可能导致忽视社会价值和公民福祉，缺乏整体规划可能会引起资源浪费和项目协调困难。中国城市在智慧城市建设中，应避免单纯追求技术先进而忽略市民实际需求的做法。同时，需要制定统一的智慧城市发展战略，确保各项措施的协同性和一致性。数据安全与隐私保护也是智慧城市建设中不可忽视的问题。在推进智慧城市建设时，中国城市应建立健全的数据保护机制，防止数据泄露和滥用。这不仅涉及技术层面的防护，更需要法律和政策上的支持。通过立法和技术创新，可以构建一个既能促进信息共享，又能有效保护个人隐私的系统。

此外，中国城市在借鉴欧洲经验时，也应充分考虑自身的地区特点和社会文化差异，因地制宜地制定适合自己的智慧城市发展策略。因为每个城市都有其独特的历史背景、文化传统和社会需求，所以建设智慧城市就应当充分考虑这些因素，以实现城市治理的现代化，提升市民的生活质量。

总之，通过对巴塞罗那、米兰和慕尼黑这三个欧洲城市的智慧城市建设案例的分析,我们可以看到,智慧城市建设是一个涉及经济、社会、文化等多方面的系统工程。中国城市在推进智慧城市建设的过程中,应当吸取欧洲城市在数智城市治理方面的先进理念和实践经验,重视市民参与、数据保护、长期规划和社会价值的协调。通过这种综合性的学习和借鉴,中国城市可以更加科学、合理地推进自身的智慧城市建设进度,实现城市治理的现代化,提升市民的生活质量,同时促进经济的可持续发展。

第四章

城市治理体系的数智化转型之路

在信息化浪潮席卷全球的今天，城市治理体系正迎来一场深刻的数智化转型。诸多治理难题持续涌现，且在风险时代愈演愈烈，衍生出了国家治理现代化必须解决的各种前沿、复杂问题，治理转型成为当务之急。这场转型不仅是技术进步带来的必然结果，更是推动城市治理现代化、精细化的必经之路。借助大数据、云计算、AI 等核心技术的深度应用，城市治理体系正得以重塑，治理手段更加智能化、治理方式更加精准化、治理效果更加优化。城市治理体系的数智化转型，不仅是提升城市治理效能、促进城市可持续发展的关键路径，更是推动城市治理体系和治理能力现代化的重要举措。在这条道路上，我们需要不断探索创新，攻克技术难题，完善制度体系，培养专业人才，共同开创城市治理体系数智化转型的新篇章。

一、城市治理体系数智化转型的意义

（一）提高治理效率，激发城市的创新活力

大城市的特征不仅在于其庞大且稠密的人口规模，更在于其社会系统的高度复杂性，这涵盖了社会的多元性和流动性、区域发展的差异性、问题的跨界性、风险的关联性和叠加性等多个方面。这些特点为超大城市的治理带来了前所未有的挑战。国务院在《关于加强数字政府建设的指导意见》中明确指出，加强数字政府建设是创新政府治理理念和方式、形成数字治理新格局、推进国家治理体系和治理能力现代化的关键举措，对于加快转变政府职能，建设

法治政府、廉洁政府和服务型政府具有重大意义。同时,《关于进一步优化政务服务 提升行政效能 推动"高效办成一件事"的指导意见》也强调了充分发挥政务服务平台支撑作用,提升政务数据共享实效,加强新技术全流程应用等具体策略。

首先,大型城市面临着规模超大与治理资源不足之间的显著张力。巨大的人口规模既是大型城市的鲜明标签,也是其治理难题的根源所在。自改革开放以来,我国经历了前所未有的快速城市化进程,规模之庞大、速度之迅猛,在世界范围内堪称空前。然而,这种快速的城市化进程也预示着我们将用短短 50 年左右的时间,走完欧美国家上百年的城市化道路,这无疑是一项巨大的挑战。大规模人口的持续涌入,在推动各大型城市迅猛发展的同时,也造成了严重的"治理超载"问题。以北京和上海为例,这两座城市在过去 20 年里人口增长显著,随之而来的是对生活资料和生产资料需求的急剧上升。与此同时,政府公共服务供给却受到自然资源有限、公共财政压力以及户籍制度等多重因素的制约,导致供需矛盾日益突出。这种供需不匹配的状况,进一步引发了交通拥堵、房价高涨、环境污染等一系列"城市病"。这些"城市病"不仅影响了城市居民的生活质量,也制约了城市的可持续发展。

其次,大型城市面临着异质性强与治理方式粗放之间的张力。由于社会要素的多样性和利益需求的异质性程度较高,对于治理方式的灵活性和精准性也提出了更高的要求。一般而言,大型城市内部因资源禀赋、功能规划、发展程度以及社会结构等方面的差异,分化出了更多的异质性空间。这些空间在人口构成、经济结构、文化传承等方面均展现出独特的特点,需要提出更有针对性的治理措施。而且,大型城市的人口在民族、文化、职业、收入、福利等方面表现出更为丰富的多样性,这导致了需求分歧和利益殊异的加剧。差异性焦虑在大型城市中更加强烈,要求治理方式更加细致入微,以满足不同群体的需求。此外,大型城市作为新技术应用的先行者,多元的行业与组织类型创造出了更加多样化的工作与生活场景。这些新场景带来了全新的治理问题,所以要求治理方式与时俱进,不断创新。传统的城市治理方式往往强调线性管理,方式单一、粗放,理念僵化、滞后。这种"一刀切"的治理方式不仅难以适应区域差异化发展的要求,也难以有效回应民众多样性的利益诉求,更难以应对新治理场景和新生问题带来的挑战。

最后，数智化理念还为社会治理的动态性、协同性和开放性奠定了新的基础。数据和信息是现代社会治理的核心资源。通过实现不同层级、部门间的信息资源共享及共建共治的数据池，有助于打破传统部门条块化、分割化治理造成的困境，以及与之相伴的信息孤岛等问题。数字化平台的动态性能够充分释放数据价值，形成动态治理模式，有效应对传统政府静态治理和反应滞后等情况。通过系统和数据的互联互通，可以实现数据的高效流动，极大简化了社会服务流程，提升了治理效率。

因此，实现城市治理体系的数智化转型能显著提升城市的运行效率和竞争力，激发城市的创新活力，推动城市的转型升级和可持续发展。借助先进的数字技术，城市管理者能够实时获取并分析各类城市运行数据，进而作出更加精准和高效的决策。这涵盖交通、能源、水利等基础设施的管理，也涉及公共安全、环境保护、社会服务等多个方面。例如，通过智能交通系统，能够实时监测交通流量，优化交通信号配时，减少拥堵现象，提高交通效率。同时，数智化转型有助于优化城市资源配置，通过数据分析和预测，精准把握市场需求和资源供给，优化城市运营流程，减少浪费和损失，实现资源的优化配置和高效利用。

（二）提升城市服务质量，改善民生福祉

数智化理念的创新发展和应用，在开辟公共服务新渠道以及满足个性化、便利化服务需求等方面，均发挥着举足轻重的作用。它不仅显著提高了社会治理效率，普及了公共服务，更促进了包容性发展。

一方面，数智化理念为普惠、均等、共享的社会治理目标注入了新动力。借助互联网平台的支撑，传统服务业改变了服务提供方式，将优质公共服务延伸至偏远地区，从而大幅提升公共服务的便利化和均等化水平。例如，针对社会健康治理中资源不均等、不均衡等问题，数字化技术和平台通过远程会诊、远程问诊等方式，有效扩大了优质医疗资源的覆盖范围。另一方面，数智化理念为多主体"共建、共治、共享"提供了新的平台。在数字化服务平台的支撑下，政府、企业、行业组织、网络社群、公民个人等多元社会治理主体得以作为"节点"上线，通过数字化方式统筹协调各类资源、共享各类社会服务。大数据、区块链、云计算平台等数字化手段的赋能，增强了治理过程中的信息透

明度，使社会服务各个环节更加透明公开，并为社会各主体提供了开放的意见反馈渠道和监督机制。这不仅契合了数字社会治理对外开放的理念，还有助于解决不同治理主体间的信息不对称问题，进而提升社会整体的治理和服务质量。

智慧化的治理逻辑主要依托数字技术和数字平台，实现多元主体协同参与对社会事务的治理。党的十九届五中全会也曾明确提出，要加强数字社会建设，"提升公共服务、社会治理等数字化智能化水平"。智慧化的治理逻辑不仅仅是数字治理的重要组成部分，更是数字治理中能够充分体现共建共治等共享价值理念的理想模式。智能医疗、智能教育、智能社区等服务的推广，能够让居民的生活更加便利和舒适，提高了居民的生活质量和幸福感。同时，城市治理体系的数智化转型也有助于构建更加安全、和谐的城市环境。通过数字化监控和预警系统，实时掌握城市的运行状况，及时发现和处理各类安全隐患。数智技术还可用于打击违法犯罪活动，提高城市治安水平，为居民创造更加安全的生活环境。此外，实现数智化转型还能促进教育、文化等社会事业的发展，通过在线教育平台，居民能享受到更加优质的教育资源；通过数字化文化服务平台，居民能更加便捷地获取各类文化信息，丰富精神生活；通过数字化平台，居民能更加便捷地参与到城市的治理中来，表达自己的意见和建议，增强城市居民的参与感和获得感。

（三）推动经济发展，助力产业创新

大数据中蕴含着民众在现实社会与网络空间深度交汇时代的丰富规律性信息。围绕社会运行大数据衍生出的数据科学技术，正不断实现对海量异构数据资源的快速积累、高效管理、深入分析和价值挖掘。数据科学技术的应用有助于促进数字经济、智能制造、"互联网+"等新兴产业的兴起，为城市创造更多的就业机会和经济增长点，提升城市经济的整体实力和竞争力。城市治理体系的数智化转型以数字化技术为驱动力，使政府能够更加精准地了解市场需求和产业发展趋势，从而制定更加科学的产业政策和扶持措施。

与此同时，拥有先进数智化治理体系的城市，往往能吸引更多的资本、技术和人才，推动经济的持续健康发展。数智化转型还有助于提升政府决策的科学性和精准性，通过收集和分析海量数据，政府能够更加准确地把握市场脉动和社情民意，制定出更加符合实际需求的政策措施，提高政策效果，降低政策风险，为经济发展提供稳定的政策环境。然而，公共数据的隐私性、重要性和收集难度，使得同级部门间在数据共享方面仍面临诸多挑战，如不愿打通、不敢打通等。在垂直领域，特别是在基层工作中，由于地区间发展不平衡，数据信息终端的建设程度也不尽相同，导致相关数据无法得到有效接收和利用。所以，城市治理体系的数智化转型并非简单的数字技术堆砌，而应建立与之相适应的智慧化运行体系。

（四）优化城市运营能力，促进社会和谐稳定

大型城市作为复杂巨系统，其多维度、多结构、多层次、多要素间的关联关系错综复杂，这使得社会问题也呈现出高度的复杂性。大多数问题并非孤立存在，而是跨域、跨界，且关联性强。这一客观现实迫切要求我们在超大城市治理中提升整体性和系统性。然而，传统的城市治理方式往往以科层制为组织基础，遵循分解和简化的还原论，将城市系统割裂为多个子系统进行专业管理。但是大型城市各子系统之间的复杂交错性又使得简单分解变得不切实际，而且分解后的小系统也无法完整保留原系统的特征。这种碎片化的治理方式带来了诸多问题。一方面，部门间职责交叉不清，导致在治理过程中容易出现政出多门、扯皮推诿的现象；另一方面，部门间存在的管理缝隙也造成了治理的"死角"和"盲区"。这些问题在实践中时有发生，严重影响了大型城市运行的效率和效果。而数智化转型是一个极具包容性的概念，它涵盖了数字政府、数字经济治理、数字社会治理、数字技术治理以及数据治理等多个方面。这一概念既包含了"数字化"的技术手段，即运用数字化工具、方法和措施来增强现有治理体系，进而提升治理效能的过程；又包含了"智慧化"的治理理念，即针对数字世界中涌现的各类复杂矛盾和问题，采用创新的治理方式和方法。目前，中国城市治理的数字化转型以数智化的技术逻辑为主导，主要从完善顶层设计、强化数据管理、深化数字应用、培育数智生态等四个方面来优化城市运营能力。

完善顶层设计，突出数字基建以实现整体性治理。完善顶层设计是整体性治理的基石。紧紧围绕"五位一体"的总体布局，集成建设"城市大脑"，并加速出台数字化转型的高位规划。通过形成战略目标明确、总体架构科学、

目录层级清晰的总体解决方案，推进数字化转型的流程再造和管理模式创新。这需要对政府治理体系进行全面且深入的剖析，明确治理目标、治理结构和治理手段。其次，科学构建"城市神经系统"并系统整合各类场景应用。借助物联传感、5G、区块链等技术，建成智慧城市运行扁平化功能网络。依托 AI 构建高度覆盖、脉络清晰、全域感知、快速响应的"城市神经系统"。统筹布局重点区域、领域和行业的物联感知基础设施，科学部署视频图像、监测传感、控制执行等感知终端，并不断完善实时动态多源的空天地"城市之眼"智能感知平台。数字基建不仅是信息技术支持下的现代化基础设施，更是推动政府治理现代化的重要工具。通过数字化、网络化的手段，数字基建能够实现对社会基础设施的智能化改造和升级，从而进一步提升政府治理的精准性和高效性。

强化数据管理能力，突出开源共享以实现多元化治理。在信息化时代，数据管理作为核心要素，对于提升政府治理效能、推动社会进步具有不可替代的作用。而开源共享的理念则有助于打破信息壁垒，促进多元主体间的协作与共赢，进而实现更加高效、公正的社会治理。首先，强化数据归集是实现多元化治理的基础。在信息化社会，数据已成为重要的战略资源，掌握数据就意味着掌握了信息优势。基于区块链的安全可信"数据链"通道、"政务数据上链、个人链上授权、社会链上使用、全程追溯监管"的数据共享模式已逐步形成，能够解决数据精准授权、可信传输等问题。其次，促进数据共享和规范数据开放是实现多元化治理的重要手段。传统的政府治理模式往往存在信息不透明、决策不公开等问题，导致社会参与度不足、治理效果有限。而开源共享的理念则强调信息的公开透明和共享共用。市、区、街道三级数据联动工作机制将逐步得到完善，进而强化市对区、街道的数据反哺，将政务数据"还数于民"，促进数据的充分利用，增强社会各方参与治理的积极性和能力。通过加强数据管理与突出开源共享，能够推动多元化治理的实现，提升政府治理的效能和水平，为社会进步和发展注入新的动力。

深化数字应用，突出惠民便民，实现全方位治理。深化"数字政府"服务是关键。加强数字技术在基层治理中的应用，创新"数字基层"治理是不可或缺的。将各类独立的系统平台如"网格＋党建""网格＋警格""网格＋安全""网格＋小区"等进行深度整合。充分利用"网格＋"的数据溯源功能，打通社区服务"最后一公里"甚至"最后一米"，确保每位基层群众都能享受到数字化治理带来的实惠。同时，政务服务自助终端的集约化、智能化建设的重视程度要逐步攀升，对于旅游景区、医院、图书馆、商圈、农贸市场等与群众日常生活息息相关的公共场所，进行数字化提升，让群众能够充分享受数字化服务带来的便利，切实感受到数字化转型带来的红利。此外，通过对海量数据的分析，政府还能及时发现潜在的社会风险和问题，提前采取措施进行预防和干预，这有助于减少社会矛盾和冲突的发生，维护社会的和谐稳定。全国各地正积极探索全生命周期的运行模式，统筹数据资源的开发、利用、存储和共享，推动相关政策制定和数据交易交换等工作。

培育数智生态，突出制度建设，实现常态化治理。第一，通过数字化平台，政府能更加公开、透明地发布政策信息、治理过程和结果，接受社会监督，增强政府公信力，减少因信息不对称而引发的社会不满与冲突；组织保障和法规标准体系逐步完善，建立健全市、区、街道三级贯通的数字治理中心实体化运行机构。这些机构将发挥数据汇聚、联席指挥、平战结合、多级联动、辅助决策等多重功能，进而实现多维度、精细化的治理。第二，数智技术可用于建立公正的社会评价体系，促进社会的公平和正义。在突发事件或紧急情况下，政府能通过数字化平台迅速收集信息、协调资源、制定应对措施，并及时向公众发布相关信息，这种高效的响应机制有助于减少社会恐慌和混乱，维护社会的稳定秩序。第三，数据安全和个人信息保护不容忽视。建立数据安全运营监管平台，集成数据安全态势感知、风险评估监测预警、应急处置应对、区块链信用溯源、工业控制系统安全监管等功能，形成一体化的数据安全管理系统。这不仅能够确保数据的安全性和完整性，还能保护个人隐私不受侵犯。随着大数据、云计算、AI 等技术的迅猛发展，数字化、智慧化手段在治理领域的应用日益广泛。通过构建数智生态，能够实现对海量数据的收集、分析和应用，从而精准识别社会问题，提升治理决策的科学性和有效性。

（五）小结

政府治理的终极目标是服务人民，提升民众的生活质量和幸福感，所以需要着重解决民众关心的实际问题。随着社会各部门的数智化转型不断深入，人们正逐步绘制并应用社会的全息图景，这为政府职能的优化和社会治理水平的提升提供了极为有用的技术手段和数据资源。在此过程中，借助大数据、区块链、云计算、AI 等数字技术，精准感知和分析研判民情民意，进而整合并解决民众的诉求，推进政府职能转变和机构变革，已成为各级政府推进政府治理现代化的共同选择。在以网络化、数字化、智慧化为主要特征的数字文明时代，大型城市纷纷进行数字政府的战略部署，加速推动政府数智化转型进程，以期在数字治理竞争中占据优势地位。习近平总书记也曾指出："要全面贯彻网络强国战略，把数字技术广泛应用于政府管理服务，推动政府数字化、智能化运行，为推进国家治理体系和治理能力现代化提供有力支撑。"

据此，城市治理体系的数智化转型过程中，必须始终坚持"以人民为中心"的发展思想，将满足人民群众对美好生活的向往作为转型的出发点和落脚点。不难看出，将"高效办成一件事"作为突破口和优化政务服务、提升行政效能的重要抓手，显得尤为重要。通过打造泛在可及、智慧便捷、公平普惠的数字化服务体系，我们能够让"数据多跑路，百姓少跑腿"，切实提升人民群众的获得感与幸福感。展望未来，我们应乘"数"而上，加"智"前行，以数字政府建设为支点，持续探索城市治理体系数智化转型的理论、机制、方法和路径。我们坚信，通过不懈努力，城市治理体系数智化转型的新成效一定会惠及千家万户、千行百业，为城市的可持续发展注入新的动力。

二、城市治理体系数智化转型的内涵

转型的英文单词为"Transition"，是指事物的结构形态、运转模型和人们观念的根本性转变过程。不同的转型主体会根据其自身状态及其与客观环境的适应程度，衍生出不同的转型内容和方向。数智化是数字化、信息化的发展和延伸，是为了让所有因果秩序一目了然。因此，也可以说城市治理数智化转型是信息技术引发的系统性变革，推动城市治理中重要主体在平台、制度等层面的全面转型，实现技术、业务、组织的协同优化和业务重塑。为进一步明确城市治理体系数智化转型的具体路径，本小节将对数智化转型的内涵进行展开，在明确数智化转型定义的基础上对其本质属性和总体定位进行介绍。

（一）城市治理体系数智化转型的内涵定义

将数智化转型的丰富内涵与南京智慧城市建设相结合，可以得出南京数智城市的总体转型是以建设"智慧南京"为目标，运用数字技术、思维、理念，将数智化、一体化、现代化贯穿到党的领导和政治、经济、文化等建设全过程的各个方面，以跨层级、跨地域、跨系统、跨部门、跨业务的高效协同为突破，以数字赋能为手段推动各领域体制机制重塑与业务流程再造，从整体上推动市域治理体系和治理能力现代化。城市治理体系数智化转型的内涵定义主要体现在以下三个层面。

第一，就基本内涵而言，数智化转型涵盖了从数字赋能到制度重塑的全过程。数智化转型过程是生产力和生产关系、经济基础和上层建筑进行的全方位、系统性、深层次的变革过程，是包括了产业层面、社会层面、治理层面等多个方面的整体变革，对政府治理提出了更高的要求。同时，这些要求也更加突出了数智化手段的工具属性，为政府以数智化转型为抓手推动组织关系和生产方式升级提供了机遇。为此，数智化转型一方面需要从技术侧出发，以数字赋能为手段简化公共服务的流程、提高公共产品的供给质量和效率，以此提升公共服务与社会需求之间的匹配程度；另一方面，数智化转型还需要从改革侧入手，通过制度重塑对生产关系进行调整，借助对当地政府运行机制的调整，能够从根本上解决上下对接的难题。同时也有助于重塑党政机关与社会、企业之间的制度链接，实现党政机关与市场、社会等外部环境的高效协同。

第二，就概念范围而言，数智化转型包含了多层级、全方位的一体化建设。在此，多层级指的是横向上部门之间、党政机关与社会和市场之间，纵向上省、市、乡、县各级政府机关必须步调一致，协同推进数智化转型；全方位则是说明数智化转型的引领性和整体性，会引发权力运行方式、生产关系乃至生活方式的整体性变革，有着牵一发而动全身的巨大影响；一体化则是在多层级步调一致的基础上，实现数据融通、业务融合、平台嵌入等一体化。此外，一体化还强调政府内部各部门之间、政府机关与企业等组织之间的关系重塑，以此撬动城市治理系统性、全局性的数智化转型。

第三，就其概念的动态发展而言，数智化转型相较于以往的数字化转型等概念而言，其概念价值得到了进一步的拓展和升级。具体来说，数字化转型是基于适应数智化浪潮，推动信息技术的逐渐渗透、广泛运用和充分融合的大背景下提出的，其基本路径是自上而下推动数智化变革。但数智化转型除了强调政府自上而下的主导变革以外，还强调政府外部的市场、社会组织等多元力量共同参与到转型过程中来，特别是需要全社会共同树立数字意识和思维、培养数字能力和方法、构建数字治理体系和机制。

（二）城市治理体系数智化转型的本质属性

城市治理体系数智化转型的核心要义是推动习近平新时代中国特色社会主义思想在市域层面的落实。对此党的十九大对我国社会主义现代化建设作出新的战略部署，明确中国特色社会主义事业总体布局是"五位一体"，战略布局是"四个全面"，提高党把方向、谋大局、定政策、促改革的能力和定力，确保党始终总揽全局、协调各方。这是新时代推进中国特色社会主义事业的路线图。数智化转型的本质特征主要体现在以下三个方面。

坚持党的领导是数智化转型的首要条件和基本前提。中国共产党领导是中国特色社会主义最本质的特征，是中国特色社会主义制度的最大优势。因此，城市治理体系的数智化转型可以说是党建引领整体智治的一个重要组成部分，是在党的全面引领下，采用数智化的手段撬动、赋能现代化，对传统理念、制度、体系的全方位提升和系统性重塑，进而破除制约迈向现代化的瓶颈和障碍，推动城市治理体系和治理能力的现代化。所以，数智化转型的首要条件是加强党的全面领导，特别需要系统性重塑党委在数字中国建设战略下"总揽全局、协调各方"的工作机制，全面提升贯彻数智化发展新理念、构建数智化转型新格局的能力和水平，实现从"治"到"智"的能力跃迁。

以人民为中心是数智化转型的根本出发点和落脚点。以人民为中心的治理理念不能只停留在口头上，而是要体现在数智化转型的各个环节中。信息技术带有极大的不确定性，以信息技术为手段的数智化转型若不加以控制便会衍生出数字形式主义、数字垄断主义等风险，威胁到公民数据隐私安全。因此，需要在数智化转型过程中套上价值理性的缰绳，坚持"以人民为中心"的理念牵引数智化转型迈向"数智善治"，顺应民心、尊重民意、关注民情、致力民生，实现好、维护好、发展好人民群众的根本利益。同时，以民众需求作为建设、拓展城市治理体系中的各类场景应用的基本导向，以民众的满意度作为更新应用场景、迭代解决方案的基本标准，在数智化转型过程中彰显以人民为中心的价值理念。

多元共治、协同合作是数智化转型的基本路径。在党和政府的领导下加强数智化转型的顶层制度设计，在目标明确、指标清晰的前提下搭建"四梁八柱"。突出纵向到底、横向到边，在纵向省、市、县、乡各层级一体推进的同时也要注意数智化在横向各部门、各领域全面铺开，实现平台、数据、场景等业务的统筹规划。更重要的是，需要积极动员，积极寻求与科技企业、科研院所等专业机构开展合作。在数智化转型中，科技企业既是地方政府重点培育的数智化创新主体，也能为地方数字政府应用场景建设提供技术支撑。社会组织则作为组织化、专业化的社会力量，一方面能够发挥其专业优势，推动协同治理；另一方面也能够发挥在数智化转型过程中的社会监督作用，譬如行业协会、专业学会等凭借其专业优势和组织化资源，为数字政府应用提供解决方案，同时发挥数字政府应用的监督作用，确保数字治理不违背相关法律和伦理规则。

（三）城市治理体系数智化转型的总体定位

数智化转型通过把数智化技术、理念、思维、手段运用到推进城市治理的各方面工作中，实现制度设计、数据收集、业务优化、场景建设的全面融通，激发数据生产要素对经济社会的放大、叠加、倍增作用，率先构建形成万物互联数字时代的整体智治制度范式。具体来说，城市治理体系数智化转型的总体定位如下。

数智化转型是推动市域治理体系和治理能力现代化的重要路径。首先，市域治理体系与治理能力的现代化离不开数智化转型的数据支撑。数智化转型通过搭建功能完备的数据共享交换平台，围绕数据采集、归集、整合、共享、开放全生命周期对平台功能进行更新迭代，不断提高数据质量，实现市域治理各个部门之间数据按需归集和高效共享，为市域治理体系和治理能力现代化提供扎实的数据支撑。其次，市域治理中组织机构的系统变革需要数值化转型提供技术支撑。从纵向市、县（区）、乡（镇）的应急指挥体系建设到横向部门间的业务系统建设，数智化技术从构建改革最小系统开始，基本涵盖市域治理的主要方面。随着数智化转型实践的不断深化发展，数智化推动各领域、各层级、各部门改革的广度、深度也必然会增加。

数智化转型是全面推进政府治理的重要抓手。首先，推动城市治理体系的数智化转型有助于重塑政府治理方式。在政府不断深化"放管服"改革的前提下，加快城市治理的数智化转型有助于推动政府、企业和社会公众等多元主体参与，加快建设优质便捷的普惠服务体系、公平公正的执法监管体系、整体高效的运行管理体系和全域智慧的协同治理体系，打造为人民服务的现代型政府。其次，推动城市治理体系的数智化转型有助于重塑经济发展方式。数智化转型也是生产关系和产业经济的转型，有助于突出城市的产业竞争力和企业核心竞争力，政企合作不断扩展的同时产业生产端和消费端也得到融合贯通，进而实现资源要素有效配置和产业发展高效协同，加快数字背景下的经济体系建设。最后，推动城市治理体系的数智化转型有助于重塑社会发展方式。数智化转型深刻影响着社会的方方面面。以人民需求为导向的数智化转型能够从解决人的高频需求和关键问题入手，推动社会事业领域改革，实现社会空间数智化、社会服务共享化、社会政策精准化，满足群众高品质生活需求，突出社会进步和民生福祉。

数智化转型是推动组织变革的新形式。治理体系和治理范式的变革同时也推动着治理城市的关键组织间关系的变革。具体来说，随着数智化进程的不断加深，政府部门之间将以核心业务高效协同为基础，全面推进跨部门、跨层级、跨领域的业务流程优化、制度重塑、系统重构。同时，数智化也大大加快了社会结构变革和再组织化的过程，对政府治理提出了更多要求。因此，有必要适时进行政府治理与技术企业协同治理的顶层设计和相关规划，建立健全运用互联网、大数据等数智化手段进行政府治理的制度规则。同时，为迎接上述挑战，也需要与时俱进改变党政机关和社会组织的形态、运行方式，打造自我变革、创新驱动、灵活弹性、协同高效的变革型组织。

三、城市治理体系数智化转型的路径

由上述可知，城市治理体系的数智化转型是党建引领下的，由信息技术引发的系统性变革，推动城市治理中重要主体在平台、制度等层面的全面转型。这就要求在设计数智化转型的具体路径时一方面需要考虑"首尾两端"，即需要强调党政机关特别是中国共产党在数智化转型顶层制度设计、全局节奏把控等高位统筹时的重要作用，同时也不能忽视基层具体建设数智化应用场景的科学性和精准性；另一方面还要考虑"中间环节"，即借助何种平台手段将政策设计转化为政策实践并推动落地，进而又将这些实践进一步提炼成南京智慧城市建设的经验并加以推广和复制。围绕这些问题，城市治理体系数智化转型的路径应当包括以下四部分内容：党建统筹数智化整体发展、平台技术为数智化转型提供技术支撑、理论重构为数智化实践提供智力支撑、基层数智化打通城市数智化转型的最后一公里。

（一）党建引领，统筹数智化整体发展

坚持和完善党的领导，是党和国家的根本所在、命脉所在，是全国各族人民的利益所在、幸福所在。党建引领城市治理体系数智化转型是加强党的全面领导和全面加强党的建设，充分发挥党"总揽全局、协调各方"的领导核心作用的重要体现，不仅有助于从顶层制度设计等高位层面把握数智化转型的发展态势和发展方向，更有助于推进党政机关在数字化时代的自我重塑与充分发展，从理念、格局、方法和效能等方面实现治理体系和治理能力的全方位、深层次迭代升级。

党建引领数智化转型的基本属性。党建引领城市治理数智化转型是以推进市域治理体系和治理能力现代化为目的，以加强党在这项工作中的全面领导和全面加强党的数智化建设为主线，运用数智化理念、工具、手段，对党政机关进行数字赋能、流程再造和制度重塑，推动党的领导力、组织力、管控力整体跃迁，打造党建引领、协调各方的数智化转型工作体系。总体来说，党建引领数智化转型具备政治属性和业务属性这两个基本属性。首先，从政治属性上来看，党建引领城市治理数智化转型需要始终坚持以党建引领为核心，围绕加强党的全面领导和全面加强党的建设，推进党政机关全方位、系统性、重塑性变革，特别是在治理能力、数字技术运用水平和制度设计三个维度上优化提升。其次，从业务属性上来看，党建引领数智化转型的核心重点是以党委统筹为手段，推动各部门的业务流程优化。一方面推动党政机关内部的贯通和整合，另一方面以系统思维解决全局性、复杂性、整体性、普遍性的问题，以重大应用为有形抓手和有效平台，围绕重大决策部署贯彻落实，畅通宏观、中观、微观有机衔接的管理通道，明晰优化各层级管理体系，促进决策与执行。

党建引领数智化转型的系统建构。要实行党建引领数智化转型的首要前提是提升党政机关自身的数字化水平。首先，在党建引领数智化转型复杂的系

统建构中，履行数据归集、存储等职能的基础设施体系是重中之重。在此，基础设施体系主要包含政务外网和政务内网两大基础网络中的所有信息基础服务设施，这两大基础网络不仅能够为党建引领整体智治系统提供统一高效的计算能力和数据处理能力，而且内网数据的安全交换也能够解决长期以来非密数据和涉密敏感数据统一归集、安全治理、按需共享、受控交换等难题。其次，在构建功能强大的政务网络基础上，还需要具备强大的数据支撑体系。依托政务内、外网的数据平台，还需要进一步建设并完善各类数据库。特别是将人口、自然资源、电子证照等多跨部门资源纳入数据库清单之中。同时，以党委的核心业务为基准，以上述数据资源为支撑，划分出政治引领、组织建设、民主法制等应用场景，提升党委自身的数智化水平，为党建引领城市整体数智化转型打下基础。

党建引领数智化转型的具体路径。首先，从党建引领与数智化转型的关系来看，党建引领数智化转型是提升党执政能力的重要举措，党的执政能力和领导水平的提升又能更好地促进党建引领整体智治系统的建设，两者相辅相成、相互促进。以党在宏观上的执政能力为核心推动数智化转型是首要路径。具体来说，一方面，要建立以问题为导向的长效机制。在党建引领的基础上，构建"主动发现－高效整改－及时反馈"的问题导向机制，进一步将这些问题发生的全周期与各职能部门建立联系，达到全面压实整改主体责任的目的；另一方面，要在短期内提升各级党组织的领导力和治理能力。围绕上述可能存在的问题，实行管控—发现—整改的有效机制，并在整改之后实行定时评价制度和全市各区县大排名，将问题及相应的评价排名报送各区委、县委全面检视并对照整改。

（二）搭建平台，贡献数智化的科技力量

公共数据共享平台是以物联网、AI、大数据等数字技术为支撑，是市域治理全过程数据感知、数据共享、数据计算的基础平台。因此，就技术层面而言，市、县（区）、乡（镇）三级平台需要按照统一标准、统一构架、统一规划、统筹推进，这样才能为各部门、各层级、各领域改革提供统一支撑、统一赋能。同时，城市治理体系的数智化转型又是牵一发而动全身的整体性变革过程，平台的建设标准、原则及其建设时的总体思路、业务架构势必会影响平台

投入使用后的功能实现，最终影响数智化转型的效率。因此，在阐述平台推动数智化转型的具体路径之前，需要首先明晰平台的功能目标与业务架构。

1. 数据共享交换平台的预期目标

从基本内涵和功能来看，数据交换平台是以实现治理能力现代化，实现"智治""高效"的核心要义，以全市统一的数据库为基础，健全大数据采集、治理、共享开放和分析挖掘的体制机制，综合集成全市智能化算法、模型、组件、规则等，构建各领域的"大脑"，用于支撑市域治理精准感知、科学分析、智能决策和高效执行的综合集成平台。总体来说，平台应当具备功能一体化、技术智能化以及开发深度化等功能。

首先，数据共享平台的首要目标是建设一体化集成的数字底座。共享平台需要首先融合市、县（区）、乡（镇）三级有关部门的数据，才能确保相关的基础设施体系、数据资源体系与业务应用体系均按统一构架、统一标准设计、开发和部署。在建设统一标准接口的基础上，加强运维的规范化和科学化，建立健全贯穿云、网、数、端、应用的一体化大运维保障体系，形成市、县（区）、乡（镇）联动，上中下游责任分担的运维协同机制及管理考核制度，并依照考核制度建立联防联动机制，明确各方安全责任分工及协作流程，对环境、资源系统进行严格的分级分类控制，确保平台中各类数据的安全。另外，一体化还体现在对市、县（区）、乡（镇）的一体化贯通上。平台要健全相关需要归集的数据目录，对数据资源做到全量编目、动态更新，以此实现全市数字资源"一本账"配置。在此基础上，才能对市、县（区）、乡（镇）推进一体化数据治理，完善数据回流和治理机制。打造以数据共享交换平台为出发点，推动数据共享体系向乡镇以下延伸的市、县（区）、乡（镇）一体化治理模式。

其次，数据共享平台还需要打造智能工具箱和数字孪生体系，提升数智化水平。一方面，数据共享平台需要借助政企合作的模式，构建多样化、智能化组件库。同时，借助企业在数字技术方面的优势，利用自然语言处理技术、数据可视化、语音智能问答等先进技术，为各地各部门开发业务应用提供组件支撑。另一方面，平台还需进一步建设、健全数字孪生高标准支撑体系，以夯实"城市大脑"的数据底座。通过深化数字孪生平台"高复用"协同共享机制，建立健全跨部门、跨区域协同工作机制，构建完善市、县（区）、乡（镇）

一体的协同高效数据共享协调机制，鼓励有条件、有基础的地方参与试点，形成示范效应，推动实现"一地创新、全市共享"的城市治理新格局。

最后，数据交换平台还需要进一步提升数据的开发能力。一方面，以数据工作台为中心推动纵向一体化。通过探索搭建面向基层的数据分析型工作台，提供各类已融合加工好的数据模型，供基层业务人员依据自身业务需求自定义功能，并实现针对基层工作的定制化推送等，对拟解决的业务场景进行镜像式模拟预演，辅助基层的业务决策。另一方面，通过建构协同式的数据服务打通横向的部门壁垒。以与民生紧密相关、社会需求迫切的领域场景为导向，推动公共数据的开放利用。在确保公共安全的前提下，探索公共数据授权运营方式的多样化，通过加工形成更多的数据服务产品，进一步发挥数据价值。

2.数据交换平台的建设原则与基本架构

数据交换平台从根本上来说是技术工具，为了避免出现技术主宰人和技术形式主义等情况，在明确每个功能层面的建设目标之后，数据交换平台的建设还需要在正确的观念指引和理念导向下进行。在此，自主可控是数据交换平台建设的首要原则。具体来说，需要坚守住国家总体安全和网络安全的底线，在完善平台各项功能使用和数据安全制度的基础上，落实各相关主体的责任，打造出自主研发、自主可控的平台工作模式。除此之外，还需要坚持标准规范、精准管理的建设原则。一方面，需要坚持标准引领，以标准化促进数据资源互联互通，进而推动平台的开放性和兼容性，打造多元参与的良性生态体系；另一方面，需要坚持以人民群众的需求为导向，实现数据资源供给、交换的精准化和科学化。在上述建设理念的指导下，数据共享交换平台的基本业务架构如下所示。

其一，建立基础设施体系与数据资源体系。和党建引领数智化转型类似，数据共享交换平台运作同样需要完备的基础设施作为基础。一是利用国产自主可控云技术，为全市各级政务部门提供计算、存储、中间件、数据库、AI、网络安全等基础服务的政务云系统和政务外网。其中，政务云系统的主中心由三部分云区组成，分别对应和承载行政机关各类政务应用，面向社会公众提供服务类业务应用，以及专业性较强的业务应用。政务外网则按照"统一标准、分级管理"的原则建设，由网络平台和部门政务外网构成，实现纵向市、县（区）、乡（镇）有关部门和行政机构全覆盖、全联通、全共享。二是将数据目录归集、治理、共享等系统共同组成数据底座并建立数据资源体系，这一数据资源体系通过对接省数据主干道，可以打通全市各级党政机关部门的信息化系统，汇聚全领域各业务板块公共数据资源，对全市公共数据资源实现集中编目、归集、治理、共享和开放，全面支撑城市治理体系的数智化转型。

其二，建设全面的业务应用体系和强有力的应用支撑体系。业务应用体系应当以党委核心业务为主阵地，瞄准政务服务、政府运行、应急管理、市场监管等重要的应用场景。同时，基于数字底座推动场景之间的数据交换与共享，共同构成一个互相贯通、功能互补、统一衔接的有机整体。另外，在软、硬件层面，不断丰富相应的系统组件建设，确保全市核心系统中涉及的重要组件均为统一标准，数据互通，其他部门的组件则由各县区、部门自主开放，也可在数据共享交换平台上与其他部门交换；在制度层面则需要不断优化相关的政策制度体系，通过确立平台的定位、出台相关的公共数据开放权限等方式，为平台的各项功能运作进行权威背书，提升部门使用平台共享和交换数据资源的积极性。

3. 以共享交换平台推动数智化转型的具体路径

第一，交换共享，整合数据碎片。城市治理体系的数智化转型需要对地方政府的宏观经济、区域经济、微观经济等发展状况进行实时了解与分析。然而，信息孤岛、系统林立等原因导致大量的数据处于碎片化的状态，不能为科学决策提供有效支撑。可见，无论是城市数智化转型还是平台功能的关键均在于数据共享。一方面，需要把跨层级、跨地域、跨部门的业务和数据资源以特定的方式、模型、标准汇集到统一的"政务中台"，让政务信息"多层纵向贯通、多面横向联通"；另一方面，要实现办事机构在线协同，业务信息及时共享，就只有整合来自金融、财政、能源等多跨部门的数据，才能分析出经济运行背后的规律，推动城市治理的数智化转型。通过平台的数字底座，地方政府可以统筹财政、税收、出口、消费、投资、统计等不同领域、不同部门的数据资源，实现全域数据一盘棋，提高数据分析能力以及经济运行监测和决策水平，帮助决策者"用数据说话、用数据决策、用数据管理、用数据创新"，解决以往只能"靠经验做决策"的问题。

第二，服务牵引，优化办事流程。以往重复式、孤岛式的业务系统建设阻断了数据资源的共享，导致企业或群众办事时需要在不同部门的平台上分别办理，重复填报信息，使用体验较差，决策者也无法通过分散各处的系统查看城市运行的实时状况，无法有效针对城市治理中出现的问题作出实时决策。同样，在业务部门内部，传统的部门协调也多依赖会议、电话或是面对面等形式，沟通效率较低，成本较高。共享交换平台能够通过线上线下一体化的方式打破原本的系统封闭限制，通过智能手机、PC端、平板电脑等多端在线的方式实现公职人员掌上办公。同时，数据交换平台还强调以"服务"为导向，其中业务应用和支撑应用中的业务中台承担为政府、企业和公众提供服务的责任，集中反映治理需求，将城市治理中的问题反馈给数字底座，进而牵引着其他部分的运转。群众和企业不仅能通过APP申请办事，同时还能在平台上跟踪办事进展、查询办理进度，通过好差评的方式在线反馈，极大地促进了行政效能的提升。

第三，政企合作，共创"数智"价值。一方面，政企合作建设平台是由政企双方的需求决定的。在数智化转型时，由于地方政府数字化转型面临着技术供给能力薄弱和人才储备不足等现实难题。数字政府建设往往涉及面广、系统性强、技术门槛高，单纯依靠地方政府自营自建不符合客观实际，吸纳互联网企业参与恰好能缓解地方政府在技术能力和专门人才上的弱势。同时，市场机制的引入有利于冲击传统科层组织的结构，帮助科层组织突破原有边界的束缚，打破部门间的信息壁垒，实现协同合作。出于以上需求的考虑，政企合作打造平台已经成为各地数智化转型的普遍战略选择。另一方面，政企合作打造平台也能实现双方的价值共创。政府对公共价值的追求是其寻求企业合作进行数字治理的驱动力。政府治理的终极目的是提升治理效能，从而提供更高质量的公共产品和服务。从宏观的国家社会关系来看，政府适时将部分公共服务让渡给市场和社会，有利于激发产品供给主体间的竞争与创新行为，从而提高产品的供给效率。同时，善治的目标也离不开社会公众的广泛参与和配合。在数字治理的语境下，公民个人既是数据信息的生产者也是消费者。可以说，没有公众参与就无法产生并汇集数据，以数据为基础进行数字治理就更加无从谈起了。从微观的政策过程来看，引进企业的先进技术也有助于提升政务整合能力并服务于政策过程，从而提高公共政策制定、执行的专业性与科学性。单纯从组织类型及属性来看，与政府作为公共部门追求善治不同，参与数字治理的企业大多属于营利性的市场组织，其主要目的在于盈利。因此，大部分学者选择从利益的角度出发，探讨企业参与数字治理的动机。有学者认为，企业的逐利天性决定其参与数字治理过程中，利润是企业优先的价值追求。数字政府项目多蕴含着较高的商业价值和收益前景，其中落地产品的高显示度更是代表着政府背书，对提升企业的声誉以及在未来抢占市场份额大有裨益。加之，以更加长远的眼光来看，政企达成合作的背后代表的是政商关系的建立，为日后双方在更多领域开展合作奠定基础。

（三）基层数智化，打通最后一公里

基层是国家治理的基石，基层治理现代化则是推进国家治理体系和治理能力现代化的第一步。2021年4月，《中共中央 国务院关于加强基层治理体系和治理能力现代化建设的意见》中特别强调党和政府在推进基层治理现代化中的重要作用，明确提出要把"完善党全面领导基层治理制度，加强基层政权治理能力建设，健全基层群众自治制度，推进基层法治和德治建设，加强基层智慧治理能力建设"作为重点任务，并且明确指出"推进基层治理体系和治理能力现代化建设是一项系统工程"。习近平总书记反复强调，基层强则国家强，基层安则天下安。可见，数智化转型已经成为基层治理中的重要议题，基层数智化也已成为推动数智化转型在城市治理中集成落地的重要组成部分和关键载体。

1. 基层数智化转型的基本内涵

根据前文可以发现，数智化转型是一个覆盖经济、政治、社会、文化、生活等多元素在内的宏大议题。基层数智化转型并非基层作为治理场域对数字技术的简单利用，而是以数字技术为支撑的治理范式的根本性变革，是基层治理从制度、范式到模式、做法的全方位创新，基层数智化转型的内涵具体可以从几个方面进行理解。

第一，基层治理数字化转型既是一场技术变革，也是一场深层次、宽领域的制度创新。在这个创新过程中，需要平衡顶层设计与基层探索之间，压力机制和兜底机制的平衡，在催生基层数智化转型自主性的同时保持基层治理的韧性。

第二，基层数智化转型是一项复杂的系统工程。基层治理数智化转型一方面需要顶层设计和统筹规划的政策支持，也需要纵向到底、横向到边的协同合作，更需要规范性和标准化的事项清单和技术赋能。

第三，基层数智化转型是基层治理现代化的题中应有之义。基层治理现代化包括基层治理体系现代化和基层治理能力现代化两方面，其中前者是前提和基础。数智时代的基层治理，除了发挥政府的主体作用外，更应注重政府治理同社会调节、居民自治之间的良性互动。数智化转型正是从传统基层治理向数智时代的基层治理转化的关键路径，借助数智化的手段，一方面可以推动数字能力在基层的综合集成，全面赋能党建统领，持续完善基层治理体系，切实增强各领域基层党组织政治功能和组织力与凝聚力；另一方面通过数据归集和分析，推动基层治理事项的高效联办、闭环运转，更加精准地了解民众诉求，兼顾数智治理与居民自治间的良性平衡。

2.基层数智化转型的具体路径

基层治理数字化转型是一项复杂的系统工程，涉及多维度、多层次、多领域交织的结构性问题。一方面，基层长久以来在省、市级政府领导下形成的复杂条块关系和部门之间的碎片化需要党建引领的方式进行统筹；另一方面，基层社会复杂的治理情境及其衍生的社会问题也需要依靠数字赋能的方式集成办理。有鉴于此，基层数智化转型的具体路径总体上应当遵循"党建引领、技术支撑、整体转型"的宗旨。

第一，党建引领，推动乡镇（街道）职能体系重构。长久以来，观念制度在中国的行政官僚体系建设中发挥着重要的作用，意在建立、维系或强化一个以一统体制为中心的体系。这种一统观念不仅包括中央对地方各项战略布局和政治思想的统一，还包括地方政府，尤其是一段时间以来省级政府获得一定自主权背景下为推进全省改革发展所进行的思想统一工作。具体来说，一方面，根据区位优势因地制宜探索数智化转型道路。综合考虑乡镇（街道）地理区位、人口规模、产业特点和经济社会发展水平等，科学确定功能定位，实行分类管理，差异化配置乡镇（街道）职能职责和机构编制资源，构建党委领导、党政统筹、平台运行、岗位管理的组织体系和运行模式。另一方面，推动纵向基层治理构架重整，科学划分网格，建强最小治理单元和作战单元，健全镇街、村社、网格和微网格（楼道、楼栋）四级基层治理构架，破解融合型大社区大单元等治理难题。

第二，技术支撑，带动基层数智化整体性变革。按照"大场景、小切口"理念，梳理推出一批重要、高频、急迫、多跨的基层治理"一件事"集成改革项目。建立健全基层治理"一件事"一本账，研究制定基层治理"一件事"改革相关标准，推进"一件事"协同流程和治理机制的标准化与规范化。依托"基层治理四平台"，推动基层治理"一件事"全流程线上运行，探索基层治理"一件事"的自主分析和预警功能，形成基层治理"一件事"场景化应用，构建"精准识别、自动流转、即时响应、全程可控、量化评估"的智治支撑体系，实现一体化、智能化高效办理和闭环处置。除此之外，在基层街（乡、镇）成立综合信息指挥室，对一件事办理情况进行指挥、督导与考核。同时，辅之以基层的公共数据交换平台，实现市级到基层街（乡、镇）纵向上全时空、多维度采录感知网的重要领域全覆盖，推动基层数智化分层、多维集成，为基层数智化转型过程中的多跨应用提供技术支撑。

第五章

数智城市治理体系的"一网统管"

在信息时代的浪潮中，城市治理正逐渐向数智化转型，以应对日益增长的复杂性和动态性。数智城市治理体系的核心——"一网统管"，标志着城市管理理念的革新和技术应用的深度融合。它不仅代表着一种全新的治理模式，更是城市智能化、精细化、系统化发展的重要里程碑。

本章将聚焦于数智城市治理体系中"一网统管"的建设模式、关键技术和创新应用，全面剖析这一治理模式是如何引领城市治理迈向新的高度的。首先，我们将探讨"一网统管"的建设模式，了解其如何通过顶层设计和系统规划，实现城市治理的全面升级。然后，深入分析支撑这一模式运行的关键技术，包括数据采集、处理、分析和应用等，剖析这些技术如何为城市治理提供强大的数据支撑和决策辅助。最后，聚焦于"一网统管"的创新应用，分析如何将这些技术与城市管理的实际需求相结合，推动城市管理服务的创新和优化。最终呈现出一个全面、立体、动态的数智城市治理新图景，揭示"一网统管"成为推动城市治理现代化的重要力量的实现路径。

一、"一网统管"的建设模式

在数字化时代的大背景下，城市治理正面临着前所未有的挑战，需要一种全新的模式来应对复杂多变的城市管理需求。"一网统管"作为一种全新的城市治理模式，充分发挥其作用成为城市管理者和规划者的重要任务。这种模式不仅能够提高城市管理的效率和质量，还能为居民提供更加便捷、安全、舒适的生活环境。本节将深入探讨"一网统管"建设模式的三个核心方面：总体规划、业务体系建设和技术平台体系发展，构建一个科学、高效、协同的城市管理新体系。

（一）总体规划：科学规划城市治理新模式

城市治理新模式的科学规划发挥了重要的指导作用。"一体三维"设计方法强调从宏观、中观和微观三个维度出发，形成一个立体、多维的规划体系，确保城市规划的全面性和深入性。而"三阶七步"设计路径则提供了一个清晰的规划流程，从问题识别到方案实施，再到效果评估，每一步都旨在确保规划的科学性和可操作性。

1. 一体三维：顶层设计方法

在城市数字化转型的浪潮中，构建"一网统管"规划建设模型需要紧密结合城市建设的实际需求，从业务痛点出发，驱动流程治理和数字化转型的进程。数据治理和资产管理作为数字化实现的基石，为流程要素的数字化提供坚实的支撑。同时，跨领域系统集成不仅促进了业务场景的创新应用，也为系统的迭代优化和闭环管理提供了技术保障。在此基础上，业务创新驱动、平台技术支撑和数据资产赋能三个维度相互促进、协同发展，共同构成了城市运行"一网统管"的规划建设模型（如图5-1所示）。这一模型不仅为城市运行"一网统管"的建设实施提供了明确的指导，并且确保了其可持续性和生命力，推动城市数字化转型向纵深发展。

业务维度是推动"一网统管"建设的战略导向。从"一网统管"的业务流程出发，自上向下深入挖掘业务需求，以痛点切入，驱动业务流程的优化与管理。遵循"识别核心业务 – 细分业务模块 – 细化业务事项 – 明确业务流程 – 匹配流程要素 – 实施业务流程治理 – 跨领域协同优化"的路径，系统梳理各委办局的组织架构、职能定位和权责划分，聚焦重点事项，建立"一网统管"协同业务场景的标准化流程，确保业务流程的顺畅与高效。通过这种结构化的方法，可以更好地满足业务需求，提升"一网统管"建设的战略性和系统性。

数据维度是"一网统管"从业务到平台落地实施的关键。通过梳理"一网统管"的数据流，以业务维度确认的业务流程要素为基础，开展数据治理工作。构建起最小颗粒度的流程要素数字化清单，实现数字资产的规范化、动态化管理和运营。同时，根据实际应用效果和应用需求的动态变化，不断优化和

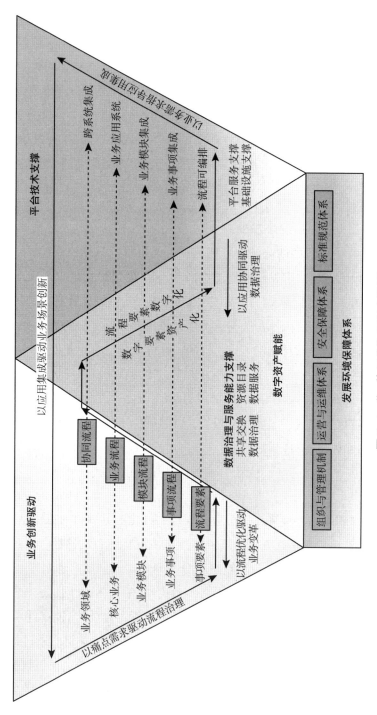

图 5-1 "一体三维"规划方法图

完善数据治理与支撑体系，以数据资产赋能"一网统管"的建设和发展。这种以数据为核心的方法，有助于确保数据的准确性、可用性和安全性，为"一网统管"提供强有力的数据支撑。通过持续的数据治理和优化，可以更好地满足业务需求，提升"一网统管"的智能化水平和决策支持能力。

技术维度是"一网统管"建设的基石。在业务需求的引领下，技术平台通过数字化手段重组业务流程，构建业务事项，并将其整合为应用系统。利用跨系统平台的应用功能，支持协同创新场景的构建和实现。同时，根据实际应用效果和应用需求的动态变化，持续优化数据治理，以技术平台为支撑，推动业务流程和应用场景的迭代优化。这种以技术为核心的方法，有助于提升"一网统管"的智能化水平和协同效率。通过不断地技术创新和应用优化，可以更好地满足业务需求，实现"一网统管"的可持续发展。技术平台的建设和优化，是实现"一网统管"战略目标的关键环节。

保障体系是"一网统管"建设的关键支撑。为了适应数字时代的发展趋势，必须构建一个与"一网统管"相匹配的运行机制，全方位推动流程再造、规则重构、功能塑造和生态构建。在实施"一网统管"建设的过程中，要根据实际需求，分阶段、有重点地推进组织与管理机制的变革，构建运营与运维体系，完善标准规范体系和安全保障体系。通过这种系统性的保障措施，可以为"一网统管"建设提供稳定的发展环境，确保其顺利实施和持续优化。同时，这些保障措施也有助于提升"一网统管"的整体效能，实现跨领域、跨部门的高效协同，为城市的数字化转型和可持续发展提供有力支撑。

2. 三阶七步：顶层设计路径

城市运行"一网统管"的顶层规划设计（如图 5-2 所示）需要遵循城市数字化转型的规划原则和方法，参考《GB/T 36333—2018 智慧城市顶层设计指南》和《SCIE 007—2021，TSZS 4042—2021 城市数字化转型顶层设计指南》等行业标准，还需要紧密结合政府的具体需求与目标。整个过程应分为三个阶段，以科学、系统的方式推进，确保规划的实施性和有效性，包括深入分析城市运行管理的实际需求，设计合理的顶层框架，制定适应本城市特点的技术标准和管理规范，分步实施并根据反馈和评估结果不断调整和优化设计方案，以确保"一网统管"建设的前瞻性、系统性和可持续性，为城市的数字化转型提供坚实的保障。

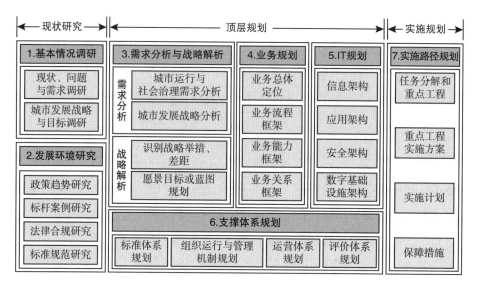

图 5-2　顶层设计路径图

　　开展全面的基本情况调研是构建"一网统管"体系的首要步骤。通过与各级行业部门和政府机构的实地走访、深入会谈和有效交流，全面了解"一网统管"工作的当前状况，识别存在的问题和不足。这种现状与差距分析有助于发现制约发展的短板，为顶层设计的制定提供坚实的基础和依据。通过这一过程，可以确保"一网统管"的规划设计既符合实际需求，又具有前瞻性和指导性，为后续的建设实施打下坚实的基础。

　　发展环境分析是确保城市治理"一网统管"建设顺利进行的关键内容。通过深入研究政策趋势、法律合规性、行业标准和规范，以及参考其他地区的成功案例，可以为"一网统管"建设提供清晰的政策指导和标准依据。这种全方位的基础环境研究有助于明确区域在城市治理方面应遵循的政策要求，确保建设工作符合法律法规，并借鉴行业内的最佳实践，为"一网统管"的规划和实施提供坚实的理论和实践基础。

　　需求分析与战略规划是"一网统管"建设的核心步骤。深入剖析城市治理面临的社会问题，明确需求和必要性，全面收集分析各方面需求。对城市治理各领域各环节数字化转型的必要性进行深入剖析，确保"一网统管"建设精准解决问题。在此基础上，明确顶层设计的原则、要求和总体战略，为建设指明方向，并设定清晰的"一网统管"目标愿景。系统化的需求分析和战略规划，确保"一网统管"建设符合实际需求，具有前瞻性和指导性，实现资源优化配置，提高治理效率和效果，推动治理体系和治理能力现代化。

业务规划是打造城市治理"一网统管"整体架构的基石。它包括业务架构、数据架构、应用架构、安全体系和标准体系的全面设计。通过业务能力化、能力场景化和场景活动化，逐步将宏观的业务能力细化为微观的业务活动。这一细化过程涉及将较大的业务能力拆解为较小的业务活动，并通过对象化和对象服务化，实现业务活动向数据操作的转换。进一步通过系统化服务，将这些细小的服务单元组合成模块化的应用系统模块。这种设计方法不仅提升了业务流程的效率，还增强了系统的可扩展性和可维护性。最终目标是构建一个既适应当前需求又具备长期发展潜力的高效、灵活、安全的城市治理业务架构。

IT 架构规划是确保城市治理"一网统管"顺利实施的重要环节。它涉及省、市、县（市、区）三级应用架构的设计，确保这些架构既能承接上层的战略目标和业务模式，又能为下层各个 IT 系统的定位与功能提供指导。技术架构设计则聚焦于"一网统管"平台的技术框架和所采用技术的选择与定义。这一设计旨在满足业务需求的不断变化和敏捷开发的需求，确保平台能够灵活适应市场和技术的演进。同时，它还为"一网统管"平台的建设和运行提供指导，保障平台的技术先进性、稳定性和可扩展性。通过精细的 IT 架构规划，可以为城市治理"一网统管"提供牢靠的技术支撑，推动城市治理体系和治理能力现代化，实现高效、协同、智能的城市治理。

支撑体系规划是确保城市运行"一网统管"有效实施的保障。这一规划涉及构建一个全面的保障框架，涵盖组织架构、人才培养、资金支持和宣传推广等多个方面。通过精心设计这些支撑措施，可以为"一网统管"建设提供必要的资源和条件，确保其能够按计划顺利推进并实现预期目标。具体而言，组织架构的优化可以确保各项任务的协调执行，人才培养则为项目提供所需的专业技能和知识，资金支持保障了项目的持续运行和发展，而宣传推广则增强了公众对"一网统管"价值和意义的认识。这些支撑措施的有机结合，为"一网统管"的成功实施奠定了坚实的基础。

实施路径规划是实现城市"一网统管"建设目标的指导性环节。这一规划首先依据总体架构，将重点工作任务细化分解，并识别完成这些任务所需的

IT建设需求。同时，深入分析不同需求间的依赖关系，确保任务间的协调一致。遵循业务衔接、数据集成、应用共享和目标一致性等原则，将需求归集成备选项目清单。在此基础上，根据需求的优先级和依赖关系，设计项目的优先级排序和实施路径。考虑到资金预算的约束，确定各批次项目的实施顺序，最终形成清晰的项目实施路线图。这一规划过程确保了"一网统管"建设的有序推进，通过明确任务分解、需求识别、优先级排序和实施路径设计，为项目的顺利实施提供了详细的蓝图和指导。

（二）业务体系：横向协同、纵向联动

业务体系专注于城市运行、城市管理、经济监管、社会治理和应急管理等关键领域。基于横向协同与纵向联动的建设理念，通过构建覆盖省、市、县（市、区）三级的"一网统管"基础平台，确立了"统一领导、统筹管理、专业运营"的管理架构（如图5-3所示）。这一架构旨在为省、市、县（市、区）、镇（街）、村（社区）五级用户提供创新的管理模式，实现城市治理的

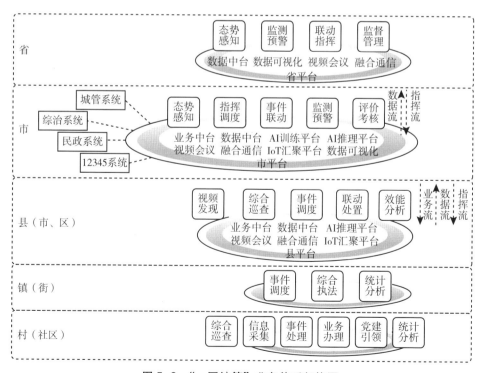

图5-3 "一网统管"业务体系架构图

多维度联勤联动。通过业务场景的创新实践，开发具有品牌影响力的智能应用，致力于达成城市运行的稳定性、社会治理的多元性、应急管理的敏捷性、城市管理的精细性以及市场监管的实时性等建设目标。这不仅塑造了协同治理的新格局，而且进一步完善了城市治理体系，推动了城市治理向精准化、高效化的方向发展。为完成上述目标，具体措施可遵循以下三个核心步骤：首先，建立相应的组织机构；然后，创新现有的工作机制；最后，构建实体化的操作平台。通过这一连贯的改革流程，为后续工作的顺利开展奠定了坚实的基础。

1. 成立机构

"一网统管"是一个复杂系统，涉及面广，跨部门跨层级跨区域事项多，存在传统治理路径依赖、数据资源要素共享难、数字治理生态不健全、最后一公里难打通等问题，"三难"（互联互通难、数据共享难、业务协同难）、"三通"（网络通、数据通、业务通）、"三跨"（跨部门、跨层级、跨区域）等问题不仅需要从技术上进行解决，更重要的是建立一套体制机制来明确业务、技术、数据标准以及各级分工，协同市、区（县）、镇（街）三级组织架构来推动"一网统管"的系统、组织建设和业务的管理。

组织机构和职责的明晰是治理模式变革的重要体现，也是"一网统管"平台持续长效运行的机构抓手，组织机构的设立对"一网统管"的运行效果起非常关键的作用（如图 5-4 所示）。在"一网统管"模式下，辅助运营除了配合运营相关的组织体系建设，还可为客户提供组织岗位设置的建议，为客户提供各地组织机构的参考，配合推进组织机构的落地以及相关部门岗位职责的制定。

"一网统管"建设涉及的组织主要包括领导小组、各级城运中心及内设机构和其他横向相关部门。领导小组作为整个"一网统管"的推动者，往往是一把手亲自挂帅；城运中心作为"一网统管"的组织枢纽，需要高位监督；执行侧相关部门、人员全参与，实现社会共治。

领导小组：在"一网统管"改革初期成立，小组组长建议由一把手担任，下设专班执行，主要推动"一网统管"各项工作的规划、建设、决策等。

中心及内设机构：中心及内设机构是"一网统管"运营的主体，在"一网统管"日常运行的协调组织工作中，需要一个高位独立的机构来承担业务的整体运转。包含各级城运中心以及各中心内设部门、岗位及坐席服务外包人员等。

其他组织岗位横向相关部门：各专业部门、国企事业单位等。纵向直达一线基层：专职网格员、专业网格员、兼职网格员、社会组织（党员、物管）等。

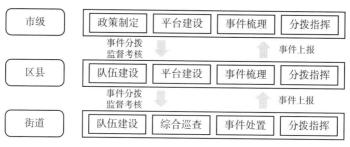

图 5-4 "一网统管"组织架构示意图

（1）组织部门设置（图 5-5）

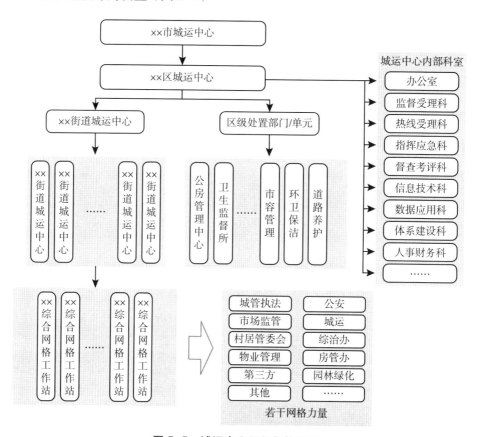

图 5-5 城运中心组织架构示例

市城运中心：在"一网统管"体系中，"市"这一级单位扮演着核心角色，因为它是连接省级战略部署与县级执行实施的关键枢纽，不仅需要确保与省级平台无缝对接，还要实现对县级平台有效指导和管理。为实现资源的有效整合并提升城市治理效能，"一网统管"项目通常需要在省级机构的统筹下，在市级层面成立专门的"市域治理指挥中心"或"城市运行中心"等实体机构。这些机构通常按照正处级编制设立，以确保其权威性和执行力。该机构将整合网格管理、城市管理、环卫保洁、12345市民服务热线等与城市治理密切相关的部门职能，推动跨部门的协同合作，实现城市治理的一体化运作。通过这种机构整合，可以构建起一个中心统一协调、一支队伍全面负责的城市治理新格局，提升治理效率和响应速度，更好地满足市民需求和应对城市管理挑战。其主要职责包含：

1）负责具体协调推进全市城市运行"一网统管"体系建设，推动建立市、市（县）区、镇（街道）三级指挥体系，统筹三级城市运行平台的规划、建设、运行和维护，承担对各级各单位相关城市运行管理工作实效的监督考评；

2）承担全市城市运行态势和事件的实时归集、分析和应用融合等工作，推进数据、资源、力量的统筹融合，赋能支撑基层的智慧应用，开展城市运行状态监测分析和预警预判，为联勤联动、应急处置等城市运行管理应用场景提供数据和平台的支撑保障；

3）承担全市城市运行管理领域跨部门、跨区域、跨层级重大事项的指挥协调等事务性工作以及相关突发事件应急处置的技术支撑工作；

4）承担全市政务信息化基础设施、城市数字底座的规划建设、运行管理以及安全管理相关工作，承担市级公共数据平台建设和全市公共数据资源归集管理、开放共享等相关技术工作；

5）开展城市治理、城市风险等重大课题研究，组织开展城市治理和风险理论与实践研究；

6）负责全市12345政务服务便民热线涉及城市运行管理类公众投诉事件的受理派单、协调处置、督办考核等工作；

7）承办市委、市政府交办的其他任务。

区城运中心：根据市级城运中心"一网统管"工作的要求，对本区域开展城区运行管理工作的实施主体，主要职责有：

1）贯彻执行上级城市治理有关方针、政策和法规，负责拟订本区城市运行管理战略，编制本区城运中心发展规划、工作计划和管理标准；

2）负责区城运中心信息系统平台的建设、改造升级和日常运行维护，做好城运中心数据挖掘分析和应用；

3）负责全区"一网统管"事项清单中主动发现和12345热线被动发现等的问题受理、派遣、协调、督办、核查、回复（访）、结案等工作。对全区各街镇网格化综合管理"应发现、尽发现、应处置、尽处置"工作进行督察，并对全区各街镇、处置部门及第三方巡察的网格化综合管理工作开展监督考评、业务指导工作；

4）负责街镇网格化片区的管理，加强城区管理执法力量在片区、智能场景下的整合和统筹，进一步完善问题发现机制，提升处置效能；

5）负责本区城运中心智能化项目的建设和管理工作，不断拓展、完善场景、流程，对场景的监测预警规则进一步优化，并监督、协调各委办局、街道（镇）对预警案件进行接单、处置；

6）协助区政府承担突发公共事件协调联络以及区政府总值班室职责，承担区委区政府24小时值守、突发公共事件应急处置指挥协调等事务工作，协调、督导有关部门和街镇、园区开展应急保障工作；

7）研究制定本区城市运行管理各事项标准化、数字化科学路径，形成城区治理闭环处置机制；

8）承办区委、区政府交办的其他任务。

街道城运中心：街道是城市运行事件处置的主体，街道城运中心隶属于街道办，属于公益事业单位。街道城运中心结合区级城运中心"一网统管"工作的要求，对本街道范围开展运行管理工作的实施主体，街道城运中心是辖区内城市运行综合管理事项统筹、协调、处置的牵头责任主体，服从区城运中心的工作指令、业务指导和监督考核。街道城运中心的主要职责有：

1）听从区城运中心的统一指挥，接受业务指令，确保高效完成各类城市运行综合管理问题和突发事件处置；

2）负责巡查发现辖区内各类城市运行和社会治理问题，并及时开展处置工作；

3）负责开展区域内管理顽症的综合协调、联动处置，并将处置情况及时报告区城运中心；

4）负责辖区内一般突发事件的指挥处置，较大级以上突发事件，第一时间报告区城运中心，并派人员赶赴现场，采取相应措施，防止事态扩大；

5）统一对综合网格工作站人员信息进行系统绑定维护，确保线上线下人员信息一致，网格日常运作有序；

6）对于处置网格内难以处理的问题，及时上报城运中心专职副主任协调处置；涉及跨行业、跨部门、跨区域的疑难问题，如专职副主任无法协调，需城运中心分管领导协调处置；如问题较为复杂，矛盾较为突出，或者问题缺少具体法律和政策支撑，责任主体不明确，可由城运中心提请党政联席会议研究解决方案；

7）负责对相关派驻部门（单位）人员的统一管理、培训、监督、考核；

8）负责对辖区内综合网格工作站和村居工作站的管理指导、监督考核。

综合网格工作站：综合网格工作站为街道下细分综合网格，目前综合网格工作站的主要形式为有实体没建制，由街道办配备一名副科级领导担任日常网格长，各条线部门处置力量下沉到综合网格工作站（包括公安、城管、社区平安办、社区管理办、社区发展办（规土所）、房管办、安监所、文化中心、水务站等按需进入综合网格），其他力量由政府购买的市容管理、市政养护、绿化养护、环卫作业等服务力量组成，另外有街道根据数量需要配备巡查员和信息员，综合网格工作站主要职责有：

1）负责街区范围内各项社会治理数据的采集和更新；

2）负责对街区范围内社区平安、社区管理、社区服务、社区发展、社区自治的难点、重点问题，组织开展联合巡查和处置，形成及时发现、快速处置的工作机制；

3）负责在街道应急办的指挥下，开展灾害性天气突发公共事件的应急处置；

4）负责对接、协调、支持居民区开展共治、自治；

5）根据街区特点，开展街区网格"微"治理活动；

6）街道城运中心交办的其他任务。

村居工作站：村居工作站是城市运行综合管理体系的功能延伸，以联勤联动的形式，加强村居自治，夯实基层治理。主要职责如下：

1）负责组织物业人员、志愿者队伍等力量开展主动巡查，发现城市运行问题，快速及时处置；

2）负责接收街镇城运分中心下派的工单，以自治方式进行处置，并反馈结果；

3）负责将自治无法解决的城市运行综合管理问题及时报告辖区内的城运分中心。

一般区城运中心和街道城运中心可以内部细分部门，综合网格工作站和村居工作站作为较小的治理单元，可不细分具体部门（如表 5-1 所示）。

表 5-1　城运中心内设部门及机构参考

序号	中心	岗位	部门职责简介
1	城运中心	办公室	负责城运中心的综合协调工作；负责本中心工作计划、工作总结撰写工作；负责综合性会议和议事决策的组织工作；负责重要决策事项的督查督办工作；负责议案、提案的办理工作；负责机要、保密、档案、信息、文电处理、信息公开和印信管理工作；负责行政规范性文件备案工作；负责组织推进电子政务和信息共享建设；负责信访、联络、接待、外事等工作；负责值班值守和应急响应的组织工作；负责后勤管理和内部审计工作。
2		监督受理科	全面负责全区"一网统管"事件工作的综合协调和日常管理。具体为：受理、派遣、督办市平台下发的督办案件；对全区网格化管理工作进行督查；对区级层面案件及时受理、立案、派遣、督办、核查、结案；保障信息化管理系统的正常运行；对相关数据进行统计分析，提供决策依据；对街道网格化中心进行业务指导；对全区信息员、网格监督员开展业务培训。
3		热线受理科	负责制定全区热线工作规范制度和管理办法，对全区政府热线工作进行指导、协调、培训、监督及考核。负责对政府热线派发案件的日常处理及协调、督办工作。负责对热线、人民网地方领导留言板、市（区）长信箱、舆情信息和媒体反映问题等渠道诉求的转办、督办、反馈及监督、考核评价工作。
4		指挥应急科	承担/落实辖区总值班室、辖区应急联动指挥中心工作职责，指导辖区政府系统应急值守工作，做好突发事件信息的收集报送、汇总分析和预警发布等工作，负责参与全区性大型活动的指挥处置工作。负责城市管理及政府热线重大事件的应急指挥工作。负责城市常态工作与非常态工作的衔接与处理。负责协助区政府以及政府热线的值班执勤工作。

（续表）

序号	中心	岗位	部门职责简介
5	城运中心	督查考评科	负责牵头研究拟订"一网统管"事项立案、处置、结案标准及评价办法（参考评价指标体系），建立科学完善的考核评价体系；负责检查督促有关部门履行城市管理和社会服务管理职责，定期编制网格化服务管理考核评价结果并通报；负责组织召开相关专业部门网格化服务管理联席会议；负责组织开展公众满意度调查工作；负责开展对城市运行状况的预警和监测。
6		信息技术科	负责科技和信息化工作；负责城市治理领域智能化项目总体规划、应用项目建设和统筹协调调度；负责与项目建设合作机构的对接等相关工作；负责智能化项目建设服务保障等相关工作；负责城运系统平台等信息化系统的建设、维护和更新；负责基础数据更新、共享、安全；负责大屏、网络、终端设备的管理、维修、更新管理工作。
7		数据应用科	负责城市治理大数据建设及应用，建立数据资源共享工作机制，提供城市治理大数据决策服务；负责统筹与市级系统、街道系统、区级横向部门等的对接与资源整合、数据共享等工作。
8		体系建设科	研究、协调、落实、督导"一网统管"体系建设和拓展深化；研究拟订本区有关网格化服务管理的中长期发展规划和年度计划；负责搜集整理和提炼总结全国城市治理典型经验做法，开展城市治理体制改革调查研究；负责标准化建设工作；负责制定中心年度调研计划并组织落实；负责重要专题的调查研究；负责法制工作。
9		人事财务科	负责协助上级组织部门做好处级干部的管理服务和处级后备培养考察工作；负责机构编制工作；负责机关事业人员的招聘录用、调整配备、教育培训、考核奖励、工资福利、科级及以下人员的职务任免、人事档案管理、社会保险办理等工作；负责座席人员的招聘、培训、调配、薪酬福利、考核奖惩和劳动关系的管理工作；负责退休人员的管理服务工作。 负责城运中心财务管理工作；负责制定并落实财务管理制度；负责各项资金的预算、决算及批准后的监管执行及依法公开事宜；负责资金管理，合理使用资金，提供有关财务信息；负责固定资产管理工作；负责政府采购手续办理相关工作；负责机关事业人员的住房公积金、住房补贴的申请核算等相关工作；负责本中心税务管理工作。

（2）运行岗位设置

根据"一网统管"城运中心的定位，设定各运行岗位及相关的工作分工，运行岗位主要分为：信息员、网格员、值班员以及指挥长几类，其中网格员包括处置员、网格长、网格监督员等。

表 5-2　城运中心运行岗位参考

序号	运行岗位	岗位简介	具体工作
1	网格监督员	监督员在城运中心的领导下开展工作，需要熟悉掌握分管网格责任区内的问题分布情况，对管辖区域进行不间断巡查，及时将发现的问题上报城运中心。	主要负责巡查发现、案件核实、案件核查、走访检查、专项普查等工作，根据管理需要进行适当调整。
2	网格长	网格长作为工作网格内整体工作的第一责任人，牵头联合协调各部门处置人员联合处置。	主要负责组织联勤联动、网格内综合协调等工作。
3	处置员	具体负责案件处置的工作人员，可以是部门人员也可以是外协人员等。	主要负责接收处置信息，现场处置案件以及案件反馈等工作。
4	信息员	信息员主要为城运中心负责受理案件的坐席操作人员。	主要负责电话接听、案件受理、立案、派遣、结案等操作，负责督办案件的处置跟踪等。
5	值班员	负责日常值班值守、工作总结以及疑难问题处理，主要由业务经验丰富的信息员兼任。	主要协助特殊案件的督办跟踪、日常的工作总结、疑难事项的答疑及辅助决策等工作。
6	指挥长	指挥长的工作对于城运中心比较重要，能够在遇到紧急情况下快速做出指挥调度部署工作，能够联动各部门快速做出及时有效的响应。	主要负责制定应急指挥预案措施、日常的联合演练，并定期对突发事件进行研判分析评估。

2. 创新机制

新成立的实体机构必须采用创新的协调机制，以整合内部纳入的各部门工作，同时与外部机构建立有效的联动机制。这将确保数据的高标准收集，为城市治理提供坚实的数据支撑。

在内部统筹方面：确保纳入市域治理指挥中心的原有机构或中心能够协同发挥更大的效能，这需要依靠健全的机制来实现。例如，现有的市级数字城管中心、网格中心及其分中心与新成立的市域治理指挥中心之间的对接方式、事件上报流程、业务分配机制、指令传递路径、执行过程的追踪以及结果的问责等，都需要通过明确的规章制度和标准化流程来确立。

在外部联动方面：即便建立了实体机构，仍需与众多外部部门和中心如文旅局、卫健委等进行协同联动，包括那些可能已在区级建立的综合指挥中心等管理机构。鉴于这些部门之前可能并未与城市治理系统完全对接，数据共享也不够充分，因此，需要为它们提供一个用户友好的事件接口工作台，确保它们能够顺利接入"一网统管"的中台系统，实现相关事件的有效流转和处理。同时，依托数字化基础设施整合这些部门的数据，保障信息的流畅和实时同步。相关部门应指定对接管理员，通过接口工作台及时接收市域治理指挥中心分配的业务任务，并利用本部门的业务系统迅速指派合适的人员进行处理。处理完毕后，管理员需再次通过接口工作台将处理结果反馈至市域治理指挥中心，确保业务流程形成闭环，实现高效的治理协同。

在数据归集方面：数据的集中整合和实时汇聚是实现城市治理一体化的关键基础，同时也是众多地方政府急需解决的挑战。通过以一体化治理业务为核心驱动力，帮助各部门解决实际问题和业务挑战，使它们能够直观体验到数据共享带来的具体益处，从而激发它们的积极参与和贡献。同时，还需要建立一套考核监督机制，使数据收集的效率和质量得到保障。在一些城市实践中，通过创建数据资产展示大屏，动态展示各部门数据贡献的总量、字段完整性、更新频次等关键指标，并依据这些指标对部门进行排名。这些排名结果会在季度性的市委常委会或市长办公会上公开，并作为各部门年度考核的一部分。这些措施极大地激发了各部门在数据共享方面的积极性和主动性。

在考核问效方面：除了建立配合、联动和数据归集机制外，还需对治理结果进行严格考核和问效，以实现对事件处理的精准问责以及对部门效率的持续监控。这包括在单次事件处置中迅速发现并解决问题，追责相关责任部门和个人；通过分析部门多次处理事件的结果，评定其办结率、拖延率和提前率等指标，衡量工作效率；并基于长期积累的数据，发现流程优化空间，不断提升工作效率。这种综合考核问效机制有助于持续推动城市治理体系的优化和提升。

3. 修筑实体

市域治理指挥中心等机构需要依托一个实体建筑来开展日常工作。该建筑应配备必要的功能区域，包括宽敞的指挥大厅、若干小型作战室以及多功能会议室等关键设施，以满足中心的运营需求。

指挥大厅：市域治理指挥中心的指挥大厅通常配备先进的展示大屏、指挥中控台、服务座席以及观摩区，以满足不同的功能需求。在日常运营中，这些设施将用于实时监测城市的运行状态、展示关键宏观数据，并有效处置和分拨各类日常事件。在面临重大事件或紧急情况时，中心将迅速转变为应急响应和事件处理的神经中枢，发挥关键作用。服务座席分为两大类，各自配备专用工作台。第一类是综合处置座席，它们作为指挥中心的前线，负责接收并初步处理所有待协调的事件。综合处置专员会根据事件具体情况，将其有效分类并转交给相应的机构和部门进行后续处理。第二类服务座席专为城市治理相关部门的专员设计，包括城管、网格管理、12345市民服务热线、环卫、应急等部门。这些座席的工作台一端接入"一网统管"中台，用以接收指挥中心分配的事件任务；另一端则连接到各自部门的垂直业务系统，如城管系统、网格管理系统等。专员们在确认事件性质后，将利用垂直业务系统把任务下达至本部门进行处理。事件处理完毕后，相关部门的专员会向指挥中心的综合处置专员反馈处理结果，完成事件的闭环管理。对于已经建立独立指挥管理体系的垂直部门，例如一些城市已经发展成熟的网格综治系统，它们拥有自己的三级联动机制和市级网格指挥中心，并且配备了专员座席，这些部门就无须在市域治理指挥中心再增设专员座席。相反，可以直接将这些垂直部门的指挥中心与"一网统管"中台相连接，实现信息和资源的无缝对接，确保指挥调度的高效协同。这样的设置有助于避免资源重复，同时确保各垂直部门能够充分利用现有的指挥体系，与市域治理指挥中心保持紧密的合作。

小型作战室：为特定项目或细分事件设计的分指挥部，配备中小型显示屏和有限数量的工作台，空间设计以容纳大约20个人为宜。这些小型作战室与"一网统管"中台相连，具备灵活访问各类数据的能力，并能够与不同层级的人员实现有效联动。这样的配置旨在提高对特定事件的响应速度和处理效率，确保分指挥部能够迅速、准确地完成监测、研判和处置任务。指挥大厅负责监控城市整体运行的核心状况，并处理各类日常事件。面对局部特定问题，比如某火车站发生旅客滞留情况，若该问题尚未对整体造成影响，且不需动用整个指挥大厅资源进行处理，便可激活小型作战室进行专项应对。作战室内可以详尽、深入地展示与该火车站相关的交通和人流数据，有效协调车站及其周边地区的交通事件，并与车站及邻近区域的工作人员实现联动。这样的安排确保了局部问题得到专注处理，能够被迅速且高效地解决，避免了对指挥大厅资源的不必要占用。除此之外，在处理涉及多个子问题的重大事件时，小型作战室同样可以发挥关键作用。以城市发生重大爆炸事故为例，该事件可能涵盖消防、救援、医疗等多个子问题。在这种情况下，指挥大厅将作为全局的总指挥部，同时激活三个小型作战室，分别专注于消防、救援和医疗等特定领域的问题处理，作为分中心与总指挥部保持密切联动。这样的分工协作能够确保每个子问题都得到专业处理和快速响应，提高整体应急处置的效率和效果。

会议室：作为跨部门讨论复杂事件、制定应对策略的专门场所，在关键时刻，该空间亦可转变为联合攻关和技术研发的工作室，以支持集中精力解决技术难题并推动创新解决方案的快速实施。

（三）技术平台体系：生态整合、高效处置

在确保了总体规划、机构创新和机制创新的基础上，"一网统管"的技术实施路径将聚焦于四个核心步骤：首先，通过深入的调研摸排来掌握现状和需求；其次，执行生态整合，以优化不同系统和资源的协同；再次，着手搭建系统，构建起一个稳定而高效的技术平台；最后，推动智能应用，全面支撑业务创新及各类应用场景建设。这一连串精心设计的步骤将共同推动"一网统管"建设向预定目标稳步前进。

1. 调研摸排

在启动"一网统管"项目的技术建设阶段之前，必须进行全面的调研工作，这包括对内部运作机制和外部环境因素的细致考察。

内部调研阶段，首先需对城市的定位、特色及基本情况进行详尽分析，涵盖经济指标如 GDP（国内生产总值）、人口规模和主导产业等关键因素。根据城市的不同体量、功能和定位，设计定制化的技术方案，确保技术建设精准对应城市的具体需求和发展目标。以 GDP 超万亿、人口近千万的大城市与四线城市为例，两者在规模和发展水平上存在显著差异，这导致它们在"一网统管"项目上的需求截然不同。大城市可能更注重联动指挥体系的构建、社会问题如群租房的管理，以及交通枢纽人流疏解等关键领域的深入关注。相比之下，四线城市可能面临不同的挑战和需求，所以需要定制化的解决方案来应对特定的城市治理问题。

再比如，国家级经济技术开发区或自由贸易区，由于其功能定位与普通地级市有所区别，对"一网统管"项目的需求亦随之变化。这些区域往往期望"一网统管"项目能够在保障产业和贸易发展安全、吸引人才和企业方面发挥关键作用，提供优质的生活和工作环境。对于工业城市，尤其是那些特定行业（例如危化品行业）占有重要比重的城市，"一网统管"项目将格外侧重于这些行业的安全管理，以确保城市治理与产业发展相协调。

考虑到直辖市与地级市之间的差别，直辖市的一个区与人口规模相当的地级市虽然行政级别相同，但由于功能定位的差异，它们对"一网统管"项目的需求亦有区别。直辖市倾向于在市级层面制定统一的标准和规范，各区遵循这些标准来构建"一网统管"项目及其实体机构。尽管大多数问题能在区级层面得到解决，但区级机构仍需接受市级指挥中心的监督与协调。直辖市的区级"一网统管"体系通常不会超过两级联动指挥架构，即区和街道层面。相比之下，普通地级市可能采用三级联动指挥体系，从市到区再到街道，工作重点会放在市级指挥中心。此外，市级指挥中心与省级相关部门的联动通常较弱，大多数省份也缺乏相应的机构来与之对接。

接下来，内部调研需重点征询高层管理者的意见，同时深入理解关键部门的业务挑战，尤其要关注跨部门合作的需求以及对整个城市范围有影响的业务事项。"一网统管"项目注重全域覆盖、全城统筹、上下联动和横向协同，要求具备宏观视野。因此，项目规划必须将最高管理者的期望和需求置于首位，避免将项目简化为单一部门的信息化任务。为此，需要与城市高层管理者进行深入的个别或小组讨论，同时开展具有针对性的部门调研和沟通。最终，通过召集所有相关部门负责人参与的共识会议，共同明确"一网统管"的建设愿景和目标，确保项目能够满足跨部门协作以及整体城市治理的需求。

此外，内部调研还需评估城市现有的信息化基础设施，确保新旧系统的整合能够充分利用现有资源，确保方案的可行性和实效性。这包括确保新建立的"一网统管"平台能够与现有的系统兼容并实现无缝对接。调研内容应涵盖大数据平台的建设现状、各部门数据集成情况、数字城管或网格综治中心的建设进展、网格员的手持设备和业务系统配备情况、"雪亮工程"的实施状况、监控摄像头的部署和联网情况、传感器的布局及其入网状态等。在调研过程中，应以高层管理者的需求、顶层设计的指导思想和具体问题为导向，避免开展无目的的开放式调研。提问应避免笼统和模糊，如"你们部门需要什么"或"你们有什么"这类问题不仅会降低调研效率，还可能引起被调研部门的不满，从而影响"一网统管"项目的顺利推进。

外部调研阶段，重点是横向比较和分析其他城市或地区在"一网统管"项目方面的实践，以识别行业发展的普遍趋势。这有助于确保规划中的项目与整体发展趋势保持一致，涵盖建立实体机构、城市运行中心、"一网统管"中台和多级联动指挥体系等关键要素。同时，外部调研也是发现和学习其他地区独特优势和亮点的机会，以吸收和借鉴他们的成功经验。

外部调研还应从纵向角度审视项目所在地在上级部门规划中的角色和定位，以及与周边区域的互动联系。以青岛自贸区的"一网统管"项目设计为例，规划时不仅要考虑山东省对其作为"东北亚国际航运枢纽、海洋经济发展示范区"的战略定位，还需考虑自贸区与青岛本地在交通、运输、管网、信息等方面的紧密连接。此外，自贸区与日本、韩国等国家的国际贸易联系也是设计中必须考虑的重要因素。这种综合性的考量有助于确保项目规划与地区发展战略相协调，同时促进区域间的互联互通和一体化发展。

2. 生态整合

鉴于"一网统管"项目覆盖领域广泛，应用场景多样，单一企业难以独立承担整个项目的建设和实施。因此，需要引入不同细分领域的生态合作伙伴，共同参与项目的开发。由一家具有雄厚实力的企业担任牵头单位，组织并领导一个多元化的联合团队，共同推进"一网统管"项目的建设。这种合作模式能够汇聚各方的专业能力和资源，确保项目的全面性和高成功率。

该联合团队将涵盖多个关键领域的专业合作伙伴，包括硬件设备供应商（提供传感器等设备）、云服务提供商、负责底层数据治理的合作伙伴，以及专注于上层应用开发、针对特定场景提供定制化解决方案的合作伙伴。

在顶层设计框架明确之后，应立即着手组建这个跨领域的专业团队，负责协调参与项目的调研、方案的深化设计以及任务的具体实施。项目构建的全周期内，各参与企业需派遣其核心团队成员，共同构成一个联合项目组，在现场共同工作，实现项目的统一管理和紧密协作。该团队致力于在统一的数字基础架构和开发平台上构建上层应用系统，确保数据来源的一致性。通过统一使用"一网统管"业务中台和统一的数据展示接口，团队旨在避免信息孤岛的产生，确保用户获得连贯且一致的体验。

根据历史经验，最合适的做法是由提供数字基础设施和业务中台的企业来担任牵头单位，其他生态合作伙伴则提供相应的支持和配合。这种模式可以防止规模较小的企业承担超出其能力的牵头任务，同时也避免了没有核心产品的系统集成商承担牵头角色，进而确保项目能够高效、有序地推进。

3. 系统搭建

"一网统管"系统的构建可分为四个有序步骤：首先，统筹管理和感知各类资源；其次，构建坚实的数字基础架构；再次，发展业务中台以支撑应用；最后，设计并实施创新的应用解决方案。

统筹感知资源：城市状态的全面感知需要综合运用多种感知内容、模式和数据采集手段。六类关键感知内容包括人流、交通、环境、能耗、经济活动和公共安全。感知模式分为四类：以传感器为核心的固定和移动感知，以及以人为核心的主动和被动群体感知。通过这些模式，结合三种数据采集方法，可以实现对城市全域的精确感知和合理布局，确保对城市状态的全面掌控，达成"一网感知"的目标。

建设数字底座：数字底座可充当智能城市的坚实数字基础，为创新应用提供智能化支撑。它旨在实现城市三大数据类型的实时汇聚、高效管理、深度融合、智能分析和跨域学习。这三类数据包括政务数据代表的结构化数据、视频、语音和文本数据代表的非结构化数据，以及物联网数据代表的时空数据。

打造业务中台："一网统管"的业务中台建立在稳固的数字基础之上，它向下与各垂直业务系统实现连接，确保指令能够在不同业务系统间顺畅传递；向上则为多样化的创新应用提供支持，涵盖分析研判、监测预警、联动指挥、行政问效、基层治理等关键功能模块，以满足城市治理的复杂需求。

设计创新应用：创新应用的选题需符合五个关键标准——体现地方特色，覆盖全市范围，服务于全体市民和企业，跨越不同部门（实现数据智能而不仅仅是信息化集成），以及成效可见（关注最终成果而非仅优化中间过程）。在建设这些创新应用时，应遵循应用闭环、实战实用性、兼容现有资源以及综合考虑长短期效益等原则。

4. 智能应用

在前三个步骤的坚实基础上，下一步就是融合智能技术与协同工作机制，实现对单一事件的高效处理,打造完整的"一网统管"智能应用体系,以促进城市数字基础架构和智能主题应用的构建。这一体系将为业务创新和多样化的应用场景提供全方位的支持。该平台涵盖了智能交互、智能连接、智能中枢以及智能应用等多个方面,共同构成了一个全面、集成的技术支撑网络智能交互层面,利用前端感知设备和视频监控技术,对城市的地面和地下环境进行立体化的城市感知体系建设(如图5-6所示)。这种全面的感知系统能够捕获城市治理相关的业务数据,使得城市管理者能够实时监控城市动态,并进行精确的控制和管理。

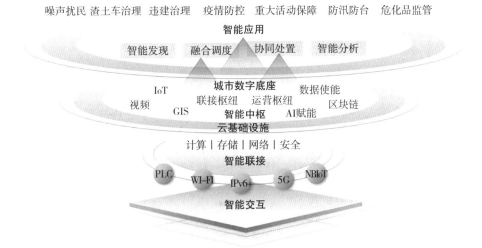

图5-6 "一网统管"平台体系

智能交互技术通过集成前端感知设备和视频监控系统,构建了一个立体化的城市感知体系,覆盖城市地面及地下环境。这一体系能够全面收集和分析城市管理的业务数据,实现对城市动态的实时感知和精确控制,从而提升城市治理的智能化水平和响应效率。

智能连接环节,专注于城市治理的核心场景,增强电子政务外网的服务能力。通过打造一个融合IP和光纤技术的一体化政务外网,确立一个高效的网络架构,并将电子政务外网扩展至街道、乡镇以及社区和村庄。同时,建立一个城市级的物联网感知网络,为实现城市治理的全面感知、实时互联和数据共享提供坚实的基础。

智能中枢层面,云基础设施构成了城市治理数字化转型的基石。通过统一管理和协同市区政务云资源，构建一个物理上分散、逻辑上集中的城市治理"数据湖"。这样的设计旨在打造一个集约化、协同工作、资源共享且高可靠性的云资源环境。在此基础上，利用业务使能、数据使能以及AI使能平台，为智能应用提供集中化的平台资源和强大能力支持。

智能应用方面，基于城市治理的具体业务需求，开发并开放市民和企业信息上报的接口，以促进应用的建设和发展。同时，提供城市运行管理系统，该系统将为不同规模的屏幕设备提供态势感知和运行监控的专题应用。这将增强城市事件的管理能力，并提升跨部门协同工作的效率。

二、"一网统管"的关键技术

为达成城市治理的全面统筹，需要依托以下四项核心技术：首先是实现城市状态的全面感知；其次是确保城市数据的全面共享；再次是促进信息流转，实现三屏（手机、电脑、电视）联动，提升交互效率；最后是虚实映射，通过数字孪生技术实现城市实体与数字模型的同步映射。

（一）城市状态一网感知

城市感知网络如同城市的感官系统，是收集城市数据的起点，为城市状态提供全面的洞察。通过综合应用六种感知内容，结合四种高效的感知模式以及三种创新的数据采集方法，实现对城市全域的深度感知、精确管理和资源的优化配置。这一系统确保了对城市运行的细致掌控，为城市的可持续发展和高效治理打下了坚实的基础。

1. 感知内容

在智慧城市的广泛应用实践中，六类关键感知内容被证明是至关重要的。这些内容涵盖了人流量、交通流量、环境监测、公共安全、能源消耗和经济活动（如图5-7所示）。每一大类可进一步划分为更具体的子类别，例如人流量监测就可以细分为对交通枢纽、职住场所、公共区域和重大活动等人流量的监测。每个子类别又由多个具体指标构成，以交通枢纽人流量为例，它包括了地铁、公交和机场人流等多项测量指标。这种细分和综合的感知体系为城市的精细化管理和决策提供了坚实的数据支持。

定义六类感知内容是实现城市状态一网感知的首要步骤（如图5-7所示）。在此基础上，方可制定标准化的感知方法，这涉及选择适当的感知设备、统一的数据格式、适宜的采样频率、有效的接入方式以及科学的布局原则。进一步，通过整合现有的感知基础设施，并有效连接新增的感知设备，可以构建起一个全面的城市感知网络。最终，通过对各类感知内容状态的精确监控，城市将能够实现对自身状态的全面感知和精细管理。

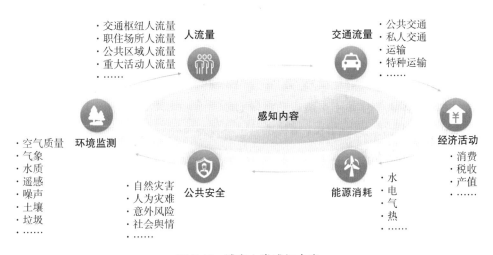

图 5-7　城市六类感知内容

例如，针对人流量监测大类中的交通枢纽人流量子项，包括地铁、机场和公交人流量，这些关键的流量指标对于城市管理来说至关重要。为了精确捕捉这些数据，需要部署先进的人流量计数和监控系统，这些系统所获得的数据不同于简单抽样调查或移动设备收集到的初步数据。地铁人流监测需要在关键站点安装高分辨率摄像头和流量计数器，这些设备能够实时分析进出站的乘客流量。机场人流监测则依赖于集成在安检、登机口和行李提取区的监控系统，以评估旅客流量并优化机场的运营情况。公交人流监测则需要在主要的公交枢纽和车辆上安装传感器，以收集乘客上下车的数据。监测系统的成本可能会根据技术复杂度和安装位置的不同而有所差异，但它们为城市交通规划和管理提供了宝贵的数据。例如，地铁人流监测设备能够每小时提供一次乘客流量的详细报告，而机场和公交系统则能够提供关于旅客和乘客流动的实时数据。通过对这些数据进行深入分析，城市管理者可以更好地理解交通高峰时段，优化交通资源分配，提高公共交通的效率，并制定应对大客流事件的策略。此外，这些数据还可以用于城市规划，帮助决策者设计更有效的交通网络以及基础设施改进计划。由于交通枢纽的人流量对城市运行至关重要，这样的部署能够确保对城市交通流量有一个全面且细致的感知，为实现城市状态的一网感知贡献关键的信息。

2. 感知模式

城市感知模式主要分为两个大类：传感器驱动型和人类参与型。传感器驱动型感知模式可进一步划分为静态固定感知与动态移动感知两种形式，前者依托于固定位置的传感器进行数据收集，后者则通过移动设备如车辆或无人机实现数据采集。人类参与型感知模式分为主动群体感知与被动群体感知两种形式，主动群体感知依赖于市民主动报告信息，而被动群体感知是通过分析社交媒体、在线活动等渠道间接收集数据。综合这些分类，城市感知模式可基本归纳为四种（如图5-8所示）。

图 5-8　四种城市感知模式

固定感知模式以传感器为核心，其特征在于传感器的部署位置是恒定的。这类传感器包括但不限于空气质量监测站点、水质监测点、固定监控摄像头以及安装在井盖、灯杆和楼宇中的能耗监测设备等。这些设备构成了城市感知网络中的固定监测点，为城市管理提供了稳定且连续的数据流。移动感知模式则是一种动态监测方法，其中传感器装置被搭载于移动平台。例如，安装在公交车、出租车以及无人机上的移动摄像头和空气质量监测器，都是这一模式的实例。这些传感器在城市中穿梭，不断变换监测位置，从而能够收集到广泛分布且多样化的数据，为城市管理和决策提供更为灵活且全面的视角。

除此之外，人类作为城市感知体系中高级感知者的角色，同样能够持续捕捉并响应城市生活的细微变化。以人为中心的感知模式避免了固定传感器的安装需求，也无需对城市基础设施进行改造。它通过有效利用现有的信息化系统，如社交媒体、移动应用和在线互动平台，来实现对城市动态的感知。这种方法具有低成本、高灵活性的优势，并能显著增强以传感器为基础的感知模式，为城市感知网络补充了一个维度。

主动群体感知模式依托于市民的积极参与，个体主动识别并上报城市中的问题和异常。例如，社区网格员在巡查中发现问题并及时上报，居民通过市民服务热线 12345 咨询或反映情况，以及市民利用"随手拍"等应用程序上报城市中存在的潜在风险和问题，等等。这些行为体现了市民对城市环境的主动监督和积极贡献，构成了以人为中心的感知策略的核心要素，为城市管理提供了即时、实地的反馈信息。被动群体感知模式则是一种隐性的城市感知机制，参与者可能并不会意识到自己正在参与城市状态的监测。在这种模式下，个人的日常活动和互动无意中生成了数据，这些数据随后将被用于城市感知目的。例如，个人的信用卡消费记录、手机定位数据或社交媒体动态，虽然初衷并非为了监测城市状况，但它们可以被分析以揭示城市活动的趋势和模式。被动群体感知作为一种补充手段，为城市感知网络增加了一个由居民自然行为产生的数据维度。例如，乘客在使用地铁时的进出站刷卡数据，虽然主要目的是交通计费，但其累积形成的大数据却具有更广泛的应用价值。通过对这些刷卡记录的分析，可以准确把握地铁线路和站点的人流量变化。这种分析不仅有助于实施即时的车辆调度，以应对高峰时段的交通需求，还能为地铁线路的长期排班和优化提供决策支持，从而提升交通系统的运行效率和服务质量。线下消费数据能够揭示消费者对不同商业形态的偏好以及对各类物资的需求模式，这些信息对于政府制定和完善消费激励政策具有重要意义。此外，手机信令数据，虽然最初设计是为了通信目的，但其分析结果能够精确映射人口流动趋势和人群聚集的密度。这些洞察对于城市的公共安全风险预警和人流管控具有极高的实用价值，有助于提升城市管理的前瞻性和响应能力。

3. 数据采集

通过综合应用四种感知模式，城市状态的全面感知得以实现。收集到的感知数据将通过三种数据集成方式汇入数字底座。这些方式包括：实时推送，确保数据的即时性；定期拉取，保障数据的连续更新；地理聚合，增强数据的空间分析能力。这一流程确保了数据的准确性和可用性，为构建智能化的城市管理体系打下坚实基础（如图 5-9 所示）。

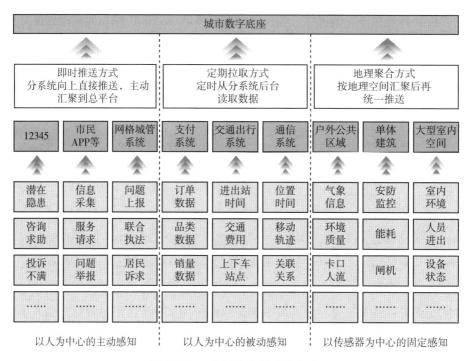

图 5-9　三种城市数据采集方式

即时推送的数据采集方式特别适用于以人为中心的主动感知模式。在分系统完成其感知任务后，感知数据将被自动且迅速地传输至数字平台。例如，当网格员在社区中发现问题时，他们可以通过移动设备迅速主动地将事件信息上报至指挥中心。一旦网格分系统接收到这些感知数据，它们将被立即同步至数字底座。类似地，市民在发现问题或有相关诉求时，也可以通过拨打 12345 服务热线或使用城市应用程序进行上报，这些上报的数据同样遵循这一高效的采集流程。

定期拉取的数据采集方式常见于以人为中心的被动感知模式。感知数据首先被收集并存储在各自的子系统中，待到上层应用需要这些数据时，数字平台将按照预定的时间间隔批量提取所需的感知数据。例如，在公共交通系统中，乘客的刷卡记录会持续累积于出行系统的数据库内。当城市管理应用需要分析公交系统的使用情况时，数字平台便可以设定每天或每周的定时任务，从出行系统中批量提取这些数据。这意味着公交出行的感知数据并非实时同步至数字平台的，而是通过计划性的拉取来集成。同样的数据采集策略也适用于消费和通信系统的数据，确保了数据收集的效率和上层应用的数据需求可以得到满足。

地理聚合方式通过将地理位置接近的传感器组成局部网络，实现数据在本地的初步聚合。随后，通过一个集中的通信渠道，这些聚合后的数据将被及时且统一地传输至数字平台。各个传感器不需要单独与数字底座建立连接，这样的设计有效降低了传输成本，同时确保了数据传输的及时性和主动性。这种数据采集方式特别适用于以传感器为中心的固定感知模式。例如，在开阔的公共广场上，可能部署了监测空气质量、土壤状况、气象条件和噪声水平等多种类型的数十个传感器。为了避免为每个传感器单独配置通信模块而增加成本，可以构建一个传感器网络，将广场内的传感器局部连接起来。这些传感器的监测数据首先被汇总到一个装配了通信模块的中心传感器节点，然后由该节点负责将汇总数据统一推送至数字底座。由于传感器网络的覆盖范围有限，通常将地理上相邻的传感器进行聚合。智能楼宇中的状态监测同样可以采用这种地理聚合的数据收集方式，以优化数据管理和传输效率。

4. 数据管理

鉴于数据类型及其应用方式的多样性，应当为结构化数据、非结构化数据和时空数据这三种不同类别的数据制定相应的管理策略。这种差异化的方法能够确保数据得到最适合其特性的管理，从而最大化其价值和效用。

针对结构化数据的管理，应依据数据的应用领域和特定需求，建立相应的归集库、主题库和专题库。以城市垃圾分类的全流程管理为例，需要整合来自不同部门和系统的数据。首先，建立归集库以收集各类基础数据，如居民区的垃圾产生量、分类设施分布、回收站点信息以及垃圾处理企业的运营数据。这些数据来源于不同的信息源，需要分别存储，以便于在数据出现问题时能够迅速定位和解决。归集库中的数据可能存在交集，例如居民区信息和回收站点信息都可能包含地理位置数据。通过整合这些归集库，可以构建一个垃圾分类管理的主题库，该库将包含居民区、分类设施、回收站点和处理企业等相关信息的集成视图。进一步，为了支持特定应用，如监管非法倾倒垃圾的行为，可以从主题库中提取相关数据，建立一个专题库。这个专题库将专门用于收集与非法倾倒相关的数据，如监控录像、违规记录和执法行动信息。专题库的建立有助于提高数据处理的针对性和效率，确保相关应用能够快速访问到相关数据，然后进行查询、分析和决策支持。通过这种方式，专题库不仅减少了对大量非相关数据的不必要访问，而且通过隔离不同应用的数据需求，避免了应用间的相互干扰，从而提升了数据管理的效率和应用的性能。

非结构化数据如视频、图像、语音和文本，通常需经过转换和分析过程，转化为结构化形式，以便于进一步的使用和查询。以文本数据的处理为例，初始步骤包括通过分词技术将文本分解为单独的词汇，并统计每个词汇在文档中出现的频率。基于这些统计数据，可以构建一个倒排索引，该索引映射了每个词汇与包含它的文档间的关系。当接收到查询请求时，倒排索引使得快速检索包含特定词汇的文档成为可能，并能够根据词汇出现的频率等信息评估文档与查询的相关性。对于图像数据，处理过程涉及从原始图像文件中提取颜色、形状、纹理和空间关系等视觉特征。例如，生成图像的颜色直方图并识别关键点，每个关键点由一组特定的向量值表示。图像可以被表示为这些关键点的集合，并通过聚类算法将视觉上相似的关键点分组。这样，每组聚类可以被视为一个"词汇"，使得图像可以像文档一样被处理和分析。此外，根据具体的业务需求，还可以从图像中提取特定的物体特征，如人脸、人体轮廓、车牌或车型等，这些结构化信息可以为高级算法和功能模块提供支持，以实现更复杂的应用场景，如安全监控、交通管理和个性化推荐等。通过这种方式，非结构化数据的价值得以被充分挖掘和利用。

时空数据是一种包含时间维度（如邻近性、周期性和趋势性）和空间维度（如距离和层次结构）的复杂数据类型。为了高效管理和分析这类数据，可以根据不同的标准和视角，采用多种分类和处理方法。一个广泛接受的分类方法是构建六种核心的时空数据模型，这些模型能够整合和处理海量数据。通过结合时空索引技术和分布式计算技术，这些模型能够在减少计算资源消耗的同时，提供快速的查询效率。此外，它们还提供了多样化的查询方式，以满足城市治理中根据空间和时间聚合数据的需求。时空数据可以根据其结构特点被划为两大类：点数据和网数据。同时，根据数据是否随时间动态变化，时空数据还可以细分为三类：时空静态数据、空间静态时间动态数据和时空动态数据。综合这些分类，就可以得到一个全面细致的六大时空数据框架（如图5-10所示）。

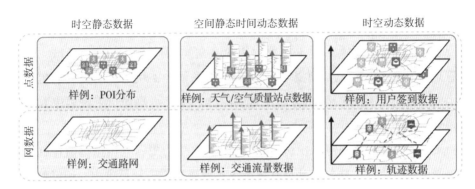

图5-10 六大时空数据框架模型

时空静态点数据。这类数据只关注空间位置，不考虑时间因素。每个数据点的位置是固定的，不会随时间变化。如城市的固定地标或建筑物的位置。

空间静态时间动态点数据。这类数据记录了特定空间位置上随时间变化的数据。虽然位置固定，但相关属性随时间变化。如气象监测站点随时间变化的温度、湿度记录。

时空动态点数据。这类数据同时考虑空间位置和随时间的变化。能够展示物体在空间中的移动轨迹。如车辆GPS（全球定位系统）追踪数据，显示车辆随时间变化的位置。

时空静态网数据。网络结构固定，不随时间变化，但网络中的属性数据（如流量、使用情况）可能随时间变化。如城市道路网络结构固定，但交通流量数据随时间（早晚高峰）变化。

空间静态时间动态网数据。这类数据网络结构本身不随时间变化，但网络中的多个属性随时间有复杂的动态变化。如电网网络结构固定，但电力消耗、电压等属性随时间变化。

时空动态网数据。网络结构和网络中的属性都随时间变化，反映了非常动态和复杂的系统。如社交网络中的人际关系随时间发展变化，同时用户的行为模式也随时间发生变化。

时空索引技术与分布式计算技术的融合，为六类时空数据设计了多种查询算法，包括时空范围查询、最近邻查询、基于 ID 的时间点查询和可达区域查询等。这些算法不仅优化了时空数据的检索流程，确保了数据检索的高效性，还为 AI 算法模型提供了强有力的数据支撑，使得数据分析更为迅捷和精确。该技术显著提升了时空数据的查询速度，相较于行业标准，查询效率提升逾 10 倍。这一进步在数据密集且对实时性要求极高的领域，如应急管理和智能交通系统中尤为关键。在这些场景中，快速且高效的数据处理能力对于即时响应和有效决策至关重要，能够显著提高城市管理效率和服务质量。

时空数据的关键应用之一是对大规模公共活动中的人员进行监控，以预防踩踏等安全事故。例如，在节日庆典、体育赛事或文化活动中，通过监测人员的运行轨迹，可以进行实时的时空分析，识别人群密集区域和潜在的拥挤风险点。这种应用涉及对人流动态的时空范围查询，即通过分析人员在特定时间和地点的分布，确定是否存在过度集中的情况。如果系统检测到某个区域的人群密度超过了安全阈值，或者人群流动速度突然减缓，就可能预示着有发生拥挤或踩踏事件的潜在风险。在这种情况下，快速的查询和分析能力至关重要。及时识别并响应潜在的拥挤情况，可以迅速采取相应的措施，如引导人流分散、暂停人员进入或调整活动布局，从而有效降低安全事故发生的风险。因此，高效的时空数据查询不仅关乎公共安全，也是维护社会秩序和保障人民生命财产安全的重要手段。

时空数据聚合技术为城市治理提供了灵活的查询手段，以适应空间和时间维度上的数据整合需求。例如，在社区治理中，通过聚合特定时间段内（如最近一个月）进出社区的人流和车辆数据，以及社区内部产生的消费记录和视频监控等多源数据，可以对社区的安全隐患和停车问题进行精确分析和有效管理。与传统的结构化政务数据管理不同，后者通常依赖于唯一标识符（如身份证号或电话号码）来关联个人的职业、性别、年龄和收入等信息。在城市治理的背景下，治理对象往往缺乏这样的天然标识符。例如，车辆的轨迹数据中可能不包含车辆经过社区的名称，传感器、车辆和人流数据需要通过它们在空间上的分布和时间上的活动范围来聚合，进而与特定社区建立联系。此外，许多城市活动，如户外集会等，其空间范围往往是根据活动地点临时确定的，并非预先设定。对于这类活动的管理，更难找到一个固定的标识符去关联不同来源的数据。因此，时空数据聚合技术的发展，对于实现城市治理复杂场景下的数据整合和应用具有重要的意义。

（二）城市数据一网共享

城市数据一网共享是构建智能城市数字基础和创新应用平台的基石。它针对城市中的三大数据类型：结构化数据、非结构化数据和时空数据，实现了数据的即时汇集、高效处理、深度整合、智能分析以及跨领域的知识学习。这一系统不仅促进了数据资源的优化配置，还为城市管理和服务的智能化升级提供了强大的数据支撑。

1. 数据类别

从数据结构的角度看，结构化数据、非结构化数据和时空数据是城市数据处理和分析中的三种主要数据类型，它们共同构成了智能城市数字基石的核心。结构化数据是存储在数据库中，具有固定格式和模式，这种数据通常容易用表格、行和列来组织，便于进行搜索和分析；非结构化数据则没有固定格式，包括自由形式的文本、图片、视频和音频，需要通过自然语言处理和计算机视觉等技术进行分析；时空数据则结合了时间和空间两个维度，为决策提供事件发生的具体时间和地点信息。这三种数据类型的整合和应用，为城市管理和服务的智能化升级提供了强大的数据支撑，实现了数据的实时汇聚、高效管理、深度融合、智能分析和跨域学习。

大部分的结构化数据都以表格的形式存在。如居民信息，包括姓名、出生日期、职业、家庭住址等。此类数据每个主体都会有一个 ID，如居民的身份证号或者电话号码、企业的社会信用号等。针对此类数据，以上层应用为驱动，建立归集库、主题库、专题库等。

视频、音频和文本等非结构化数据在智能城市建设中的应用日益广泛。在城市安全监控中，视频数据提供了实时的视觉信息；客服交互中的语音记录捕捉了口头沟通的细节；而 12345 市民服务热线和数字系统中的文字记录则保存了居民的具体诉求和反馈。这些数据通常以流式传输的方式被接收，随后通过先进的数据处理技术转化为结构化形式，以便进行深入分析和挖掘，从而在城市治理和服务优化中发挥关键的作用。

时空数据融合了空间定位和时间戳信息，涵盖了从车辆行驶轨迹、固定监测点的传感器读数、移动通信日志、移动支付交易到各类交通出行信息等多种类型。这些数据不仅规模庞大，而且蕴含着宝贵的信息和深刻的洞见，对于智能城市的各种应用至关重要。然而，由于其复杂性，时空数据的处理和分析仍面临诸多挑战，当前在数据的采集、管理、分析和可视化等方面仍存在一定的难度，需要更先进的技术和方法来充分挖掘和利用其潜在价值。

从数据来源的角度看，城市数据可以分为政府数据、互联网公开数据和第三方企业数据。

政府数据由政府机构在履行职能时产生，是城市数据中最为权威和系统的部分。它包括但不限于政务服务数据，即政府提供的各种公共服务信息；社会管理数据，涵盖了政府在社会治理、公共安全、环境保护等方面的监管和处置信息；政府运行数据，涉及政府内部的办公、审批流程等日常运作信息；以及通过各种感知设备收集的感知数据，如交通监控、环境监测等。这些数据通常具有较高的准确性和完整性，是城市数据分析的重要基础。

互联网公开数据是重要的数据来源之一，随着互联网技术的飞速发展，大量的公开数据可以被轻易获取。这类数据包括视频、音频、文本等多媒体内容，它们广泛存在于社交媒体、新闻网站和在线论坛等平台上。地理信息数据也是互联网公开数据的重要组成部分，它包括地图信息、地理位置服务、遥感图像等，这些数据对于城市规划、交通管理、环境监测等领域具有极高的应用价值。

第三方企业数据由私营企业在开展业务过程中收集和生成，通常具有很高的商业价值。例如，电商交易数据记录了消费者的购买行为、偏好和反馈，对于进行市场分析和消费者行为研究来说至关重要；网约车出行数据提供了城市交通流量、出行模式等信息，有助于进行交通规划和优化；物流配送数据则反映了货物流动的路径和效率，对于供应链管理和物流优化具有指导意义。第三方企业数据的特点是动态更新快、覆盖面广，能够为城市数据分析提供新的视角和维度。

综合这些不同来源的数据，可以更全面地理解城市运行的各个方面，为城市决策提供科学依据，促进城市的可持续发展。

2.数据接入

城市数据来源于众多领域，涵盖了广泛的行业和部门，它们由不同的系统生成，并通过多样化的渠道收集，呈现出多样的数据结构。这些数据生成系统既包括最新开发的，也包括许多历史悠久的遗留系统，往往由不同的企业在不同时期使用不同的技术构建。因此，整合城市中分散且复杂的数据，将其从众多独立的系统汇集到统一的数字平台，是实现城市数据全面共享所面临的关键挑战。这一过程需要解决数据的标准化、兼容性以及集成技术等问题，确保数据能够无缝接入并发挥其价值。这一过程主要面临如下三个挑战。

第一，数据接入成本。若为每个数据源定制开发特定的接口，将导致成本高昂、效率低下，且在实际操作中难以为继。为了解决这一问题，我们追求实现一种自适应且自动化的数据接入机制，或者通过灵活的配置实现无需编写代码的接入方式。这需要在实践中不断积累经验，从而能够从众多复杂的数据系统中抽象并制定出标准化、通用的数据接口模式，以此显著降低数据接入的技术门槛和成本。

第二，数据传输效率。传统数据共享交换平台可能受限于单次传输的数据量较小和交换频率较低等条件，尽管这足以应对政务服务场景的数据需求，但在处理大规模时空数据和视频数据的快速接入时，将遭遇极大的挑战。因此，在构建数字底座的数据接入环节时，必须重视并优化数据传输的效率，确保平台能够适应大数据量的高速传输需求。这可能涉及采用更高效的数据传输协议、增强网络基础设施以及实施更先进的数据压缩和传输技术。

第三，数据安全性。在数据接入阶段，对于敏感数据必须采取严格措施以确保其机密性、完整性和来源可追溯性。这包括防止数据在传输过程中被非法截获或篡改，并确保一旦数据出现问题，能够准确追踪并确定其来源。为此，需要部署先进的加密技术、完整性校验机制以及审计追踪系统，以维护数据的安全性和可信任度。

根据数据产生的特征及应用场景的具体需求，可以采取两种主要的数据接入方法：离线批量导入和实时数据流接入。例如，在处理社区孤寡老人的信息统计这类不要求即时性的数据时，可以每月或每季度定期从人力资源和社会保障局的数据库中批量导入数据至数字底座。这种方法适用于数据更新频率较低的场景。相对地，对于需要快速响应的情况，如重大赛事期间的人流场控，就必须通过实时数据流的接入来持续监控周边路况、运输车辆的状态以及安保人员的实时位置。这要求数据接入系统具备高效的实时数据处理能力，以确保能够迅速做出决策和响应。

3. 数据分析

在实现城市数据的全面共享和利用中，不仅要做好基于数据的服务提供，更应深入挖掘数据背后的知识以解决复杂问题，这将创造更大的价值。在进行数据的智能分析时，需特别关注三个核心技术要素：多元数据融合、时空 AI 引擎以及积木化组件。多元数据融合技术能够整合来自不同渠道和类型的数据，提供更全面的数据视角；时空 AI 引擎技术则利用时空数据的特性，增强对城市现象的理解和预测能力；而积木化组件技术则支持灵活快速地构建和调整数据分析流程，以适应不同的应用场景和需求。通过这些技术的综合应用，可以更有效地从数据中提取知识，推动城市管理和服务的创新。

（1）多元数据融合

在智能城市的具体业务实践中，往往需要综合利用各类数据所蕴含的信息来综合解决问题。以城市公共安全监控为例，要有效预测并防范潜在的踩踏事件，就需要综合考虑人流密度、活动规模、地点布局、交通状况以及特殊事件等多元数据。这些数据的融合分析能够揭示人群动态和潜在风险，从而为安全管理提供决策支持。再比如，城市垃圾清运管理，需要同时分析居民区分布、垃圾产生量、清运车辆路线、作业时间表以及居民生活习惯等数据。通过这种综合数据的融合，可以优化垃圾收集路线，提高清运效率，减少对居民生活的影响。这与通常的 AI 应用场景，如人脸检测或语音识别等有着显著的区别。后者通常处理的是单一类型的数据，如图像或音频，其复杂性和智能城市业务面临的多元数据融合需求相比明显较低。在智能城市业务中，多元数据融合的能力显得尤为关键。它不仅能够整合不同数据源中的信息，还能通过深层次的知识挖掘，实现数据价值的最大化，即通过组合不同的数据源来揭示单一数据所不能表达的深层次信息，从而为智能城市的各项应用提供坚实的数据支撑，推动实现城市运行的全面监控和管理。

（2）时空 AI 引擎

在智能分析数据的过程中，除了应用图像识别、语音识别和自然语言处理等常规 AI 算法模型外，还需特别发展针对时空数据特性的时空 AI 技术。这些 AI 算法模块专为处理交通流量预测、充电站布局优化、人群聚集预警等时空相关的应用而设计。与通用 AI 模型相比，时空 AI 模型需要特别关注时空数据的六个关键属性：空间的邻近性、层次结构和距离，时间的邻近性、周期性和趋势。这些属性的考量使得时空 AI 模型能够更精确地捕捉和分析数据中的时空关联，从而简化模型结构，提高算法的准确性，并减少计算资源的消耗。通过强化这些时空特性的处理能力，时空 AI 引擎能够为城市管理提供更为精准和高效的决策支持，推动智能城市服务向更高的水平发展。

（3）积木化组件

鉴于城市综合管理业务包含众多细分领域和多样化场景，鼓励多方合作伙伴参与建设是十分必要的。因此，智能分析功能应设计为可模块化的组件，这些组件能够便捷地互相组合，快速适应不同的应用需求，从而降低开发成本并加快开发进程。这种模块化设计不仅便于不同组件间的协同工作，创造出更强大的综合解决方案，而且也支持知识与经验的积累和复用。此外，合作伙伴开发的优质算法模块可以整合回数字底座，进一步增强城市数据共享平台的智能分析能力。通过这种方式，城市数据"一网统管"的智能分析能力得以持续进化和完善，为城市管理和服务提供更加灵活、高效、创新的技术支撑。

4. 数据跨域学习

考虑到用户隐私、数据安全以及法律法规等多重因素，城市数据并不需要也不应该完全物理集中存储于单一的数字平台。例如，企业数据通常会保留在企业自身的数据管理系统中，某些政府部门的数据则需要按照垂直管理的要求进行独立维护，而互联网数据也难以实现全部预先汇聚至城市的数字底座。尽管如此，这并不意味着这些分散的数据就无法被有效地利用。通过建立数据共享协议、接口标准和安全机制，可以在保护数据隐私和安全的前提下，实现数据的互联互通和价值挖掘。

新型数据共享技术允许原始数据继续保留在各个部门和企业内部，同时通过在这些部门内部安装如联邦数字网关等组件，利用联邦学习技术和隐私计算技术，实现数据的安全共享和智能分析。这种模式促进了不同数据源的知识融合，创造了价值，同时避免了原始数据泄露的风险，这种方法也被称作跨域学习。

以构建城市信用体系为例，政府需要计算居民的社会信用分数，以激励守信行为并限制失信行为。然而，政府所持有的数据有限，可能只包括居民的社会保险缴纳、就业、献血记录、房产和户籍等信息，而不一定包括银行贷款数据或互联网行为数据。为了全面评估居民信用，需要整合政府、银行和互联网企业的数据。在这种情况下，可以在三方的数据平台中部署数字网关，采用隐私计算技术和联邦学习技术，在各自内部进行初步计算，然后将中间结果安全地共享以进行进一步的综合分析。这些在各方平台内部进行的计算是单向的，确保了中间结果无法还原为原始数据，从而保护了用户隐私。通过这种方法得到的最终结果与直接混合所有数据进行计算的结果相当，满足了应用需求。实际上，城市信用体系关注的是用户的最终信用评级，而无须了解其具体的社会保险缴纳金额或购物、贷款记录的细节。同样，银行在进行贷款风险控制时，也仅需知道是否以及在多大额度内给某个居民贷款是风险可控的，而无须掌握该居民的详细信息。这种数据共享方式既满足了业务需求，又保护了居民的数据隐私和安全。

如果将不同机构的数据比作图书馆中的书籍，每个机构都像一个独立的阅览室，而联邦数字网关相当于图书管理员用来整理和分类书籍的工具。在这个比喻中，图书管理员在自己的阅览室内使用这些工具对书籍进行整理，将书籍的信息抽象成通用的标签和索引，而不是透露书籍的具体内容或细节。这样，通过整理后的信息，我们无法逆推出原始书籍的详细内容。随后，这些经过整理的标签和索引被集中起来，用于构建一个综合的信息检索系统，这个系统就像是一个大型的图书馆，使读者能够方便地找到他们所需的信息，但无须了解每个阅览室中具体书籍的详细信息。这一过程不是对书籍内容的简单隐藏，也不是对书籍进行简单的重新包装，而是一种精心设计的信息管理和利用方式，旨在保护书籍内容的隐私，同时允许信息的价值在安全和有序的环境中被发掘和利用。

联邦数字网关代表了数据共享技术的新纪元，它不仅支持两者间的数据协作，还能够实现多参与方间的复杂计算。这种技术的发展标志着数据共享进入了第三代，它允许参与方在保持数据隐私和本地存储的同时，进行高效的数据联合分析和处理。数据共享技术的演进可以划分为几个阶段，每个阶段都代表了数据使用和保护方式的进步。

首先是原始数据交换阶段。在最早的阶段，数据直接被用于交换和查询，不经任何处理。这种方法简单直接，但缺乏对数据隐私和安全性的保护。随后，出现了基于数据空间的联合建模技术（如图 5-11 所示），这相当于将数据放入一个隔离且安全的环境。在这个数据空间连接器中，数据被用于分析和建模，但所有操作均需符合预定的策略或合约限制，如不能被复制或传输等。使用完毕后，连接器及其内容将被销毁。在横向联合建模场景中，首要的责任是完成对所有参与方数据的汇聚。训练伊始，参与方通过连接器的客户端将数据上传到连接器内，而连接器则为该过程构建了安全的加密信道，保证数据安全可靠地被传输至连接器内。连接器在完成对所有参与方数据的汇聚后，会将数据加载到可信数据空间中，并对数据进行预处理，如各方数据的拼接、特征工程（如归一化、标准化等）等。随后在数据空间内基于完成处理后的数据对模型进行迭代训练，并实时给客户端反馈训练效果。在完成训练后，数据空间也严格遵循数据最小化使用原则，立即删除汇聚的数据。

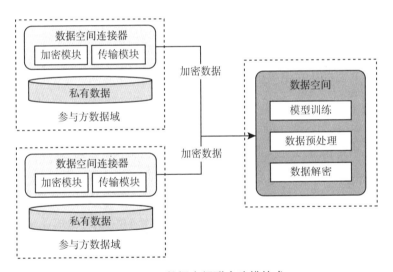

图 5-11　数据空间联合建模技术

接下来是加密共享阶段。随着技术的发展，进入了加密共享阶段。在这个阶段，多方安全计算技术通过密码学的方法实现了数据的加密共享。各参与方可以在没有可信第三方的情况下，通过数学原理确保输入信息的安全，同时获得准确的计算结果。虽然数据在传输和处理过程中被加密，保护了数据不被直接暴露，但理论上仍存在解密的可能性，这就意味着数据的安全性仍依赖于加密技术的强大程度。

最后到了联邦学习阶段。最新的阶段是联邦学习技术的应用，这可以类比为天然气的清洁和高效利用。在这个阶段，原始数据不再离开其所在的数据库，而是通过先进的算法在本地进行处理和分析。处理后的数据将转换为不可逆的形式，确保了从任何传递的信息中都无法推断出原始数据。这种方式极大地增强了数据隐私保护，使得数据的使用更加安全和可靠。联邦迁移学习技术模型路径过程如图5-12所示。在这一过程中，每个数据拥有主体都作为节点，将首先训练各自的本地模型，然后将本地模型加密并开展联合训练，生成联邦模型，联邦模型通过不断训练和更新获得最优模型。相比于横向联邦学习与纵向联邦学习，联邦迁移学习在综合模型参数的基础上更进一步，基于子模型来建构最终的模型产品。

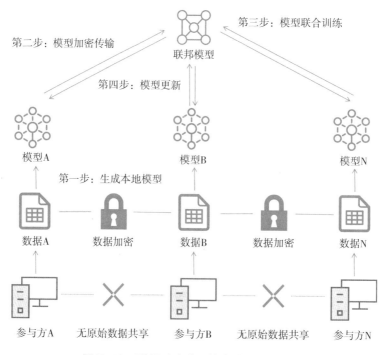

图 5-12　联邦迁移学习技术模型路径过程

上述的每个阶段都反映了数据共享实践中对隐私、安全性和效率的不断追求与改进。随着技术的进步，数据共享的方式也在不断演进，以便更好地服务于数据的利用和保护。

（三）城运事件一网处置

围绕治理事件，进行全流程、全生命周期的事件统管。从事件的发现上报、核实、立案、派发、处置反馈、核查，到回访评价、结案，实现全域协同、高效联动，为基层治理中心打通跨区域、跨部门、跨平台的事件协同流程，真正实现"高效处置一件事"（如图5-13所示）。

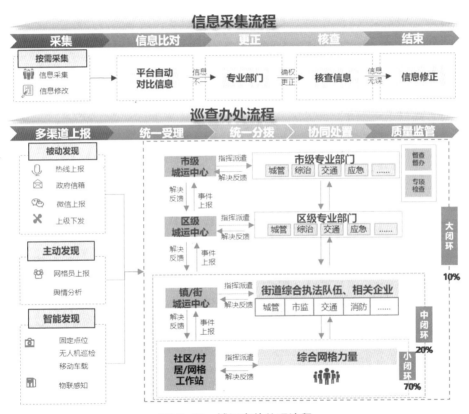

图5-13　城运事件处理流程

1. 事件中心：从"千条线"到"一张网"的转变

通过业务枢纽来实现多业务系统的联动，全量事件汇聚，快速构建一件事流程，统一不同部门之间交互的语言，沉淀为行业资产，以中台服务的形式与各委办局快速共享。具体包括从市民热线接收的诉求，从城市网格形成的海量工单，从110非警情接收的案件，以及从综合治理部门收集的线索等。有效将数据"烟囱"进行整合，为跨部门的高效协同打好基础。

作为城运事件的统一调度系统，聚焦城市治理城运事件的统一汇聚、调度、办理的事件业务运行的全过程，解决多渠道事件无统一归口、调度难、基层处置低效等痛点。主要是对城运事件进行统一汇聚管理、受理、分拨、处置反馈、办结的事件业务闭环全流程（如图5-14所示）。

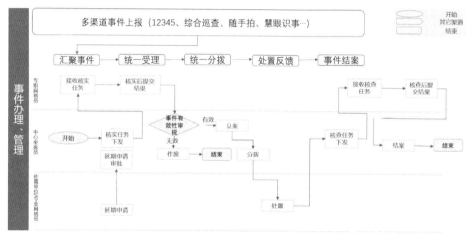

图 5-14　事件业务闭环全流程

汇聚事件：将12345热线、综合巡查、随手拍、慧眼识事、物联感知等多渠道事件融合汇聚到城运一体化系统。

统一受理：受理员作为事件汇聚后的业务办理责任人，可在城运一体化系统中上报，并对汇聚到系统中的所有工单进行统一受理，如判重并单、送核实、立案等业务。

统一分拨：坐席员作为事件分拨阶段的业务办理责任人，负责办理待分拨事件任务，进行如手动分拨、下派到下级城运中心、提级到上级城运中心等业务。

处置反馈：各委办局系统业务人员作为事件处置阶段的业务办理责任人，负责办理待处置事件任务，进行如处置、二次派遣、退回分拨、反馈任务进展等业务。

统一结案：坐席员作为事件结案阶段的业务办理责任人，负责办理待结案事件任务，进行如事件回访、事件结案等。

2. **资源与预案管理：从"手忙脚乱"到"精准布防"的转变**

为"一网统管"业务中涉及的人、地、物、组织提供数据建模、数据更新及查询服务；包含城市事件、巡查采集、协同处置过程中涉及的资源类型、资源模型、资源标签、资源关联关系、资源服务等业务功能。支撑该辖区基础信息数据的维护，数据直达基层，方便一线人员为辖区内的居民提供主动、高效、有针对性的服务，从而提高公共管理、社会治理的效率。同时，针对急、特事项及重大活动保障等提前制定预案。为事件处置尤其是疑难事项、多部门协同事项制定标准化的事件处置方案，包含处置预案管理、预案模型、预案标签、关联资源、通讯录等。

2021 年 8 月，上海遭遇短时强降雨，对城市内涝防治系统造成极大挑战。上海黄浦城运中心通过数据分析研判，提前在风险点精准布防，区域内易涝点仅经历短时积水，积水最严重的一处也只花了不到半小时快速排除。黄浦区城运中心负责人表示："现在的城运中心，历经了 16 年的变革，由原来的较为单一、粗放的管理方式逐步向标准化、精细化、智能化的治理方式转变，通过不断的实践和探索，我们城市治理的管理水平得到快速提升。"

3. **事件分拨：从"靠经验分拨"到"智能分拨"的转变**

据统计，一个熟练的派单员需掌握超过 40 个部门的三定方案，1000 项以上权责清单/事项清单，2000 条以上法律法规，培养时间长达两年。通过人工智能模型推理和机器人流程自动化处理，可以实现秒级派单，节省人力，让工作人员聚焦在解决更难的事情上。利用自然语言分析技术识别事件内容，自动推荐事项类型，实现智能分类分拨，准确率可达 90% 以上；另有标准地址推荐，通过识别并提取事件工单中的地址信息，自动推荐标准地址辅助分拨人员填写，将以往至少耗时 1 分钟的填写过程变为"秒级"处理。原本处理每件工单的分拨任务平均需耗时约 10 分钟，在融入人工智能技术的智能化升级后，这一过程被大幅压缩至 2 分钟，极大提升事件分拨效率。

例如，在广州市白云区 12345 热线中心，近三年来汇聚了超过 60 万条工单，通过人工智能学习算法，将历史处置情况训练成关键模型，对实时工单进行分析研判，自动推荐承办部门，有效节省转办人力 60%，工单流转效率提升 300 倍。在深圳龙岗区，依托区—街道城运中心体系，实现民生诉求和城市运行事件在一个平台运转、用一套标准处置，"7×24 小时"即采即拨，全天候响应社会治理需求，实现城市管理"不打烊"。平台上线运转以来，事件分拨从最初的 5.4 小时降至 1.32 小时，分拨时长压缩 76%。

4. 协同处置：从"靠刷脸协同"到"靠规则办事"的转变

通过人工智能推荐相似工单，多条重复工单可一键合并，一次流转即可全部处置，避免资源重复调配。深圳市龙岗区从并单功能上线半年以来，已合并工单 53604 件，大幅减轻基层接处事件负担；在工单答复方面，对答复内容进行人工智能审查，有效识别语法、敏感词、错别字、标点符号等错误，并可一键修改优化，而以往人工校阅答复内容存在约 6.7% 的误差率。借助人工智能校阅，在提升事件回复质量的同时，校阅时长缩短 95%。

重大突发事件具有极高复杂性、关联性和耦合性，常常冲破既有的地理边界和行政管理边界。如何提升政府各个业务系统之间的协调性，是痛点，也是难点。协同处置中心能够横向整合各委办局、纵向拉通区、街镇，围绕"高效处置一件事"，通过融合通信接入不同制式的音视频系统（宽窄带集群、视频监控、会议、执法仪、语音电话等），从"靠近指挥"到"融合通信多部门会商研判"，快速进行高位管理、协调、拉通（如图 5-15 所示）。

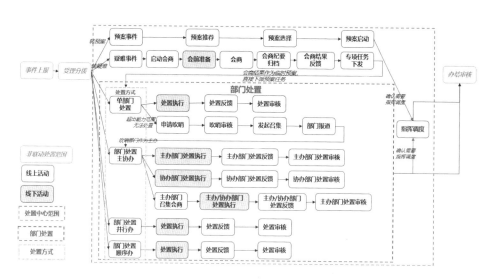

图 5-15 业务系统协同机制

对超期事件、重点关注事件，提供交办、催办、督办能力。通过构建督办中心促使城运中心的政务督办工作逐步走上规范化、制度化的轨道，确保政府重大活动安排、重大工作部署的贯彻落实以及城运事件处置效率、质量得到保障。针对"一网统管"事件处置过程、效率、结果实现督办督查流程数字化工作机制，在推动新阶段城市发展和治理管理方面发挥重要的政务管理效能。

5. 评价与分析：从"事后被动处置"到"事前主动防御"的转变

传统城市运行情况通常由基层员工手工统计完成，准确性和时效性较差。利用人工智能分析研判，基于语义学习和图引擎技术，对工单进行实时挖掘，将工单要素结构化后，汇聚分析民情，洞察群众关心的热点事件、关键诉求，分析这些事件发生的重点区域、高发责任主体等，预警潜在风险，同时分析事件间关联关系，辅助事件根因分析，动态预警突发事件、持续热点、重复投诉、苗头事件，变"被动应付"为"主动监管"并生成分析报告，辅助领导决策。

民意研判：对城运日常工作进行监测，对城市事件情况整体呈现，让领导感知运行态势；通过大数据和人工智能挖掘分析发挥数据的价值，对城运的事件进行分析、预警，提前报警和预防，让政府工作由被动服务向主动服务实现转变；

效能研判：聚焦城市运行工作中的短板，针对性提质增效，督促各工作人员、各处置单位"能办、办好"群众诉求，从而打造良好的政府口碑；

每日智报：针对政务报告自动化应用场景，主要解决在政务应用场景下，自动化生成各类报告和报表。

（四）信息流转三屏联动

三屏联动代表了一种高效的信息流转机制，它确保了不同岗位和层级间的协同一致性。具体来说：大屏用于全局态势监控，提供宏观视角，帮助管理层洞察整体情况，从而做出战略性决策；中屏负责管理和处置，为中层管理者提供必要的信息和工具，以确保各项决策得到有效执行；小屏则侧重于执行层面，为一线工作人员提供实时信息和指令，确保具体任务能够迅速、准确地完成。这种分层的信息展示和处理策略，使得业务决策更加高效，指令传达更加迅速，事件处理形成闭环，从而提升了整个组织的运作效率和响应速度。

1. 大屏观态势

大屏系统通常部署在市级城市运行中心或区级指挥中心等关键场所，作为领导和工作人员监控城市运行和应急响应的核心工具。在日常操作中，大屏提供城市运行的宏观视角，展示包括人流量、交通流量、环境监测、能耗管理、公共安全和经济活动在内的六类关键感知内容。这些板块内容支持深入挖掘，以获得更详尽的态势信息。

例如，通过大屏，管理者可以实时监控城市的空气质量指数、水质监测结果，以及公园、广场等公共区域的人流密度。在交通管理方面，大屏能够展示交通拥堵热点、交通事故处理进度以及公共交通工具的实时运行状态。在能源监控方面，可以细化到各个区域的电力消耗、供水情况和能源分配效率。

当城市遇到紧急情况，如自然灾害或公共安全事件时，大屏立即转变为应急指挥平台。指挥中心人员可以迅速调用相关数据，如受灾区域的实时图像、应急资源分布、救援队伍的位置等，以便快速制定应对策略和调度指令。通常有如下两种指挥方式可供选择。

第一，通过下级指挥中心逐级调度。实施逐级调度机制，确保市级、区级和街道级指挥中心之间的协调一致性至关重要。这一过程要求实现"市-区-街道"三级间的无缝联动，保持各级监控屏幕显示的信息同步，确保各级行动的统一性。这意味着在面对特定事件时，各级指挥中心的大屏幕应展示相同的信息，上级机构发出的指令能够及时传达至下级，同时，前线的执行情况和反馈信息也能够准确无误地上报至各级管理层。这样的同步机制有助于构建一个高效、透明的指挥与控制体系，确保在任何情况下都能迅速、有效地响应和处理事件。

第二，市级城市运行中心直接指挥一线工作人员。这种模式的优势在于能够迅速获取现场的实时信息，从而促进快速且有效的决策和行动。同时，它还减少了因中间环节可能遭受不可预见因素影响而导致的指挥链路中断风险，例如中间层级的指挥中心可能因地震、洪水或泥石流等自然灾害而受损或失去功能。这种直接指挥的方式可以确保即便在最严峻的情况下，应急响应和救援行动也能持续进行，保障城市运行的连续性和稳定性。

2.中屏管处置

大多数事件的处理流程是通过中屏执行的，这里的中屏指的是工作人员使用的桌面电脑屏幕。在这个环节中，工作人员负责事件的分拨、处置、任务下派以及信息上报等一系列操作，确保事件得到及时有效的管理。

例如，当12345市民服务热线接到市民求助时，工作人员将根据事件的性质，通过桌面电脑屏幕（即中屏）进行分类和分拨，确保事件被正确地指派到相应的管理部门。管理部门的工作人员在接收到事件后，若事件属于其职责和权限范围，便可以直接在中屏上进行处理和解决；若事件需要实地人员的介入，工作人员将通过中屏将任务下派给相应的基层人员进行实地处理。

同样，垂直业务部门也可能通过自身的业务渠道接收到基层工作人员上报的事件。如果事件的处理超出了部门的业务能力或权限范围，工作人员可以通过中屏将事件上报至城市运行中心或上级综合指挥中心。上级中心将负责进一步的分拨和协调，确保事件能够流转至有能力和权限进行处理的部门，从而完成事件的最终处置。这一流程确保了事件处理的高效性和准确性，同时也强化了不同部门间的协同合作。

3. 小屏做执行

小屏，即一线工作人员使用的便携式设备（如智能手机），构成了基层人员接入城市综合管理网络的关键接口。通过这些设备，基层工作人员能够接收来自上级的任务指派，并通过小屏执行具体操作。此外，他们也能利用这些手持终端设备，对现场情况进行实时观察，发现问题并及时上报，确保了信息的即时反馈和流程的顺畅运作。

基层工作人员通过手持终端设备接收并执行上级分配的任务，这些设备使他们能够接入"一网统管"系统，获取必要的资源。在现场，他们使用这些小屏设备来执行任务，并将执行结果反馈给上级管理部门。例如，城管执法人员通过智能手机接收到指挥中心关于非法占道经营的事件通知后，就需要前往现场进行核实和处理。利用手机，执法人员可以访问涉事商户的经营许可信息，包括核准的经营范围和业务类型。到达现场后，执法人员根据获取的信息核实违规行为，采取适当的措施收集证据，并根据城市管理规定进行处理。处理结束后，执法人员将现场的整改照片和处理结果上传至指挥中心，以供记录和存档。这一流程提高了城市管理的效率和响应速度，同时也确保了执法行动的透明性和可追溯性。

除了执行任务，小屏设备的另一项关键功能是使基层工作人员能够主动发现问题并及时上报。例如，在例行巡查过程中，网格员若发现供热管网出现老化损坏或严重渗漏等问题，这些问题可能对社区安全和居民生活构成重大风险。在这种情况下，网格员可以立即使用小屏设备收集现场信息，包括时间、地点、详细文字描述以及现场照片等，并将这些信息主动上报至上级指挥中心。这种即时的上报机制不仅提高了问题响应的速度，也增强了城市管理的主动性和前瞻性。

（五）虚实映射数字孪生

数字孪生技术作为连接物理世界与信息系统的纽带，同时也是人机协作的交互界面，它通过以下四个关键环节实现其功能。物理映射：创建物理实体的虚拟表示，将现实世界中的元素精确映射到数字世界中；动态叠加：在虚拟模型上实时更新数据，以反映物理实体的当前状态和变化；融合分析：整合不同来源的数据，进行深入分析，以揭示潜在的趋势和模式；交互反馈：实现数字世界与物理世界间的双向通信，确保虚拟模型能够根据物理世界的变化进行调整，同时也能指导物理世界的决策和操作。通过这一系列环节，数字孪生技术不仅促进了对复杂系统的理解和管理，还增强了人机之间的协作效率，为智能化决策提供了强有力的支持。

1. 物理映射

数字孪生技术通过在虚拟空间中创建物理实体的精确数字副本，实现了物理世界与数字世界的无缝对接。以桥梁为例，这种技术能够细致地复制桥梁的每个部分，包括桥墩和每块材料的体积、材质、生产商和建设日期等详细信息。在智能城市领域，数字孪生的应用涵盖了素体城市三维模型、精细纹理城市设计三维模型、城市地形地貌三维模型以及城市地下管线三维模型等，这些模型不仅提供了城市规划和管理的详尽数据支持，还为决策者提供了一个实验和模拟的平台，以预测变化、测试方案并优化决策，从而显著提升了城市运行的智能化和精细化管理水平。

素体城市三维模型（如图5-16所示）专注于精确捕捉城市建筑的外形和比例，提供建筑物外部轮廓的简洁展示。此模型以白色、灰色或半透明等单一色调呈现，不包含外立面的细节设计，也不涉及材质属性，以确保模型的通用性和中立性。对于城市中的地上桥梁和隧道，模型同样仅展示基本轮廓，省略了复杂的节点和深化构造。此外，该模型不包括地下管道或管廊的详细表示，专注于为城市提供一个清晰、直观的三维框架视图。

精细纹理城市设计三维模型精确反映了城市建筑的外观造型和比例（如图5-17所示），不仅捕捉了建筑物的外立面轮廓，还细致地再现了与实体建

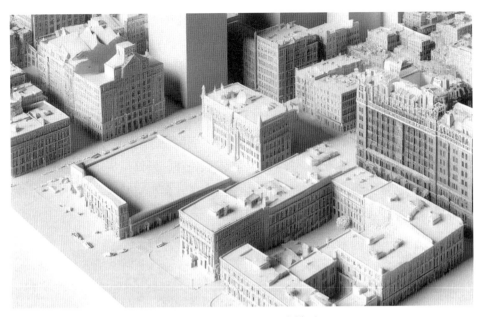

图 5-16　素体城市三维模型

筑相一致的外立面设计。此外，该模型的颜色和材质属性也被精心设计，以匹配实体建筑的特征。通过专业的建筑信息模型（BIM）软件，进一步扩展到地表模型的构建，涵盖了景观、道路、河湖以及隧道等元素，其中模型的

图 5-17　精细纹理城市设计三维模型

颜色和材质同样与现实环境保持一致。地上桥梁和隧道的模型也严格参照实体进行设计，虽然不包含过于复杂的工艺节点，但确保了模型的真实性和实用性。

城市地形地貌三维模型严格依据城市的地形地貌实况及其比例尺（如图5-18所示），创建了包含山脉、河流和湖泊等自然特征的三维表示。这一模型的开发基于各地区的数字高程模型（DEM）和彩色数字正射影像图（DOM）数据，通过数据格式的转换、精细加工和专业处理，最终生成了精确反映城市地形地貌的三维模型。这种方法确保了模型在视觉上与实际地形的一致性，为城市规划、分析和模拟提供了翔实的基础。

图 5-18　城市地形地貌三维模型

城市地下管线三维模型以直观的方式呈现地下管线的空间分布、具体位置、材质特性、形状、走向以及工井的构造细节（如图5-19所示），极大提升了管线和工井等关键设施的可检索性。这一模型为地下管线资源的整合利用、战略规划以及管线占用审批等管理活动提供了一个精确且高效的参考框架，从而优化了城市地下空间的管理和运维效率。

2. **动态叠加**

动态叠加技术通过将物理世界中不断变化的信息——包括车流、人流、

图 5-19 城市地下管线三维模型

气象状况和能耗数据——集成到数字世界模型中，创造出更加生动和真实的城市虚拟映像。这一过程不仅涉及视觉渲染的复杂性，更依赖于强大的底层系统和先进的算法支持。在城市环境中，持续生成的海量时空数据需要得到有效管理和分析。为了实现对任何指定区域和时间段内特定数据类型的流畅展示，传统的大数据平台往往面临着重大的挑战，如数据承载能力不足、数据处理和分析的复杂性以及数据应用的局限性。因此，为了克服这些难题，需要开发和部署更先进的数据处理架构和算法，以确保数据的实时处理和深度应用，从而为城市管理和服务提供强有力的数据支持。

首先，由于数据的特殊性和庞大的体量，现有平台在处理似洪水般迅猛的数据流时面临挑战。例如，车辆轨迹数据由一系列具有时空属性的数据点组成，随着车辆的移动，这些数据点不断生成并扩展。我们无法预先知道车辆将在哪里停下，何时停止，因此，车辆轨迹数据文件的最终大小和完成时间都是不可预测的。这与传统的文档和照片文件接收不同，后者是预先生成并具有确定性的。如果不采取适当的数据处理措施，简单地将每个时空数据点作为独立元素存储，并将不同车辆的数据点顺序存储在同一个数据库中，就会导致数据库管理效率低下。当用户希望通过数字孪生界面实时查看特定车辆的运行轨迹时，从庞大的数据库中检索特定轨迹数据将是一项工作量巨大的任务。因此，为了提高数据处理和检索的效率，就需要采用更先进的数据管理和分析技术。

其次，由于缺少将时空索引技术与分布式计算技术相结合的能力，现有系统难以高效地按照时空范围进行数据查询，这限制了上层数字孪生系统与用户之间的实时交互能力。以疫情防控为例，若需分析特定社区过去 7 天内的人群活动轨迹，就需要处理来自移动通信系统的庞大手机通信数据集——这可能涵盖了整个城市甚至整个省份的居民通信记录。用户需要在数字孪生界面上根据业务需求动态定义时空范围，并可能要不断进行调整。在没有有效的筛选和过滤机制的情况下，大量未经整理的数据将难以进行管理和分析，这使得用户难以洞察数据背后的信息，更难以迅速定位和检索所需数据。因此，为了支持复杂的查询需求和动态的用户交互，必须开发和部署先进的时空索引和分布式处理技术，以优化数据的组织、检索和分析过程。

最后，由于缺少专门针对时空数据的分析工具，数据的深层价值难以被充分挖掘和展现。例如，在关注危化品车辆的行驶轨迹时，其停留地点的信息往往更加关键。要从原始的轨迹数据中识别出这些停留点，就需要利用专业的时空数据挖掘工具。当前的大数据平台往往缺乏这些高级算法和工具，这会导致数据挖掘过程不仅困难重重，而且效率低下，难以有效地提取和展现数据的深层价值。因此，为了提升数据的利用效率和洞察力，需要开发和集成专门的时空数据分析工具，这些工具能够提供强大的挖掘能力，帮助用户从复杂的时空数据中提取有价值的信息，从而做出更加明智的决策。

3. 融合分析

数字孪生系统的核心能力不仅在于动态加载和展示城市数据，更在于运用 AI 和大数据技术对这些数据进行深度融合与分析，从而生成能够指导现实世界行动的有效决策。例如，系统能够分析实时交通数据以识别拥堵点，并进一步评估其影响范围和发展趋势，提出具有针对性的交通疏导方案和优化绕行路线。此外，系统还能通过居民上报的信息、物流数据、外卖订餐记录和社区房屋基础信息，动态监测并识别群租房等潜在安全隐患，及时与政府部门联动，进行排查和有效处置。在商业区域管理方面，系统能够综合商圈的经营数据、财税信息和消费者行为记录，评估商圈的业态结构和空间布局的合理性，并提出调整建议以激发消费活力。系统还能结合商圈周边的公交、地铁、道路网络、停车设施、交通流量和人流量等多维度信息，进行全面的交通配套分析，提出改善建议，以提升人们的出行体验，吸引更多客流。

通过这些综合性的智能分析和决策支持，数字孪生系统能够显著提高城市管理的智能化水平，促进城市的可持续发展。

4. 交互反馈

数字孪生系统通过精确模拟现实世界，将系统决策转化为对物理世界的具体指导，影响人们的行为和方案执行。这些决策不仅能够即时响应，解决当前面临的问题，还能作为长期规划的一部分，为未来的城市发展和管理提供持续的反馈和优化建议。这种能力使得数字孪生系统成为连接虚拟与现实、短期行动与长远规划的强有力工具。

在城市治理即时响应方面，以交通拥堵治理为例，数字孪生系统能够根据分析结果，在现实世界中实施针对性的交通管理和疏解措施。系统还能够直接向具体负责的交警派发任务，并在虚拟界面中实时追踪任务执行情况，提供了一种直观、高效的城市管理体验。这种操作方式类似于在虚拟环境中进行城市管理，使得决策者能够像玩游戏一样，实时监控并参与到城市的动态治理中。

在城市治理的长远规划方面，以城市商业发展为例，数字孪生系统能够基于建议的业态构成、空间布局和交通设施改进方案，进行模拟分析。系统可以预测改造后商圈的人流量和消费趋势，估算潜在的商业收入增长，分析投资回报率，并评估其对周边交通状况的潜在影响。这样的长效反馈机制为商圈的持续改进和战略规划提供了有力的数据支持和决策依据，有助于获取长期的经济效益和社会效益。在分析过程中，可以综合专家的建议，对改进措施进行细致调整。例如，重新规划公交车站的位置、优化特定商铺的业态组合、增加停车设施的数量等。通过对比不同策略的执行效果，可以深入分析其对商圈流量、消费模式和交通状况的具体影响，进而筛选出最优方案，实现商圈发展和城市管理的最优效果。这种方法论不仅提高了决策的科学性和精准性，也为持续改进和发展提供了动态的策略调整和路径优化。

三、"一网统管"的创新应用

"一网统管"的实施依赖于强大的底层技术支持，而这些技术能力需要通过具体的上层应用来体现其价值和效果。同时，"一网统管"系统的持续运行和优化也需要这些应用的驱动和细化。在前文所述的技术、平台和机制创新基础上，成功的"一网统管"项目更需依赖一系列关键的创新应用，以凸显整个系统的价值。本节将重点探讨创新应用的选择标准和设计原则，同时讨论一些已经取得成效的创新应用案例，来展示"一网统管"是如何在实际应用中发挥潜力，推动城市管理和服务的创新与发展的。通过这些案例，深入了解如何将"一网统管"的理念转化为具体实践，以及这些创新如何为城市带来积极的变化。

（一）创新应用设计

1. 创新应用的选题标准

城市环境的复杂性和业务多样性确实为"一网统管"的应用提供了广阔的选择空间。为了确保"一网统管"能够迅速展现其价值，创新应用的选择应依据五个关键标准：地方特色、普遍适用性、跨部门协同、数据智能化以及成果可见性。地方特色强调应用需贴合当地的实际情况和需求；普遍适用性确保应用能够广泛服务于不同的领域；跨部门协同突出应用在不同政府部门间的联动效应；数据智能化是指应用能够充分利用和分析大数据，提供智能决策支持；成果可见性则确保应用带来的改进和效益是明确和可衡量的。通过这些标准来筛选和设计创新应用，可以确保"一网统管"项目不仅能够迅速产生影响，而且能够持续提供价值，满足城市治理的多元化需求。

（1）地方特色

每座城市都有其独特的地理特性、功能定位、主导产业、经济基础和发展蓝图，因此，创新应用的选择应当与这些城市的特质紧密结合，既展现城市的独特性，又符合其发展脉络。

以杭州为例，作为电子商务和数字经济的重要中心，杭州拥有众多互联网企业和创新科技园区。因此，选择与智慧城市建设和数字经济发展相关的创新应用，不仅与杭州的城市特色相契合，还能有效推动杭州在数字化转型和智能化管理方面的进步。例如，可以开发专门针对电子商务监管和消费者保护的创新应用，这样的应用能够利用大数据和 AI 技术，对在线交易进行实时监控，预测市场趋势，保护消费者权益，同时促进电子商务环境的健康发展。通过这样的创新应用，杭州能够进一步巩固其在数字经济领域的领先地位，并解决与之相关的治理和发展问题。

再以成都为例，这座城市不仅以其丰富的文化遗产和美食闻名，同时也是西部地区重要的经济、科技和交通枢纽。因此，创新应用的选择应当与成都的文化特性和区域发展目标相协调。考虑到成都在高新技术产业和现代服务业的发展潜力，可以开发与智慧城市交通管理相关的创新应用。例如，利用物联网和大数据分析技术，开发智能交通系统，优化交通流量，减少拥堵，并提升公共交通的效率和乘客体验。这样的系统不仅可以提高成都作为交通枢纽的运营效率，还能支持其作为旅游城市的可持续发展。此外，成都在推动绿色发展和生态保护方面也展现出了强烈的决心。因此，可以开发环境监测和资源管理的创新应用，这些应用能够实时监控空气质量、水质状况和城市绿化情况，支持成都在生态文明建设方面的努力。通过这些与城市特色和发展目标相一致的创新应用，成都能够在保持其文化魅力的同时，实现经济的现代化和城市的智能化管理。

（2）普遍适用性

创新应用的选择应超越特定群体、企业或区域的局限性，着眼于覆盖更广泛的受众。这意味着应用设计需要满足全体市民的需求，解决跨行业的共性问题，并在全市范围内产生积极的影响。通过这种方式，创新应用能够为更广泛的社会群体带来利益，推动整个城市的均衡发展和整体进步。

以城市交通管理为例，如果问题仅限于某个特定街道的交通信号灯故障，而其他区域并未报告类似问题，那么可能只是局部的技术或运维问题。在这种情况下，故障信号灯的修复和维护可以由地方交通管理部门或市政运维团队负责，无须上升到整个城市交通管理系统的创新应用层面。然而，如果交通信号灯的故障或效率问题普遍存在于多个区域，且多个社区的居民均反映了这一问题，这就表明可能存在更广泛的系统性问题。在这种情况下，解决问题就需要从城市交通管理的宏观角度出发，可能要涉及交通信号控制系统的全面升级或智能化改造。因此，这样的普遍问题适合作为"一网统管"框架下的创新应用，通过市级层面的统筹规划和技术革新来解决。

（3）跨部门协同

创新应用的开发应专注于那些需要跨部门协作的业务场景。对于那些可以由单一部门利用现有垂直业务系统独立完成的任务，"一网统管"的创新应用则无须介入。这种方法有助于确保"一网统管"平台与各垂直业务系统之间能够建立一种协调与分工明确的合作关系，从而实现资源的最优配置和效率的最大化。通过这种方式，"一网统管"能够发挥其在跨部门协作中的枢纽作用，同时尊重并利用各垂直业务系统的专业性和独立性。

以城市基础设施建设项目管理为例，此类项目通常涉及规划、建设、交通、环保等多个部门的协同合作。在没有"一网统管"系统之前，可能会出现各自为政、缺乏协调等情况，导致项目管理存在效率低下和责任不明确等问题。例如，一个城市地铁建设项目可能需要多个部门的审批和监督，如果这些部门之间缺乏有效的信息共享和协调机制，就可能产生管理上的空白和盲点。这类跨部门合作的复杂项目非常适合作为"一网统管"的创新应用选题。通过"一网统管"平台，可以实现项目信息的集中管理、流程的透明化以及跨部门的协同工作，从而提高项目管理的效率和效果。"一网统管"平台能够帮助各相关部门打破信息孤岛，实现资源共享，确保项目从规划、审批到施工、监管的每一个环节都能得到有效管理，减少管理上的真空地带和业务盲区，确保城市基础设施建设项目的顺利进行。

（4）数据智能化

首先，创新应用的实施必须建立在能够获取到所需数据的基础之上，并且这些数据需要满足一定的质量标准，以确保分析结果的准确性和可靠性。其次，创新应用应当集成先进的智能算法，以深入挖掘数据的内在价值，将数据中蕴含的知识转化为解决实际问题的具体方案，从而创造出超越基础数据应用的更大的附加价值。

以城市基础设施建设项目管理为例，通过分析施工设备和材料运输车辆的轨迹数据，利用智能算法识别出这些车辆的频繁停靠点。将这些频繁停靠点与项目施工地点、物资仓库和其他合法施工材料集散地进行比对，可以识别出异常的停靠行为，从而揭示可能存在的未授权施工活动或不合规的建材来源。例如，在城市地铁建设项目中，如果发现某些车辆在未规划的区域频繁停靠，而这些区域并非官方指定的施工点或物资存放地，这可能表明有非法施工或违规建材交易正在进行。在正常情况下，施工车辆应仅在合法的施工地点和指定的物资集散地停靠，用于运输建筑材料和设备。原始数据本身不会直接揭示这些违规行为，需要通过智能算法的深入分析才能挖掘出这些有价值的信息，从而体现创新应用在城市基础设施建设项目管理中的价值。

（5）成果可见性

创新应用的设计应确保其能够在城市安全、稳定性或发展等关键领域中产生直接且可量化的业务效益。重点应放在实现具有实质意义的成果上，而非仅仅优化过程的中间环节。这样的应用应致力于解决具体问题或满足明确需求，从而确保其贡献能够被清晰识别和评估，进而体现出创新应用的最终价值。

还是以上述城市建设项目工程管理为例，创新应用的核心目标是确保施工过程的安全和合规性，预防可能发生的建筑事故及其带来的损害。建筑事故的一个主要诱因是在不满足安全标准和法规要求的情况下进行施工操作，这可能包括不当的材料使用、违反安全规程的施工方法或不合格的工程监理等。因此，创新应用的关键在于能够及时识别并纠正这些违规行为，从而降低事故发生的风险，保障工程安全。如果创新应用能够有效地实现这一点，那么它就具有显著的业务价值。例如，一个集成了智能监控和自动化合规检查的项目管理应用，能够实时监测施工现场的活动，自动识别潜在的安全隐患，并触发预警或整改措施。

自该创新应用实施以来，已经帮助城市管理者和建筑行业及时发现并解决了众多安全隐患，显著提高了建设项目的安全管理水平，避免了可能导致重大损失的事故发生。通过这种方式，创新应用不仅提升了城市建设项目的整体质量和效率，还为城市的可持续发展和居民的安全提供了有力保障。

2. 创新应用的设计原则

选定创新应用的主题后，应遵循一系列原则来精心设计其功能，确保应用能够实现完整的业务闭环、平衡长期与短期目标、兼容现有资源并充分利用旧系统以及确保实用性和实效性。这意味着创新应用的设计应当是周全的，能够覆盖从问题识别到解决方案实施的全过程，同时考虑到应用的可持续性和对现有基础设施的兼容性，确保其能够在现实世界中解决具体问题。

首先，实现完整的业务闭环。在设计一个创新应用场景时，重点不仅仅在于数据的收集和呈现，也不限于监控事件状态和发出异常预警。更重要的是，应用需要具备及时响应预警、高效指挥处置流程及对处置结果进行评估的能力。这意味着从事件的感知到最终的解决，整个流程中的各个功能模块——包括数据采集、状态监测、预警发布、处置执行和结果评估——都应当被有机地整合起来。通过这种方式，形成一个完整的应用闭环，确保每个环节都能无缝衔接，从而实现从问题发现到解决的全过程管理。

其次，平衡长期与短期目标。创新应用的设计应融合短期反应与长期规划的双重能力。短期内，应用需具备迅速的问题发现与解决能力，通过实时监测、即时预警和有效的联动指挥机制，确保问题能够被快速识别并得到妥善处理。长期而言，应用应依托于持续积累的数据资源，并结合深入的分析与研判，挖掘问题的根源，生成根本性的解决方案，并把握宏观趋势与普遍规律，以实现持久的价值和影响。这种结合即时反应与深度分析的方法，能够确保创新应用在解决即时问题的同时，也能持续优化和提升城市管理的质量和效率。

此外，兼容现有资源并充分利用旧系统。在构建创新应用时，至关重要的一点是充分利用现有的业务系统。这种做法的价值不仅体现在提升开发效率和降低成本上，更关键的是确保新应用与现有业务流程的无缝兼容。通过这种方式，工作人员可以保持其现有的使用习惯和业务经验，从而拉低学习曲线，加速新系统的采纳过程。这样的整合策略旨在实现创新应用的快速部署和效益最大化，确保创新成果能够迅速转化为实际的工作效能。

最后，确保实用性和实效性。创新应用的开发应坚持实用性和实效性原则，避免过度追求华而不实的视觉展示和不必要的资源消耗。应用的设计应注重简洁性与易用性，避免功能设计过于复杂或操作流程烦琐。这样的设计理念有助于确保系统不仅易于上手，而且能够贴合实际业务的需求和逻辑，从而减少工作人员的培训和学习成本，提高工作效率和应用的接受度。

（二）创新应用示例

本节挑选了一些创新应用案例，旨在通过这些案例展示创新应用的选题标准和设计原则。虽然不同城市具有各自不同的特点，这些创新应用未必能够普遍适用，但只要理解了这些原则和标准，读者便能够迅速构建出既实用又高效的创新应用，从而体现统一管理网络的价值。

1. 危化品全流程管理

危化品作为工业生产的关键原料，对许多地区的经济发展具有决定性的影响。然而，它们也给城市安全带来了严峻的挑战。如果管理不善，很可能会造成灾难性的后果。危化品的全流程管理涵盖生产、储存、经营、运输、使用和处置等六大关键环节，涉及企业、运输工具、仓库等多种实体，以及应急管理、交通运输等多个政府部门。这是一个极为复杂且充满挑战的任务，具体挑战如下所述。

分段式监管的局限与挑战。在传统的危化品监管体系中，各个部门各自负责监管流程的不同部分，形成了一种"各自为政"的局面。例如，应急管理局主要监管危化品的生产和使用环节，而交通运输局则专注于危化品的运输环节。由于过去数据共享和互通性不足，这种分散的监管模式很容易导致监管盲点，并增加了跨部门协同的难度。

人力短缺与监管盲点。政府机构的人力资源有限，难以全面监管城市中众多的危化品企业。以一个地级市的应急管理局为例，其编制通常只有几十人，却要负责广泛的应急管理工作，面对着数千家危化品企业。在没有高效自动化管理工具的情况下，仅凭有限的人力难以实现全面无遗漏的监管。此外，一些企业在政府检查时表现出合规，但检查人员一离开就可能开始违规操作，甚至选择在深夜进行非法活动。这种猫鼠游戏式的规避行为，进一步增加了危化品管理的难度和复杂性。

智能预警的局限性。在危化品管理中，预防比补救更为关键，因此需要构建基于智能算法和跨部门数据的预警系统，以实现提前预判和防患于未然。然而，在缺乏统一管理网络的情况下，单个部门很难独立建立这种能力，也难以获得必要的多维度数据支持。

经过深入分析，危化品管理应用选题完全符合地方特色、范围普适、横跨部门、数据智能和成果可见等五项关键标准，"一网统管"有望在危化品管理领域发挥重要作用。城市作为危化品产业的重要基地，众多企业的存在成为其经济支柱之一，充分体现了地方特色。这些企业遍布城市各个区域，运输网络覆盖城市交通要道，应用具有广泛的适用性，不局限于单一企业或区域。危化品全流程管理涉及多个政府部门，超越了单一部门的职责，是典型的跨部门业务，有助于解决管理盲区问题。应用强调基于智能算法和多部门数据的事前预警，以预防为主，符合数据智能的标准，有助于提升监管效率。通过赋能现有治理队伍，在不增加人力的前提下，有效查处非法复工企业和"黑工厂"，消除安全隐患，确保城市安全稳定，直接体现了其业务价值，为城市的安全稳定做出贡献。

针对所面临的挑战，创新的危化品全流程管理系统通过数据整合、自动化监测和系统互联等策略，旨在缩小管理盲区、提升协同作业效率，并显著增强管理效能，具体表现在如下几个方面。

数据整合与全息档案构建。通过数字化基础设施实现跨部门数据的汇聚与融合，为企业、运输车辆和仓库创建全面的数字档案，确保各部门能够全面了解这些实体的详细信息，从而消除管理盲点。此外，利用知识图谱技术将企业、车辆、仓库和关键人员（如司机、法人等）进行关联，便于以单一实体为中心，全面查看其属性和相关联的信息，为深入挖掘潜在知识提供支持。对于企业，可以整合其生产、经营、运输订单和历史处罚记录；对于仓库，则可关联其空间信息、环境状态、危化品存储情况、物品出入库记录及巡检日志。同时，企业下属或业务相关的仓库、车辆和司机等信息也可通过知识图谱相互连接，形成一个广泛的网络。通过点击任一车辆，即可展示其关联的司机、企业、配送订单、运输路径和访问过的仓库等信息。与危化品管理相关的多个部门能够访问这些集成信息，进而更有效地优化各自业务流程。

自动化监测与智能预警系统建设。通过在关键节点如车辆、仓库和生产线上部署传感器，实现对危化品生产、储存和运输环节的实时状态监测。结合各系统中的交易记录、配送订单和处罚数据，系统能够自动识别企业的违规行为，并通过智能分析算法，提前识别潜在风险，如车辆偏离预定路线、非法复工或"黑工厂"活动，确保即时响应。比如，部署监测温度、湿度、压力和一氧化碳浓度等环境状态的传感器，监测能耗和位移、形变、液位、移动轨迹等位置信息的传感器，还有摄像头和红外等光学传感器。这些传感器数据可在地图上实时显示，一旦检测到异常，系统将迅速发出警报。部分操作如阀门控制和温度调节也可远程执行，减少人力资源消耗。此外，系统可检查配送订单指定的运输线路与车辆实时轨迹，一旦发现偏离，将自动触发警报，并预测车辆未来位置，通知地面交通管理人员进行拦截，防止安全隐患。通过分析车辆移动轨迹，可识别异常停靠点，与危化品企业匹配，推断非法复工或"黑工厂"。

结合用水和用电数据，可精确定位非法生产时间，协助应急部门有效取证和执法。利用运输车辆的运行轨迹，可识别其上下游企业，预测必经路口和时间段，使运输局能够精确截获车辆，提高监管效率。

系统互联与协同执行。通过"一网统管"平台实现各垂直部门业务系统的互联互通，促进部门间的高效协作与联合执法行动。举一个具体的案例："一网统管"平台发出的预警信息经管理员确认后，会触发生成两个任务工单，分别发送至应急管理局和交通运输局。工单中详细列出了企业信息、处置要求、时间节点、车辆详情以及协同部门等关键信息，指导两个部门协同执行任务。应急管理局负责前往企业现场处理非法生产活动，而交通运输局则负责拦截并处理相关运输车辆。这些信息通过各自部门的业务系统进一步传达给执行人员，当执行人员完成任务后，处置结果将通过系统反馈并汇总至"一网统管"平台，形成一个闭环的协同执行流程。

综合所提供的解决方案，明显符合一系列设计原则，包括应用闭环、长短结合、兼容利旧以及实战实用。具体而言，危化品风险管理的预警、处置和评估环节构成了一个完整的闭环系统，体现了应用闭环原则。风险预警模块能够及时查处非法运输和生产企业，有效防范短期风险；而分析研判模块则深入监管漏洞和违规行为的根源，实现长效治理，符合长短结合的设计原则。联动指挥系统与不同层级的指挥中心及现有业务系统无缝对接，同时充分利用基层执法终端和现有传感器，体现了兼容利旧原则。在联合处置过程中，应急管理局和交通运输局能够实现高效、精准的执法和协同作战，通过查处违规企业降低安全事故风险，不仅提升了工作效率，也创造了实际的业务价值，符合实用实效原则。

2. 群租房管控

城市的快速发展带动了人口的大量涌入，租房需求也急剧上升。在这一背景下，一些不法中介或"二房东"为了追求高额利润，违反规定擅自改造房屋结构，将原本仅适合3～4人居住的空间，非法改造为容纳十几人甚至更多人群的群租房。这种行为不仅会引发邻里间的纠纷和租户间的冲突，还易导致盗窃案件和财产损失，给城市带来了严重的安全隐患。群租房的非法改造，如拆除墙体、新建墙体、开挖洞口等，极易破坏建筑的原有结构，削弱房屋的承重和抗震能力。此外，改造过程中还可能损坏房屋及楼内公共设施，如水管、暖气管道或电缆等。为了满足新增房间的用电需求，私自拉设电线，增加了火灾风险，可能会导致人身伤害和财产损失。考虑到群租房问题的复杂性，治理群租房现象主要存在以下挑战。

隐蔽性强且难以预见。群租房的非法改造和租赁行为通常极为隐蔽，以规避公众视线和法律监管。部分"二房东"和房产中介机构在未经房东知情的情况下进行违规改造，使得群租房的存在难以被及时或主动地发现。大多数情况下，群租房的发现依赖于居民的举报，或者在发生事故或灾难后才被揭露出来。这种隐蔽性和潜伏期长的特点，给预防和监管带来了极大的挑战。

排查任务繁重与人手短缺。面对城市中庞大的房屋存量，政府部门面临人手不足的挑战，难以实现对每处房屋的逐一排查。群租房虽然只是少数，但全面排查不仅效率低下，也可能对合法居民的正常生活造成干扰。此外，群租房的排查与管理工作涉及住房和城乡建设部、街道管理委员会、综合治理办公室、公安等多个部门，这要求跨部门之间进行有效联动。缺乏协调一致的行动可能会导致资源的重复投入和浪费，同时也可能出现某个部门虽能发现问题却无法独立处理的困境。

信息匮乏与定位难题。群租房通常不会出现在管理严格、信息化水平高的高档社区。它们所在的小区往往管理松懈，信息化建设滞后，甚至缺乏基本的门禁系统。即使设有门禁，也多集中在小区入口，缺乏详尽的住户信息记录，使得精确到楼栋的定位都成问题，更遑论具体住户。由于难以获取群租房的租赁合同等详细信息，仅凭居住人数难以判断是否构成群租，因为这还涉及房屋面积、家庭结构等多种因素。目前，国内尚未对群租房的人员数量给出明确的界定标准。此外，由于水电数据的精度不足，仅凭用水量和用电量的总量信息，也难以准确判断群租现象的存在。

针对上述挑战，可以通过分析快递、外卖或电商平台上的收货地址数据，以一种简便而有效的方式识别群租房现象。例如，在外卖业务平台上，如果在相近的时间段内，有超过 4 个不同用户的账号向同一房间号下达了外卖订单，这强烈暗示该房屋可能存在群租情况。通常，即便是多代同堂的家庭，也不太可能出现多人同时使用不同账号在同一平台上下单外卖。类似地，在电商平台上，如果超过 6 个不同用户的主要收货地址指向同一房屋，并且在短时间内有实际的配送记录，这同样表明可能存在群租现象。在非别墅区，这种可能性尤其大。一般家庭为了节省运费或会员费，往往会在同一个平台上共享 1～3 个账号。然而，如果多个用户在不同电商平台上使用相同的收货地址，这种推断的准确性可能会降低。

这种方法的优势在于，它不依赖于房屋内的居住人数或房屋面积来评估，也减少了对水电使用和门禁系统数据的依赖。它简单、有效，并且具有很高的准确率。至于设置的阈值，可以根据具体情况进行调整，阈值越高，准确率越高，但也可能会遗漏一些群租房案例。

第六章

数智南京"一网统管"的组织变革历程

组织变革是政府实现数字化、智能化转型的根本路径。近年来，中央及各级地方政府相继出台了关于城市数字治理的一系列文件，旨在积极应对时代与社会变迁所带来的治理难题。2020年，"十四五"规划将"一网统管"的理念、经验与路径进行了系统梳理，这标志着作为地方性城市治理实践创新的"一网统管"改革已经上升为国家战略层面的重要参考。作为国家首批智慧城市建设试点城市，南京市在推进数字化转型、增强城市发展韧性以及提升治理现代化水平等方面，以数字技术为基础，通过借鉴、吸收、整合各类治理载体、规则、程序等，进行了大量富有成效的实践与探索。南京市"一网统管"凭借其联动性、共享性、整体性、智慧性等多重优势，聚焦政府侧的数字化协同治理，塑造了城市社会互动模式与网络结构的新形态，显著提升了城市的办事效率。这不仅展现了南京市在智慧城市建设方面的前瞻视野，更为其树立了"全面发展型数字化治理范例"的标杆地位，被公认为是数字时代下特大城市有效治理的创新实践。

一、公共服务门户建设的起步

（一）"一网统管"组织的基础

自党的十六大以来，基于信息技术的中国特色城市管理与服务模式的实践探索，呈现出蓬勃发展的态势。起初，关注的焦点主要集中在工商市场监管、供水管网管理、公安巡逻、社区工会网格化管理等专业性技术的嵌入。然而，随着时间的推移，这些议题逐渐转向更为综合性的实践，例如城市街面管理、社区综合管理与服务等。这种转变不仅带来了实际操作层面的革新，更引发了关于公共服务流程再造、政府与社会合作治理、社会管理模式创新、政策创新与扩散等深层次的理论探讨。

自 20 世纪 90 年代起，现代信息技术迅速被应用于城市公共部门管理。其中最为显著的一个影响便是政府组织内部管理的信息化水平大幅提升。各部门积极探索并利用新兴的信息技术，构建新的内部信息沟通系统与城市要素信息管理系统。然而，这一时期的技术应用并未从根本上改变城市管理的传统组织模式。城市管理仍然按照既有的工作模式，各部门分头管理与其相对应的城市要素或对象。例如，1994 年，国家在 50 个城市试点并开通了"金税工程"一期，显著提升了这些城市的税务系统管理的信息化水平。此后，税务、交通、水务、工商、住建、公安等公共部门也逐渐采用信息技术工具，显著提高了信息收集、处理及公开的能力。然而，公共部门的管理者在提升自身管理能力的探索中，多局限于推进机构改革或加强部门间的常规沟通与协调，尚未形成能够全面打通各部门壁垒、整合前台或前端职能的平台型组织。因此，城市日常管理仍由各部门分散组织和完成，整体表现为公共部门间的各自为政。

随着新型信息系统在各个城市的管理部门中陆续搭建成功，以及 20 世纪末以来相对集中的行政处罚权改革有序推进，技术嵌入城市管理的程度逐渐加深。在这一时期，城市公共部门之间的信息系统得到进一步数统与整合，公共部门与管理对象之间的关系也开始随之变化。整合各部门基础职能的"城市网格化管理中心"逐渐崭露头角，成为各部门与城市管理对象交互的重要平台。同时，随着城市网格化管理的日益成熟和信息技术的不断进步，技术与城市管理的融合愈加紧密。数据管理职能的重要性日益凸显，一些城市借鉴私营部门经验，将数据管理职能独立出来，成立了专门的城市管理数据中枢。

南京作为江苏省的省会城市以及长三角地区的特大城市，自 2006 年起便开始探索智慧城市的顶层设计，并于 2009 年启动实际建设工作。在《南京市"十二五"智慧城市发展规划》中，明确提出了电子政务的发展目标：构建跨部门、信息资源共享的智慧政务体系，以提高管理效率和服务民生为导向，引入云计算、云服务等先进技术，强化资源整合、信息共享和业务协同，推动政府行政的现代化、民主化、公开化和高效率。在资源整合方面，南京力求建立一个智慧数据中心，将各部门、各行业的数据汇聚于此，为城市管理提供基础数据支持。基于此，智慧南京运行管理中心一期工程始建于 2012 年并于当年投入使用，作为智慧城市运行的核心节点和实体门户，具备实时实地、汇合整合、动态直观、调度响应等鲜明特色。2013 年，南京被列为国家首批智慧城市建设试点城市，智慧南京运行管理中心在当年的亚青会和下一年的青奥会中得到了实际应用，并获得了国际社会的广泛认可。自此，数智南京建设迈入了全新的应用阶段。

（二）南京一体化智慧云平台与"我的南京"APP

1. 南京市新型城市基础设施

运用大数据、云计算、区块链、人工智能等前沿技术推动城市管理手段、管理模式、管理理念创新，从数字化到智能化再到智慧化，让城市更聪明一些、更智慧一些，是推动城市治理体系和治理能力现代化的必由之路。传统政务系统建设分散，存在重复投资、运维量大、安全风险高等问题，信息系统缺乏整体部署、数据资源无法汇聚共享、业务应用很难有效协同，制约了政府管理和公共服务的提供。

南京市新型城市基础设施整体按照"一张网、一朵云、云网融合"的思路进行建设。"一张网"是遵循"应接尽接"原则，逐步构建覆盖市、区、街道、社区的高速数据网络。"一朵云"是通过电子政务外网连接市（区）政务云平台，为全市所有电子政务项目提供高水平的云服务。"云网融合"是通过政务云和政务外网的高带宽网络融合及网络"自动驾驶"能力，为实现跨部门、跨区县的信息资源共享创造条件，促进业务系统的互联互通和信息共享，提高政府的监管能力、服务质量与政务信息化水平，为全市政务服务提供全面的基础性支撑保障（如图 6-1 所示）。

2019 年前，基于传统云架构，只能提供虚机和存储资源。2019 年后启动了新一代政务云项目的建设，在 IaaS 层之上又增加了 Paas、DaaS、SaaS 层能力，除虚机和存储资源外，还可提供数据库、容器、微服务、缓存、消息队列、地理信息系统地图工具、物联网平台、大数据工具等 11 大类 49 小类的云服务。建设了统一云管平台，实现了所有政务云业务线上运维管理。

截至 2024 年 4 月，实际已发放云主机 10117 台，承载了 1046 个项目，已上云单位 143 家,支撑的重要信息系统有"我的南京"APP、政务热线 12345、城市生命线、公安"微警务"平台、房产局"不动产登记"、财政非税管理系统、城管大数据运行管理平台、智慧水务、应急管理 181 平台等重点项目。

城市新型数字基础设施的架构由六个层级组成。

第一基础资源层:提供了通用算力和人工智能算力资源,满足不同业务对多种计算需求;存储提供了对象、文件、块不同类型的存储,满足不同形式、不同业务的存储要求。

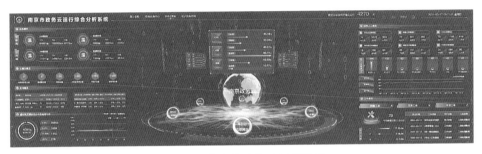

图 6-1 南京市政务云运行监控

(图片来源:城市运行"一网统管"南京—华为联合创新实验室提供)

结合南京政务网站群等实际业务需要,落地"IPv6+"新技术新应用,利用"IPv6+"新技术增强电子政务外网和政务云的综合承载能力和安全防护能力。打造 IPv6 单栈"一张网"、构建 IPv6 融合"一朵云",从出口、云内网络、虚拟机到应用及安全防护支持全栈 IPv6;建立"一体系",基于 IPv6 建立全面安全保障体系,促使"两门户"政府门户网站群及"我的南京APP"支持并实现双栈部署,推进物联网平台、视频联网平台、区块链平台"三大平台"支持 IPv6 单栈,实现 IPv6 量级增长。组建了负载分担、冗余可靠架构,实现 12 个区城市数字治理中心、101 个街道和区接入单位的高速接入。搭建 SDN 网络控制器平台,实现网络统一管理、业务统一规划、运行情况统一呈现。

在骨干汇聚层构建安全资源池,对安全业务路径统一编排,实现区和街道的按需防护,形成网安联动防御体系。在接入层通过 SRv6 技术以一条链路统一承载公用网络区和互联网区,既节约资源又实现安全隔离。移动端试点建设政务外网 5G 专网,将专属 UPF、DNN 隔离、零信任安全准入控制等技术进行部署,最终形成一网多用、智能调度、泛在感知、天地一体的新一代政务外网。

第二安全服务层：南京市新一代政务云根据《电子政务外网安全建设规范》《信息安全技术网络安全等级保护基本要求》（GB/T 22239–2019）等相关规范文件的指引，采用系统化、体系化的规划思路，以满足等保 2.0 规范相应的等级防护能力为基本要求，并结合南京市电子政务云及外网的安全现状，从安全技术、安全管理、安全运维等方面开展设计，统筹规划市新一代政务云全网的安全建设，打造"态势可感知、事件可预警、事故可追溯、安全可闭环"的电子政务外网安全体系（如图 6-2 所示）。

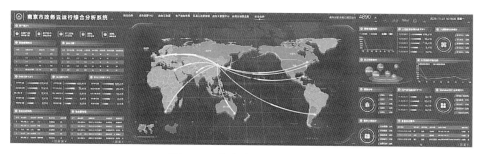

图 6-2　安全态势实时监测

（图片来源：城市运行"一网统管"南京—华为联合创新实验室提供）

第三通用服务能力层：随着智慧城市的发展，对各类信息的收集与处理都提出了更高的要求，南京市新一代政务云平台结合实际需求与先进技术，通过云平台结合地理信息系统、人工智能、物联网、区块链等前沿技术。可为新型智慧城市应用提供多租户、可弹性调度的平台能力支撑。基于政务云构建的包含从底层算力支撑到视图分析应用，从基础算法仓库到场景赋能服务的融合感知平台，可实现全市 AI 算法的共享共用，赋能各委办局、各行业快速构建可视化、智能化的视频应用能力（如图 6-3 所示）。

第四大数据支撑层：南京市新一代政务云为全市各部门统一提供数据采集、数据治理、数据挖掘、数据分析工具，快捷定制各类主题库、专题库，为上层应用提供海量、精准的数据支撑。利用大数据提供的分析结果来归纳和演绎出事物的发展规律，通过掌握事物发展规律来帮助政务部门进行科学决策（如图 6-4 所示）。

第五应用服务层：应用服务以功能组件形式集成支撑全市信息化业务的应用服务能力（统一身份认证、统一电子证照、统一等）向全市各部门提供便

图 6-3　自动识别机动车占用消防通道

（图片来源：城市运行"一网统管"南京—华为联合创新实验室提供）

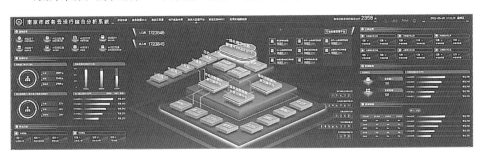

图 6-4　数据支撑层

（图片来源：城市运行"一网统管"南京—华为联合创新实验室提供）

捷的应用组件服务，减少各部门重复开发投入，推动全市的数据共享交换，打通了各部门信息化系统之间的交互壁垒。

第六统一运维层：从传统信息技术运维到以业务为中心的数字化运营，是未来云管理平台的发展趋势（如图 6-5 所示）。随着业务的发展，数据中心的规模不断扩大，数据资产越来越庞大，存在不明现状、不明原因、不可预测、效率低下等问题，对于数据中心的运营提出了更高的挑战。因此南京市新一代政务云通过构建统一的云管平台，对管理方可实现政务云全生命周期的线上管理，做到一屏观全局；对用户方可实现政务云全业务的在线申请、在线管理，统一调度。

图 6-5　全链路运维监测

（图片来源：城市运行"一网统管"南京—华为联合创新实验室提供）

2. "我的南京"APP

"我的南京"APP 于 2014 年 8 月 15 日正式上线，截至 2023 年 8 月，累计实名注册用户已突破 1068 万人，汇聚了全市超 80 个政府部门和公共企事业单位的信息化建设成果。在用户总量和活跃度方面，该 APP 均居全国城市 APP 前列。它拥有超 240 个应用场景和超过 4000 项在线服务功能，覆盖政务、医疗、健康、交通、文旅、教育、人才服务等 17 个主题，为广大市民提供了便捷的线上服务，其设计架构如图 6-6 所示。

"我的南京"APP 的功能定位明确，具备综合、高效的集成统一架构和枢纽渠道。它在统一规划等一致性要求下服务公众，以用户需求为导向，以整合资源为抓手，以服务共享引导使用者和服务者的双重汇聚。该 APP 贯通全媒体信息通道，最终形成政府引导、社会参与、面向公众服务的南京城市智能服务平台。从"政务"到"生活"，从"个人"到"企业"，它作为以公众服务为核心的高度集成各种生活信息的城市级移动应用系统，将社会、城市、个人和政府有机组合成一个城市服务业态链，在教育、医疗、出行、融资等方面不断丰富场景建设，持续拓宽服务领域，助力构建城市数字化公共服务体系。

聚焦教育数字化，提升教育服务能力。教育数字化是当代教育发展的重要趋势，利用数字技术全面升级教育资源、教学方法和管理模式。其中，"子女教育"应用通过建设数字化教育管理系统，实现了对学生信息的全面管理、对教学过程的实时监控以及对教育质量的科学评估。该应用还提供基础信息、子女健康、子女荣誉等功能服务，让家长可以随时掌握孩子的体质健康情况，及时发现问题，从而提高教育质量。此外，"省名师空中课堂"应用还帮助各地实现优质教育资源在线同步和共享，打破时空限制，实现教育资源的共享和

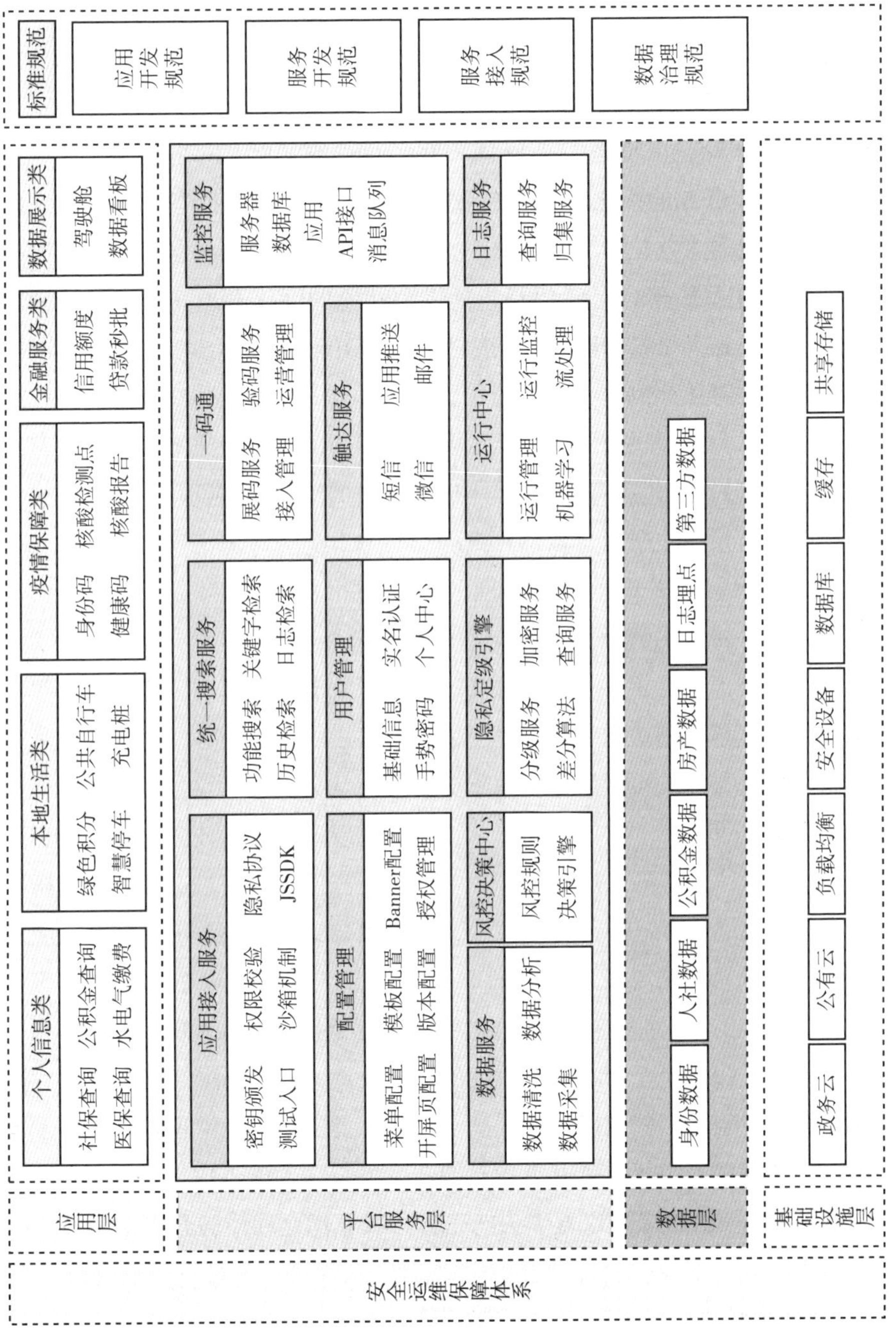

应用层	平台服务层	数据层	基础设施层	标准规范

个人信息类
社保查询 公积金查询 水电气缴费
医保查询

本地生活类
绿色积分 公共自行车 充电桩
智慧停车

疫情保障类
身份码 核酸检测点
健康码 核酸报告

金融服务类
信用额度
贷款秒批

数据展示类
驾驶舱
数据看板

应用接入服务
密钥颁发 权限校验 隐私协议 JSSDK
测试入口 沙箱机制

配置管理
模板配置 Banner配置
菜单配置 版本配置 授权管理
开屏页配置

数据服务
数据清洗 数据分析
数据采集

风控决策中心
风控规则
决策引擎

统一搜索服务
功能搜索 关键字检索
历史检索 日志检索

用户管理
基础信息 实名认证
手势密码 个人中心

隐私定级引擎
分级服务 加密服务
差分算法 查询服务

一码通
展码服务 验码服务 运营管理
接入管理

触达服务
短信 应用推送
微信 邮件

运行中心
运行管理 运行监控
机器学习 流处理

监控服务
服务器 数据库
应用API接口
消息队列

日志服务
查询服务
归集服务

身份数据 **人社数据** **公积金数据** **房产数据** **第三方数据** **日志埋点**

政务云 **公有云** **负载均衡** **安全设备** **数据库** **缓存** **共享存储**

应用开发规范
服务开发规范
服务接入规范
数据治理规范

安全运维保障体系

图6-6 公共服务门户（"我的南京" APP）设计架构示意图

配置优化。通过建设数字化教育资源库，汇聚优质教育资源，为广大学生提供丰富多彩的学习内容，满足个性化的学习需求。数字化技术为学生创造生动、形象的学习环境，提高学习兴趣和积极性，以数字赋能推动教育普惠均衡发展，彰显教育的公益普惠属性。

助力智慧医疗，赋能医院高质量发展。通过数字化、网络化和智能化的手段，实现医疗资源的优化配置和高效整合。例如，"健康档案"应用使医疗服务更加个性化、人性化，方便市民一键查询个人体检就诊记录，同时医院也能利用智慧医疗系统整合患者信息，提供个性化的医疗管理，实现精确的诊断和治疗方案。截至 2023 年 8 月，该应用的总访问量达 73.54 万人次。此外，医保在线结算功能让市民能够线上使用医保支付的方式进行预约挂号和医疗缴费。智慧体检平台则提供个人、团队以及专项体检的个性化线上服务套餐，现已进驻包括南京鼓楼医院、南京市第一医院在内的 24 家知名医院及 11 家连锁品牌体检机构，累计注册用户数达百万。

赋能绿色出行，提升公共交通惠民服务水平。"乘地铁"应用让市民出行更加便捷，进一步助力南京市公共交通体系的智能化建设。"一键叫车"功能进一步加强和改善了老年人的出行服务，以大字化等适老模式、优先派单等功能缓解老年人打车难题。这一服务是当前城市发展的重要任务，对于促进城市可持续发展、改善居民生活质量具有十分重要的意义。

助力满足更多用户的融资需求，提升民生服务效能。通过接入多家银行，极大地丰富了"个人金融"应用的产品类型，用户可根据需求选择合适的金融产品和服务，有效缓解个人资金压力。数据显示，截至 2023 年 8 月，该应用已成功为数万人放款数十亿元。此外，该 APP 还与多家金融机构合作，推出普惠金融产品，为中小微企业提供线上贷款申请服务，成功为众多企业办理了线上贷款申请，缓解了企业在资金方面的压力。这些普惠金融产品的推出，简化了贷款流程，降低了贷款门槛，提高了贷款审批效率，为中小微企业的发展和经济社会的稳定繁荣提供了有力的支持。

"我的南京"APP 持续致力于功能完善、服务优化和体验升级，旨在推动线上、线下政府和社会服务渠道的深度融合，从而进一步提升群众在掌上生活、办事方面的便捷度和获得感。在数智南京建设的潮流中，积极整合都市圈异地通办事项，努力将更多的"数字红利"转化为惠及民生的实际利益，促进与都市圈城市的互联互通，力求在民生、经济等领域发挥更加重要的作用，并致力于将"民生清单"转化为人民群众满意的"幸福账单"。

（三）公共服务门户的发展现状

2019年，南京正式出台了《加快推进城市数字治理工作方案》，并随之成立了市大数据管理局。此举旨在加快数据资源的整合、共享、开放和创新应用，从而进一步提升数据资源的整合管理能力、开放应用能力、产业转化能力以及安全保障能力，这标志着南京市治理数字化转型工作正逐步向纵深推进。2020年6月，南京大数据集团有限公司挂牌成立，以"我的南京"APP和"智慧城市大脑"开发为核心，围绕数据要素市场化运行，充分发挥数据在城市治理中的重要作用，形成了政务数据和市场数据互补、互促、共进的良好机制。2021年，南京市委市一号文件《关于新发展阶段全面建设创新名城的若干政策措施》明确提出要强化市域治理应用场景创新，并制定了相应的行动方案，为数字化治理提供了更加坚实的基础。2022年10月，南京市信息中心更名为南京市城市数字治理中心，并增加了市域社会治理现代化指挥和城市运行管理职能，进一步凸显了数字在城市治理中的核心地位。

治理框架有序拉开，管理体制逐步建立。首先，成立市大数据管理局，强化了数据管理和相关统筹协调工作，显著提升了数据资源的整合管理能力、开放应用能力、产业转化能力以及安全保障能力（如图6-7所示）。其次，制定了《加快推进城市数字治理工作方案》等一系列政策文件，为数字治理工作提供了明确的指导和规范，并为全市数据共享开放提供了具体的操作流程和技术标准。最后，组建市大数据集团，积极培育数据要素市场，运用数字化手段提升城市治理水平，优化公共服务品质和管理精细化程度。

新基建加速集聚，城市大数据平台雏形初现。一方面，强化网络、数字和运算基础，加快5G、大数据、人工智能、工业互联网等新型基础设施建设，为城市治理各领域数字化转型奠定坚实的基础。另一方面，建设智慧南京中心城市运行与管理平台，汇聚公安、城管、交通、环保、气象、水务等40个部门的数据资源，实现城市运行状况的综合、实时和直观展示。此外，建成"城市之眼"智能感知系统，利用卫星遥感、物联网技术获取动态多源数据，为城市的运行监测提供新型数据支持。

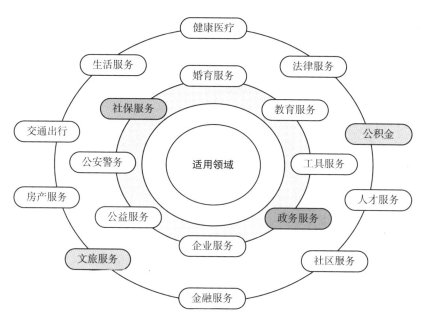

图 6-7　全场景城市智慧生活服务示意图

　　数字政府建设步伐加快，运行质效显著提升。一是打造市政务数据中心、政务云计算平台、麒麟数据中心，为全市 110 个部门近 1100 个信息系统提供云计算资源，电子政务外网积极向街道、社区延伸拓展，覆盖市、区、街道、社区四级；二是全力推进一体化政务服务平台建设，做大做强"不见面审批"服务品牌，大力推进政务服务"宁满意"工程，在市本级行政许可事项中，98.97% 的事项实现了网上可办，95.35% 的事项实现了"一网通办"；三是建立全市统一的跨部门数据共享交换平台，持续扩展居民、企业、政务和城市运行四大应用信息库，政务信息资源共建共享、有效汇聚、按需交换的工作格局已初步形成。

　　数据惠民初显成效，企业和群众满意度显著提高。一是深入推进"互联网＋公共服务"建设，在全国率先开通掌上城市智能门户（"我的南京"手机 APP），实现了"让信息多跑路，让群众少跑腿"；二是广泛开展多领域应用场景建设，"宁归来""生态眼""阳光四季"一体化智慧云平台、不动产登记信息服务与监管平台、"181"应急管理平台、"大数据＋网格化＋铁脚板"社会综治平台等基础支撑作用日益显现，智慧医疗、智慧旅游、智慧教育等一批应用相继启动建设并投入运行，提升了市民的满意度和获得感；三是汇聚整合人口、经济、城市运行等海量数据，有效开展交通、环境等大数据综合分析、指挥调度，为智能交通运行、生态环境治理和突发事件应急处置、联动指挥等提供数据支撑，营造了安定有序、活力高效的城市发展环境。

二、"互联网＋政务服务"提升

随着信息技术的迅猛发展，"互联网＋政务服务"已成为推动政府治理现代化、提升政务服务效率和质量的关键引擎。在全面实施网络强国战略的大背景下，推进"互联网＋政务服务"不仅是贯彻落实党中央、国务院关于简政放权、放管结合、优化服务改革等决策部署的重要环节，而且为加快政府职能转变、优化政务服务供给模式、提升政务服务能力和质量提供了新的路径。南京市通过深度融合互联网与政务服务，持续优化政务服务流程，提升政务服务效能，为市民和企业带来了更加便捷、高效的服务体验。

（一）政务服务平台建设：功能完善与升级

为贯彻《国务院关于加快推进"互联网＋政务服务"工作的指导意见》，满足市民和企业的多样化需求，南京市政府致力于政务服务平台功能的完善与升级，按照全省"互联网＋政务服务"总体技术方案，落实政务服务"一张网"建设工作部署，深化简政放权、放管结合、优化服务改革，以提升政务服务的质量与实效。南京市结合市域治理的实际情况，大力推行"互联网＋政务服务"，着力建设市、区、街（镇）联动的南京政务服务网，并延伸至社区（村），在政务服务平台功能完善与升级方面取得了显著的进展。

服务功能的全面扩展，实现政务服务"一网统管"，政务服务方式不断创新（如图6-8所示）。南京市在"互联网＋政务服务"方面全力打造纵横全覆盖、事项全口径、内容全方位、服务全渠道的网上"政务航母"。例如，着力建成以统一身份认证形成的"一码"、整合政务服务资源形成的"一网"、线上线下集约办理的"一门"、面向社会公众的统一客户端以及提供监督投诉的"一号"这"五个一"为特色的政务服务体系。通过推行"一网通办""不见面审批"等改革措施，实现在线办理和审批政务服务事项，减少群众办事的奔波与等待时间。此外，南京市还全力推动行政审批、公共服务等政务服务事项进驻全省政务服务网办理。依据全省统一的政务服务事项库，以自建或统建网上

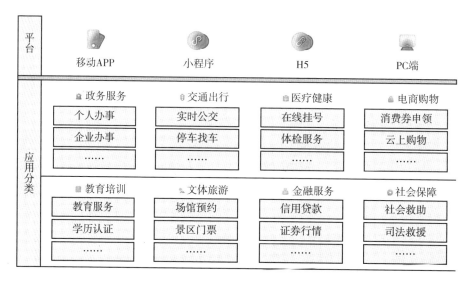

平台				
	移动APP	小程序	H5	PC端

应用分类				
	政务服务	交通出行	医疗健康	电商购物
	个人办事	实时公交	在线挂号	消费券申领
	企业办事	停车找车	体检服务	云上购物
	……	……	……	……
	教育培训	文体旅游	金融服务	社会保障
	教育服务	场馆预约	信用贷款	社会救助
	学历认证	景区门票	证券行情	司法救援
	……	……	……	……

图6-8 "互联网＋政务服务"功能概览

服务两种方式实现政务服务网上办理功能，并对接政务服务数据共享平台。统一建设的"云服务"平台提供事项网上受理、结果反馈等基本功能，供所有非自建系统的政务服务事项使用。各级各部门应将所有政务服务事项的互联网入口，统一迁移至全省政务服务网门户，方便企业和群众"一站式"获取所需的政策定制、"套餐"服务，众筹办事攻略。

智能化服务的升级优化，提升政务服务效率和质量。在智能化服务方面，完善"互联网＋政务服务"技术构架，明确系统设计思想、技术路线和实施计划，进行深入的升级优化。通过引入人工智能、大数据等先进技术，平台实现智能问答、智能审批等功能，为市民和企业提供更加智能化、个性化的服务体验。南京市建设了全市统一的身份认证体系，为办事对象提供实名认证，通过全市网上政务服务"一次认证、全网通行"，实现统一身份认证、统一证照共享、统一搜索服务和统一咨询评议。智能问答系统能够实时回答市民和企业的咨询问题，提供准确的政策解答和办事指南；制定统一的信息编码规则，市、区、街（镇）的政务服务事项办理各环节数据信息，统一由市政务服务数据共享平台归集、比对和存储，实现跨部门、跨层级、跨区域的政务信息资源共建共享，满足政府部门审批过程中的证照审核、材料鉴别的需要，努力做到"凡是能通过网络共享复用的材料，不需要企业和群众重复提交；凡是能通过网络核验的信息，不得要求其他单位重复提供；凡是能实现网上办理的事项，不得要求必须到现场办理"。这些智能化服务的推出，不仅提高了政务服务效率和质量，还增强了政务服务的人性化和数智化水平。

移动端的拓展与深化，便于随时随地享受政务服务。通过开发政务服务APP、微信公众号等移动应用，市民和企业可随时随地通过手机办理政务服务事项。例如，依托"我的南京"公众信息服务平台，对接网上办事大厅的服务功能，广泛应用场景式办事导航体系、智能检索、智能标签、电子地图、搜索优化等智能化互联网技术，提升网上办事服务的便捷度和使用率。这些移动端应用不仅具备在线申报、查询、缴费等功能，还提供个性化推送、智能提醒等增值服务，让市民和企业能够更加便捷地享受政务服务。移动端的普及和应用，进一步提升了政务服务的便捷性和用户体验。

安全保障的加强与完善，确保政务服务安全可靠。在功能完善与升级的同时，南京市高度重视政务服务平台的安全保障工作。通过加强网络安全防护、完善数据备份和恢复机制等措施，确保政务服务平台的安全稳定运行。平台采用先进的数据加密技术和访问控制策略，保障政务服务数据的安全性和隐私性。此外，南京市还加强对政务服务平台的日常维护和监管工作，及时发现并解决潜在的安全风险，确保政务服务的可靠性和稳定性。

数智南京建设的目标旨在从全局视角对城市系统的各方面、各层次、各要素进行统筹考虑。通过普遍建立网上政务服务平台，力求构建一个覆盖全市、整体联动、部门协同、一体化办理的"互联网＋政务服务"技术和服务体系。此举旨在调节各种关系，确立共同目标，并为其制定恰当的实施路径，以实现效益的持续提升、资源的有效节约、风险的显著降低以及成本的合理控制。同时，我们还致力于推动政务服务的标准化、精准化、产品化、平台化与协作化，以提升服务质量和效率。总结有以下几点：一是促进三方融合，促进政府部门的供给侧改革、增强企业群众的需求侧感受、引导社会中介服务接轨等三个方面的业务融合、同网运行；二是整合四大平台，整合全市政务服务门户、政务服务综合管理平台、部门业务办理系统和政务服务数据共享平台等四大平台，纳入统一的政务服务体系，实行政务服务的全流程、产品化供给；三是聚焦五化目标，聚焦政务服务标准化、精准化、产品化、平台化、协作化目标，实现事项同码、服务同项、数据同源、标准同一、跨区域通办；四是实行六统一，建设统一的管理体系、集成统一的服务门户、编织统一的用户网络、搭建统一的监管平台、延伸统一的业务系统、汇聚统一的数据中心。

（二）南京市"互联网＋政务服务"提升的成功经验

为了解"互联网＋政务服务"领域的发展情况，南京市于2018年通过调查队的问卷调查和审计局的审计调查，开展了"互联网＋政务服务"实际情况调查。调查队的问卷结果显示，南京的"互联网＋政务服务"在流程清晰、操作简单、减少重复提交等方面得到了企业的广泛认可。大部分企业表示现在办事流程简化、办理时间缩短，且无须到现场办理或跑多个窗口。另外，审计局的审计调查进一步证实了南京在推进"互联网＋政务服务"方面的显著成果。一是落实"一张网"建设，形成覆盖市区两级的"一站式"互联网政务服务平台，实现了权力事项标准化和内容公开，提高了政务服务效率。二是推行"不见面审批"新模式，通过外网申请、内网审核等方式，实现了全程不见面登记，降低了准入门槛，激活了市场活力。三是实现了政务服务数据的初步共享和应用，为各部门提供了便捷的数据服务。总的来说，南京在"互联网＋政务服务"方面取得了显著的进展和成效，为企业和群众提供了更加便捷、高效的政务服务。这些成果不仅提升了南京的政务服务水平，也为其他城市提供了可借鉴的经验和模式。

理顺并搭建全市的总体构架，确保与国家和省级政务服务标准规范的无缝对接。在此过程中，南京市始终坚持问题导向，深入剖析政务服务中的痛点与难点，并以此为出发点，精准发力，采取切实有效的措施加以解决。通过不断优化政务服务流程、提升服务质量、加强数据共享与应用等方式，南京市在"互联网＋政务服务"领域取得了显著的成效，为市民和企业提供了更加便捷、高效的政务服务体验。

南京在提升"互联网＋政务服务"水平的过程中，注重建设全市统一的政务服务数据共享平台和综合管理平台，确保市、区、街（镇）、社（村）的政务服务事项能够实现一网办理。通过搭建这样的平台，能够有效整合各级政务服务资源，实现信息的互联互通和共享共用，从而提高了政务服务效率和便捷性。同时，南京市也高度重视技术创新在政务服务中的应用。通过引进先进的信息技术，南京市政务服务平台不断升级改造，功能日益完善。这不仅提升了政务服务的智能化水平，也让企业和群众能够享受到更加便捷、高效的政务服务。针对政务服务中存在的流程烦琐、时限过长等问题，南京市积极采取措施进行优化。通过简化办事流程、减少审批环节、压缩办理时限等方式，南京市有效提高了政务服务效率和质量，让企业和群众办事更加省心省力。

南京市不断深化并推进网上联合审批和跨层级、跨区域联动审批，以实现政务服务事项的网上协同办理。这一举措不仅提升了审批效率，也极大地便利了企业和群众办事。注重强化跨部门协作，形成合力推动政务服务改革。通过建立健全跨部门协作机制，加强信息共享和业务协同，实现政务服务事项的跨部门联动办理。这种协作模式打破了部门间的壁垒，使得政务服务能够更加顺畅、高效地运行。同时，南京市还积极推动政务服务向基层延伸，通过建设全市统一的政务服务数据共享平台和综合管理平台，让企业和群众能够在家门口就享受到便捷的政务服务。

完善并细化全流程在线电子监察、绩效考核与数据分析，对于促进政务服务的规范运行和效能提升具有至关重要的作用。首先，全流程在线电子监察能够实时、全面地监控政务服务过程，确保服务流程的规范性和合规性。通过电子监察系统，可以及时发现并纠正服务过程中存在的问题，提高政务服务的质量和效率。其次，绩效考核是评价政务服务效能的重要手段。通过制定合理的绩效考核指标和评价体系，可以客观、公正地评估政务服务人员的工作表现和服务质量。同时，绩效考核结果还可以作为激励和约束的依据，促进政务服务人员不断提升服务能力和水平。最后，数据分析可以为政务服务提供决策支持和优化建议。通过对政务服务数据的深入挖掘和分析，可以了解服务需求、服务效果和服务瓶颈等方面的信息，为政务服务改革和优化提供科学依据。因此，完善并细化全流程在线电子监察、绩效考核与数据分析，有助于推动政务服务向更加规范、高效、便捷的方向发展，提升政务服务效能和群众满意度。

总的来说，"互联网＋政务服务"是南京市全面推进政务公开的关键一环，其核心在于以用户为中心，深入实施需求侧改革。市民和企业可以便捷地通过互联网登录政务服务门户（PC端）、手机APP（移动端）以及政务服务一体机（自助终端）等多种渠道，申办各类服务事项。南京市在此方面不仅聚焦于技术创新和平台建设，更致力于强化跨部门间的协作与基层服务的延伸，从而构建了全面覆盖、高效运作、便捷服务的政务服务体系。这些举措的落实，为南京市打造服务型政府、持续提升政务服务水平奠定了坚实而稳固的基础。

（三）南京市"互联网＋政务服务"未来的发展方向

就我国情况来看，自党的十八大以来，特别是在《2015年政府工作报告》提出"制定'互联网＋'行动计划"和《2016年政府工作报告》提出"大力推行'互联网＋政务服务'"以来，各地纷纷加快了技术嵌入城市管理的步伐。近年来，南京市政务办作为国务院"互联网＋政务服务"首批试点城市，积极推行"互联网＋政务服务"，致力于构建线上线下一体化的"政务航母"。该平台包括整合政务服务资源形成的"一网"、线下集约办理的"一门"、面向社会公众的移动客户端、覆盖全市的24小时不打烊自助服务点以及提供监督投诉"总客服"的"一企来"等，形成了独具特色的以"五端融合"为核心的政务服务体系。此外，南京市还推行城市数字化合伙人制度，积极打造数字化转型新模式。在这一进程中，南京选择了华为作为"一网统管"城市合伙人。2022年6月，双方正式签订战略合作协议，并挂牌成立了城市运行"一网统管"南京－华为联合创新实验室。双方紧扣城市治理的重点领域、关键环节和共性需求，共同探索更多务实管用的新思路、新技术、新方案、新产品和新场景。南京借助华为的科技创新能力和数字化转型经验，进行了"一网统管"的规划、设计和落实等工作，旨在造就新产业、激发新业态、探寻新模式、培育新生态，为城市的数字化转型和政务服务水平的提升注入新的动力。

深化"互联网＋政务服务"一体化建设，是南京市未来发展的关键一环。展望未来，南京市应继续深化这一领域的建设，努力推动政务服务向更高层次、更广领域迈进。通过全面整合各类政务资源，不断完善政务服务平台的功能，致力于实现政务服务事项的全程网办、一网通办，从而为市民提供更加便捷、高效的政务服务体验。在这一进程中，应积极整合各类政务资源，打破信息壁垒，实现政务数据的互联互通和共享共用。同时，还要不断完善政务服务平台的功能，优化用户界面，提升交互体验，确保平台的稳定运行和数据安全。

推动政务服务与社会治理的深度融合，是提升政府治理效能的关键举措。政务服务作为社会治理的重要组成部分，必须与社会治理工作实现深度融合。南京市应积极探寻政务服务与社会治理的有机结合点，通过政务服务创新推动社会治理模式的升级，从而进一步提升社会治理能力和水平。同时，还要充分利用政务服务所积累的数据资源，加强社会态势的感知与预警预测能力。通过对这些数据的深度挖掘与分析，更准确地把握社会动态，为政府决策提供有力支持，从而确保社会治理工作更加精准、高效。

在全球化的时代背景下，加强政务服务国际合作与交流显得尤为关键。南京市应积极投身于国际政务服务交流与合作的大潮中，主动汲取国际先进经验和技术，不断提升政务服务的国际化水平。通过国际合作与交流，不仅能够拓宽视野、增长见识，更能推动南京市政务服务走向世界舞台，展示南京市政务服务改革的丰硕成果和良好形象。这不仅能够增强南京市的国际影响力，还能够为南京市的发展注入新的活力和动力，展示南京市政务服务改革成果和形象。

随着南京市作为省会城市和特大城市建设的不断深入，城市治理面临着新的挑战。南京市需紧抓数字化转型的历史机遇，积极对标国内外先进城市，运用现代化的数字治理新理念，构建符合特大城市特点的数字治理新体系，形成引领全国的数字治理新模式；要着力推动城市治理数字化转型取得重大突破，实现公共服务能力的显著增强，让企业和群众办事更加便捷高效，激发创新发展的活力，推动整体智治水平的大幅提升；还要确保城市各系统日常运行更加高效、可协同、安全、有韧性，努力将南京市打造成国内智慧城市建设的标杆和国际数字治理领域的名城，为城市的繁荣发展和人民群众的幸福生活贡献新的力量。

三、数字政府淬炼

自 2009 年以来，南京市按照"统筹、共享、协同、服务"的原则积极探索政务大数据建设，打造出"我的南京 APP""南京城市运行管理中心"等城市名片，这些阶段性成果为南京"一网统管"建设打下坚实的基础。如果说"互联网＋政府服务"是强调由点到线，通过打造政府网站、建设网上大厅等手段推动政府职能转变的话，那么数字政府建设则是由点到面，在体制机制层面明确"一网统管"的总体框架和具体举措。2022 年 4 月，中央全面深化改革委员会第二十五次会议审议通过了《关于加强数字政府建设的指导意见》，习近平总书记首次提出"以数字化改革助力政府职能转变"的重要论述，明确指出要统筹推进各行业各领域政务应用系统集约建设、互联互通、协同联动，发挥数字化在政府履行经济调节、市场监管、社会管理、公共服务、生态环境保护等方面职能的重要支撑作用，构建协同高效的政府数字化履职能力体系。中央的政策和指示不仅为数字政府系统建设提供了根本性的指导，同时也为数字政府建设背景下的"一网统管"探索路径指明了方向。

（一）高位统筹：强化"一网统管"的组织目标

组织目标关系到组织的具体战略选择。特别是对于"一网统管"这一面对复杂治理问题、需要长期投入的系统性工程而言，明确的组织目标是对内推动政府职能变革、对外实现精准社会治理的第一步。对此，中央层面依据具体国情不断适时调整制度设计，地方政府依据本地实际情况做出政策回应，确保了"一网统管"建设的延续性与稳定性。

1. 中央层面的政策设计

首先是"十四五"规划勾勒出了数字政府的建设轮廓。党的十八大以来，以习近平同志为核心的党中央高度重视信息化、数字化建设。党的十九大提出建设网络强国、数字中国、智慧社会，党的十九届四中、五中全会分别提出推进和加强数字政府建设，2021 年《中华人民共和国国民经济和社会发展第十四个五年规划和 2035 年远景目标纲要》（以下简称"十四五"规划）更是将数字政府建设单列为一章，擘画了数字政府蓝图。规划从公共数据开放共享、政务信息化共建共用和数字化政务服务效能三方面，对数字政府建设提出了要求。其次是《国务院关于加强数字政府建设的指导意见》进一步确立了我国数字政府建设的主要目标，分为两阶段任务：一阶段任务是到 2025 年，与政府治理能力现代化相适应的数字政府体系框架基本形成。这一阶段的主要任务在于完成、完善数字政府顶层设计；健全统筹协调机制；构建政府数字化履职能力、安全保障、制度规则、数据资源、平台支撑。二阶段任务是到 2035 年，与国家治理体系和治理能力现代化相适应的数字政府体系框架更加成熟完备，这一阶段主要是围绕整体协同、敏捷高效、智能精准、开放透明、公平普惠五大目标深化数字政府建设。最后是 2023 年中共中央、国务院印发了《数字中国建设整体布局规划》，该规划不仅指出加快建设数字中国的深远影响，还明确了数字中国建设的"2522"框架，即夯实数字基础设施和数据资源体系"两大基础"，推进数字技术与经济、政治、文化、社会、生态文明建设"五位一体"深度融合，强化数字技术创新体系和数字安全屏障"两大能力"，优化数字化发展国内国际"两个环境"。

2. 地方政府的政策回应

在中央政策文件的指导下，南京结合本地实际情况进行了一系列数字政府建设工作。2013 年，南京市政府印发《南京市创建国家级智慧城市试点示范工作方案》与《智慧南京顶层设计总体方案》（宁政发〔2013〕185 号），旨在在研究国家部委对智慧城市建设的办法和要求的基础之上，打造更具前瞻性、科学性和操作性的智慧城市建设南京方案，并逐渐完善为指导智慧南京发展的行动纲领。随后，2017 年，南京市政府又分别印发了《"十三五"智慧南京发展规划》和《南京市整体推进城市数字化转型"十四五"规划》，以创新城市治理模式、改善公共服务为切入点，加快政府体制机制创新，实施"新一代政务云""城市智能门户"等重大工程建设，使南京成为数字政府建设领域的先驱。同时，南京出台了一系列"一网统管"配套工作文件。其中，2022 年，出台《南京市城市运行"一网统管"工作三年行动计划》。2023 年 1 月以政府令形式颁布了《南京市推进城市运行"一网统管"暂行办法》，并于同年 3 月 1 日起正式实施，《办法》聚焦南京城市治理中亟需解决的关键问题，从顶层设计层面对"一网统管"工作中组织体系建设、上下左右工作关系、城运中心运行机制、技术平台建设、应用场景建设、数据安全保障、产业发展等方面进行了进一步规范，从政府规章层面对"一网统管"工作进行了保障，着力打造"市区街镇"上下贯通、快速反应、一体联动的治理体系。除了南京市市本级之外，江苏省自 2021 年陆续出台了《江苏省"十四五"数字政府建设规划》《关于加快统筹推进数字政府高质量建设的实施意见》《江苏省数字政府建设 2022 年工作要点》等文件，不仅从宏观制度层面强调了以人为本、创新变革、融合共享、开放包容的基本原则，同时也确立了"高质量政务服务走在全国前列。满足人民群众和市场主体需求的政务服务体系全面建成，政务服务一件事通办完成率达到 80%，'一网通办'向'一网好办'转变，政务服务好评率全国领先"的发展目标。2025 年 1 月 14 日，江苏省第十四届人民代表大会常务委员会第十三次会议批准通过《南京市城市数字治理若干规定》，这是全国首部城市数字治理的地方性法规，突破性地将国家顶层设计转化为地方性法规，把南京经验上升到法律层面进行固化，打造特大城市数字化转型的"南京样板"。

（二）数据机构：夯实"一网统管"的组织基础

1. 以数据机构为内核，成立多级城运机构

2012 年，根据《中共南京市委、南京市人民政府关于组建南京市土地储备中心、南京市社会保险管理中心和南京市信息中心的决定》（宁委〔2012〕245 号），南京市将原南京市信息中心调整为市政府直属事业单位，机构规格调整为副局级，负责大数据整合管理和应用开发，支撑智慧南京建设。2019 年 1 月 16 日，南京市大数据管理局成立，负责落实中央关于数据和政务服务管理工作的方针政策。该局统筹"一网统管"工作，制定规划、计划和政策措施，推进组织体系和工作机制的建立。各级数据管理部门负责"一网统管"工作组织实施，负责制定"一网统管"工作的规划、计划、政策措施，推进建立"一网统管"组织体系和工作机制。成立各级城运机构负责本级"一网统管"工作的具体实施、协调推进和工作指导，并接受数据管理部门业务指导。截至 2023 年，江北新区和 11 个区区级城市数字治理中心已全部批设并实体化运行，工作体系正继续向街镇延伸。市城运机构负责数据统筹和技术赋能，研究制定城市运行数字化、智能化标准规范，推进城市运行数据的归集、共享，加强城市运行状态监测、分析和预警，保障重大突发事件应急联动处置。区、江北新区城运以政务云为底座，打通政务数据"宝瓶口"，融合信息化建设、市民热线、网格管理等功能，提升区域城市运行日常管理和联动处置能力，提高城市运行管理事件的处置效率。镇、街道城运机构负责基层城市运行管理事件的协调处置，依托吹哨报到、联勤联动、综合执法等机制，处置基层治理中的具体问题。

2. 以数据主管部门为依托，打造政务数据中心

按照《南京市整体推进城市数字化转型"十四五"规划》中南京市（"一个中心、三个领域、一个底座、四大保障体系"）要求，在原南京市信息中心的基础上组建设立南京市城市数字治理中心，加挂南京市市域社会治理现代化指挥中心和南京市城市运行管理中心牌子，承担全市大数据的整合管理、开放应用、产业转化、安全保障及智慧南京建设、电子政务的技术支撑工作。在此基础之上，通过大力打造市政务数据中心等具体举措，全力推进一体化政务服务平台建设，借助云计算资源给南京市 110 个部门、近 1100 个信息系统提供技术支撑，电子政务外网拓展延伸至市、区、街道、社区四级。南京市数字

治理中心促进政府管理与决策方式智能化，建立和目前政务管理与指挥体系相匹配的政务大数据决策系统。该系统主要实现了对各类信息进行综合分析与挖掘，并将结果反馈至政府各部门。已开发的城市环境监管、道路交通动态监测、应急处置等系统在城市运行感知、危化品处理、交通应急处理等具体应用场景中形成了完整的业务解决方案。

（三）政企共创：贡献"一网统管"建设的智力支撑

南京市"一网统管"组织架构不仅包括纵向上市、区、街镇三级城市的运行中心的组织架构铺设，同时还需要兼顾危化品运输、消防、水务等不同场景的数据诉求，想要借助数字技术打破政府机构原有的部门化治理逻辑下的传统职能分工，就需要政府与企业共同努力。为积极推动"一网统管"建设进度，打造数字化转型的新模式，南京市推行城市数字化合伙人制度并选择华为作为"一网统管"城市合伙人，双方于2022年6月签订战略合作协议，正式挂牌成立城市运行"一网统管"南京－华为联合创新实验室。紧扣智慧南京建设的重点领域、关键环节、共性需求，基于南京本土实际情况的新思路、新技术、新方案、新产品、新场景，对南京"一网统管"规划、设计、落实等工作展开合作探索。

1. 政务一网通军团

作为华为公司的重要组成部分，2022年3月华为成立政务一网通军团，聚焦政务和城市数字化，围绕政府数字化变革和城市智慧化建设等领域，以纵向上缩短管理链条、让研发更快响应客户需求，横向上快速整合资源、更高效为客户提供场景化的解决方案为目标，聚焦狭义政府客户数字化发展中跨领域场景需求，打造实战管用的解决方案和产品能力，推动城市数字化转型。政务一网通军团的主要业务包括城市鸿蒙、城市一张网、城市一朵云、生态使能、行业标准及跨领域业务等。双方合作将为南京市数字化治理提供更好支撑，助推南京市数字经济发展和数字生态企业集聚。多年来，华为与南京市合作密切、成果丰硕，一系列科技项目相继落地南京，为南京市软件产业发展壮大、引领性国家创新型城市建设作出了积极贡献。当前，南京市正以"数字产业化、产业数字化、数字化治理"为主线，充分发挥数字经济带动作用，推动数字经济与实体经济深度融合发展，加快建设数字经济新高地。希望华为积极发挥技术、人才等方面优势，聚焦数字经济、智慧城市、"一网统管"等领域，持续加大在宁研发投入，加快成果转化力度，推动华为政务一网通军团与南京市的深度合作，共同打造数字化治理新样板。南京市将不断优化营商环境，持续营造良好产业生态，强化服务保障，为华为在南京市布局更多新项目、新业务、新伙伴创造更好条件，携手实现互利共赢发展。

2. 联创实验室

2022 年 6 月 24 日，南京市政府与华为公司联合揭牌"城市运行'一网统管'南京 – 华为联合创新实验室"（简称"联创实验室"）。对华为而言，南京联创实验室是全国唯一与地方政府合作、面向数字政府解决方案孵化的创新高地；对南京市政府而言，联创实验室是政府与城市数字化转型的创新基地，是"黑科技"的业务鉴定师和最先受益者。截至 2023 年 12 月，联创实验室已经联合超过 52 家生态伙伴、业务涉及集成服务、解决方案、运营等多种类型，涵盖感知设备、云计算、AI 算法、数据治理、数据可视化等多个技术模块。除此之外，以南京"一网统管"建设项目内容为参照，实验室还参与行业标准制定，联合国家权威机构编撰和发布《新型智慧城市评价指标》《2023 中国城市治理数字化转型报告——大力推行城市运行"一网统管"》等报告和指标评价体系，将技术创新实践同步转化为理论成果。

四、从"一网统管"到两网融合

2019 年 11 月，习近平总书记在上海考察期间指出，抓好政务服务"一网通办"、城市运行"一网统管"，并将"两张网"建设作为提高城市现代化治理能力和水平的"牛鼻子"工程。这也说明侧重于治理的"一网统管"和侧重于服务的"一网通办"是城市治理能力的一体两面：提升治理能力的目的是面向社会公众提供更好的服务，借助服务能力的提升能够更加精准定位社会需求，反过来也有助于提升治理的能力。可见，一方面，两网融合已经成为提升城市治理能力、助推智慧城市建设的新目标和新方向；另一方面，如何紧扣"一网统管"与"一网通办"的共性与差异，更加科学、精准去完成从"一网统管"到两网融合的过渡已经成为智慧城市建设的重要内容。为此，本部分首先将梳理两网的共性与差异，进而解释两网融合的必要性，最后对两网融合的应用场景展开论述。

（一）两网融合的必要性

1. 两网的共性与差异

在实践概念当中，"一网统管"是要将城市治理纳入一体化的网络中，借助数字技术对网络中的各项要素进行整理分析，进而及时发现城市运行过程中的种种痛点与堵点，最终实现城市的精细化管理。"一网通办"则是以数字技术赋能政务服务运行为抓手，在打通信息壁垒、重组业务流程的基础之上建构涵盖线上线下的一体化平台，实现政务服务事项一张网全面办理。不难看出，两网的共性首先体现在对数据的收集与分析上。首先，"一网统管"需要聚焦宏观和中观的城市数据，例如城市道路交通实况、危化品运输等，而"一网通办"则要聚焦公民身份信息、企业注册信息等微观数据。其次，两网的共性还体现在对技术平台的建设与赋能过程当中。数据资源蕴含的巨大能量需要通过技术平台的加工才能得以发挥。为了进一步挖掘数据潜力，"一网统管"以 AI、云计算等技术为核心，在全域布设物联感知设备，将算法和数据相结合，利用技术平台观测城市全境态势，及时感知和监控城市运行状态；"一网通办"则通过打造政务服务网实现政府各部门数据共享，以此再开发出相关政府网站、APP、小程序等嵌入服务事项，方便民众办事。

诚如上文所言，两网运行都需要海量的数据支撑和平台提供的技术支持，但其利用数据分析和打造技术平台的目的也有所不同，这也决定了"一网通办"和"一网统管"在运行流程、功能价值方面存在差异。首先，从运行流程来看，"一网统管"主要将城市中的人、物等要素进行重新配置，通过信息技术精准捕捉城市的变化，再将各种可能的违法违规行为和安全隐患信息传输给相关部门，以此突破部门间的信息壁垒，推动跨部门协作；而"一网通办"则需要申请人或者企业自主进行相关事项的申请，进而才会有相关部门进行审查、公示等后续环节。其次，二者在服务对象上也存在差异，"一网通办"主要从群众和企业办事的角度出发，以群众的需求和问题为导向；而"一网统管"则更多从城市管理者的角度出发，借助数字技术的力量对整个城市进行统管。

2. 两网融合的必要性

两网是城市治理的一体两面，两网存在数据支撑、平台赋能的共性，意味着可以利用海量数据同时支撑"一网统管"的城市治理革新和"一网通办"

的政府服务优化。同时，两网在运行流程和服务对象上的差异也恰恰说明融合两网才能补全完整的城市治理链条。总结来说，两网之间的共性和差异的存在也意味着两网融合的必要性，具体有如下两点。

第一，运作流程与具体功能层面融合的必要性。从运作流程来看，"一网统管"更多是贴近线下基层人员，而服务于政务服务的"一网通办"的业务主要集中在线上办理，当城市规模逐渐增大，治理情况愈加复杂，要求线上和线下的工作人员相互流转和配合的场景也逐渐增多，这种情况下，二者能够形成更强的业务支撑。加之，城市管理和政务服务之间本就不可分割，二者协同才能为群众和企业提供全流程生命周期的服务。第二，服务目标和系统配置层面融合的必要性。"一网统管"的目标之一在于防范可能存在的风险、实现城市的精细化管理和提升城市治理的效能，即"防、管、治"，而"一网通办"则是为了疏通政务堵点、服务群众、帮助企业办事以及破解部门之间的信息壁垒，即"疏、服、解"。显然，只有在厘清部门堵点，打通信息壁垒的前提下，才能进一步实现数据共享，为城市治理的精细化和科学化提供支撑。可以说，在服务目标上两者促进，双网融合正是实现二者在服务目标上良性循环的合适路径。此外，由于二者间都需要利用技术赋能平台实现服务目标，双网融合可以实现数据资源的配置和交换，最大化发挥技术平台的价值与优势。

（二）两网融合的具体路径

1.技术层面：以业务中台提供技术支撑

首先，分别以"一网统管"和"一网通办"的具体业务为基准，建设两个技术中台。其中"一网统管"中台提供包括分析研判、监管预警、联动协同等核心能力，主要对接"城市交通实时监控""城市危化品运输管控""群租房治理"此类涉及城市管理中的经济运行、生态环境、基层治理、应急管理等方面的应用场景；"一网通办"则聚焦于社保养老、医疗保险、企业开办等和人民群众生活息息相关的应用场景，涵盖服务预约、一站式办理等核心功能。

其次，建设一个数字底座，如借助大模型中的视觉、科学计算、多模态等功能，将原有的政务网或政府数据交换平台与数字底座连接，实现物联承载网、物联接入网、数字底座的信息共通，同时物联网设备也将接受来自数字底座的指令。在此基础之上，将数字底座向上支撑"一网统管""一网通办"两大业务体系，实现数字底座、物联网设备、两网技术中台的数据共通。最后，分别在政府机构和居民群众侧建设相应的应用入口。其中，政府侧入口包含了政府行政问询、领导驾驶舱等辅助决策功能，同时也是政府人员使用各种办公系统、受理各类业务和审批窗口的统一入口；居民侧则只需一个统一入口就可直接接入例如生育保障、养老保险等各类政务服务功能。同时，民意渠道也将通过这一功能得到拓宽，不仅居民可使用随手拍、12345 反馈等方式将事件上报至业务中台，政府也可借助业务系统向居民下发信息征集表，从技术层面实现"居民反馈－数据收集－政府处置"的良性循环。

2. 组织层面：以实体机构提供组织保障

设立城市运行中心（市域治理现代化指挥中心）和政务服务中心两大实体机构，两者在职能设置上分别对应城市治理"一网统管"和政务服务"一网通办"，同时在技术上基于数字底座分别与"一网统管"业务中台和"一网通办"中台相互联通，实现治理数据和服务数据在同一底座的汇聚共享。具体操作如下所示。

（1）设立城市运行指挥中心，整合城市治理资源，实现一体化运作

首先，横向到边整合部门数据资源，实现横向联动一体化。将原本分散的数字城管、网格综治、12345 热线等跟城市治理高度相关的部门及其职能、数据资源进行整合，将原本单兵作战的不同业务条线在区域内进行汇集，形成协同配合、集团作战的战区指挥部，实现监督指挥、联动协同、运行监控功能于一体，全面指挥协调城市运行事务的一体化运作。

其次，纵向到底建立街乡镇三级管理体系，实现纵向贯通一体化。实现一个机构多个部门的一体化运作。以市级指挥中心为基准，打通县区、街乡镇的三级管理体系，所有街乡镇城运指挥中心实行统一的技术标准，同时在制度上实行平战融合、领导轮值、联系指挥等工作机制，保证城运中心 24 小时在岗，随时实现纵向联动，协同处置各类事务，将指挥触角从市级延伸至城市管理的最前线。同时，将该机构作为业务单位与原本主要负责数字政府建设的大数据局形成上下配合关系，一方面以城市治理为业务抓手牵引大数据局归集分散数据，另一方面以大数据局为中心做好底层数据能力的支撑，确保上层城市治理业务能够顺利开展。

（2）建立政务服务中心，为企业和居民提供线下一站式政务服务

首先，需要进一步明确政务服务中心的定位。政务服务中心需要负责对

政府各部门进驻、委托事项办理的组织协调、监督管理和指导服务，对进驻窗口工作人员进行管理培训和日常考核。此外，从中央对改革的要求、各地发展实际和企业群众的需求来看，政务服务中心是"放管服"成果集中展示的平台，是企业体验政府改革效率的前沿阵地，是群众感知改革措施落地的末梢神经，是网上办事大厅必不可少的后台支撑，亦是制约和监督行政权力运行的制度"笼子"，所以必须进行改造升级、上下呼应。

其次，要推动政务服务工作重心的转变。以深化行政审批制度改革为契机，逐步完成从以集中和协调行政审批为主的政务服务中心向以公共服务为主的公共服务中心转变。将政务服务中心定位于一个具有行政级别、具有实质性权力及负有监管、考核职能的政府行政机构。建议根据中心职能定位和发展趋势，在其内部设立"一委一办多中心"：最上级设置公共服务工作管委会，管委会主任应由常务副省（市、州、区县）长兼任，负责对公共服务事务进行统筹和宏观指导；管委会常务副主任是执行主任，可以是现政务服务中心的主任，组织协调推动日常具体工作；"多中心"是指多个"服务中心"，包括行政审批服务中心、便民专线服务中心、公共资源交易中心等，审批局局长、便民中心主任、公共资源交易中心主任可以兼任公共服务中心副主任。作为党委班子成员，政务服务中心应直接隶属于政府序列统一管理。

（3）双实体中心合作推动双网融合

城市运行中心和政务服务中心对应着"一网统管"中台和"一网通办"中台，同时两个业务中台又是基于数字底座搭建，所以可实现城市治理数据和政务服务数据在同一底座的汇聚共享，进而以数据为抓手推动中心在人员、系统等层面的协作联动，针对具体的治理难题合作提供相应的解决方案，具体操作如下所示。

首先，基于双实体中心的人员协作，能够提升治理效率。由于政务服务通常是通过线上 APP 和线下政务办理大厅这两种方式提供的，政务服务的审批人员也大都在后台工作，但使用政务服务的居民和企业大多都存在于社区和园区等基层当中。因此，身处部门内的审批人员通常难以及时、准确地了解居民的政务服务需求。此时，借助实体中心的人员协作，长期扎根基层的社区网格员、城管和街道办事处工作人员就能成为"一网通办"的前线力量，可以帮助答疑解惑或者把用户的问题反馈到相应的政务服务部门，让后台政务服务人员也能解决前线的问题，从而大大拓展了"一网通办"的服务范围。在没有设立实体中心之前，即便有"一网统管"系统，网格员也愿意帮助居民，关于政务服务的需求也很难转发至相应的政务服务部门，导致事件的处置效率偏低。而基于数字底座建立中心后，"一网统管"的基层工作人员可以非常便捷地将一线用户的需求反馈到"一网统管"中台，后者以工单的形式转发至"一网通办"中台，并进一步分拨到相应政务服务部门的业务系统，让居民的问题可以得到快速解决，从而大大增强了"一网通办"的服务能力。

其次，基于双实体中心职能建设应用场景，有助于提升治理能力。一方面，从政务服务过程中收集的数据里，能够更好地了解用户和他们的需求，从而提升服务的品质和温度。例如，网格员在基层治理的过程中收集了社区里孤寡老人等重点人群的信息，发现有些老人符合条件却没有主动申报社保补贴和医疗关照，通过实体中心的数据融合，人社和卫健委等政务服务部门就可以主动为这些老人提供精准服务。另一方面，政务服务能力的提升也能够辅助城市治理的具体应用场景，提升城市治理的科学化和精细化程度。例如，根据企业或个人的报税、社保缴纳等情况，可以更加精准地辅助规划小区内学校、医院等相关基础设施的建设。同时，企业纳税、研发等投入的数据也能够从侧面反映辖区内企业的发展态势，为政府进一步制定相关的企业扶持政策、创造有助于企业发展的良好环境提供决策支撑。

总结来说，基于数据融通的数字底座和业务中台建设能够在技术层面攻克双网融合的技术性难题，推动政务服务与城市管理在数据资源、系统配置等方面的互通。同时，基于二者职能分工设立的实体中心则能够在组织层面保证双方在人员、职能等层面的相互协作，从而实现一边利用"一网统管"的治理体系来延展政府提供城市服务的范围和能力，利用治理过程中归集的数据来提升服务的品质和温度；另一方面，利用服务过程中沉淀的数据来增强对城市现状和需求的理解，从而提升城市治理水平和精细化程度的双网融合局面。诚然，在未来的城市治理"一网统管"建设中，双网融合的方式将使政府具备高度智能的同时具有更多智慧，两者在功能互补、结果互利、人员复用、系统联通和数据共享等方面的优势，也将成为未来提升城市的治理和服务能力，推动城市不断发展的重要动力。

第七章
南京"一网统管"建设典型应用

应用场景是城市运行"一网统管"的有力抓手。南京市坚持因地制宜、协同推进，积极打造符合自身治理需求的应用场景，探索数字化、智能化与城市治理的深度融合应用。本章将详细介绍南京市在社会治理、公共服务、生态环保以及政务运行这四大领域的典型应用场景，彰显其如何通过技术赋能，实现城市治理的革新与升级。

一、社会治理类应用

社会治理现代化是国家治理现代化的重要环节。南京市立足数字化转型的时代背景，通过信息技术创新社会治理，在重大活动保障、文明城市建设、风险感知、民情民意反馈等方面开发相关典型应用场景，致力于维护社会秩序、激发社会活力、促进社会稳定和谐。

（一）重大活动保障

重要节庆、纪念日和大型文化体育活动是城市文化活力的体现，但同时也给城市管理带来了巨大的挑战。为了确保参与者的安全和活动的顺利进行，南京市采用"一网统管"模式，实现了对重大节庆和活动的高效管理与保障。

在节庆日活动方面，重点监管各著名景点节假日客流量及安全隐患等。以夫子庙景区为例，在 2023 年国庆期间，该景区每日接待游客超 30 万人次。鉴于人流量大、人群聚集和可能发生的突发事件，南京市实施"智能 + 群防"策略，利用智能数据分析预测高峰时段并提前规划疏导措施；同时，运用无人机和高清摄像头进行空中和地面的监控，以便及时发现并处理安全隐患。此外，南京市还调动了治安、特警、交警等多部门的精英力量，通过超前预判、多措并举和多警种联动，采用创新模式打造"平安夫子庙"。

在纪念日活动方面，每年的"1213 国家公祭日"是南京市重要的历史纪念活动。为营造一个庄严肃穆、整洁有序的城市环境形象，南京市在做好线下保障工作的同时，通过"一网统管"平台标绘公祭日当天核心区、安保区、管控区等区域，将重点监控摄像头分类，接入电视直播，介入高德拥堵指数信息上图、人群热力上图等工作，在一张图中清晰查看现场情况，及时监控可能出现的紧急情况，并做好应急预案执行准备，确保"1213 国家公祭日"活动平稳举行。

在音乐会等活动方面，南京市每年都会举办多场大型演唱会、音乐节等活动，吸引来自全国各地的数十万名观众参与。为保障演出的顺利举行，辖区城运中心实时掌握音乐节的现场情况，重点关注演出高潮与散场时的人员流动、消防安全、紧急事件等，并根据算法实时评估人流、车流密集度，整合视频、人流、天气、地理信息等数据，辅助现场领导进行决策。一旦发生突发情况，平台将迅速启动应急响应机制，协调相关部门进行处置，确保活动安全有序进行。

在马拉松赛事方面，面对长距离、大范围的马拉松赛事，南京市运用"一网统管"实现对比赛全程的监管。以"2023 南京马拉松"为例，市城运中心搭建专题应用，整合了赛事实况、视频监控、电视直播、成绩数据和气象预报等内容，对赛事沿线的视频监控进行梳理，并在地图上标注监控点，实现一键预览和快速巡查，确保赛事信息和现场画面能实时传回城运中心。玄武区、鼓楼区等城区也基于区级"一网统管"平台搭建相关应用场景，确保辖区内相关赛段活动顺利推进。

在会展活动方面，对于"江苏发展大会"等省级重大会议，南京"一网统管"系统通过酒店住宿、电力等相关数据上图，标绘会议主场地、分场地、嘉宾参观路线、相关安保力量分布等，将相关重点区域的监控摄像头分类，在一张图上就可以清晰查看整体情况，构建了一个全方位的安保防控网络，有效提高了会议的安全保障水平。

（二）智慧识别与自动预警

对于南京这样一座人口近千万的特大城市，如何实现精细化管理、确保城市安全稳定运行，对城市治理者提出了很大的挑战，而单纯依靠人力已经远远不能满足治理需求。事实上，文明创建一直是南京市推行"一网统管"应用场景建设的重要领域之一。借助大数据、人工智能等技术，南京市得以实现对城市不文明行为的监管以及可能风险的识别。

首先，南京针对垃圾暴露、占道经营、共享单车乱停等问题，采用人工智能算法对重点区域的视频监控进行分析，实现事件自动发现，提升事件发现的效率，推动城市治理向智能化转型。例如，玄武区整合了全区6000多路视频监控，构建了文明创建工作场景的一张图，实现即时查看和问题快速标记，一键派发任务给相关责任部门处理。该区的"一网统管"平台利用人工智能技术，通过全区范围内的视频监控进行24小时巡视，自动上报城市治理问题至统一事件处理中心。目前，该平台已能智能化识别包括机动车乱停、违规户外广告、暴露垃圾等数十种城市治理场景。江宁区城市数字治理中心则将公安、卫生健康、旅游景点等多部门视频资源整合到"一网统管"中，主动发现并及时反馈城市的不文明现象，为文明创建提供决策支持。江北新区的"云梯"系统不仅能对电动车进入电梯进行语音劝阻，还能识别并警告其他不文明的乘梯行为，提高乘梯安全。在街道层面，智能识别和自动预警系统也得到了广泛应用。例如，玄武区红山街道利用人工智能分析平台，主要针对机动车违停、消防通道占用等重点问题进行实时监控，并推送信息给执法人员迅速处理。该街道还鼓励居民通过"随手拍"参与社区治理，及时与政府部门联动，快速解决问题。

其次，在风险识别方面，南京依托"一网统管"平台建立了城市安全风险综合监测预警系统，全面接入30个系统的数据，通过跨部门多源数据耦合建模分析，实现耦合预警和监测预警。在实际应用中，"码"的应用展现了创新性。通过扫码"码上动"，可以迅速获取各部门的应急响应情况，连接应急资源等信息，加速应急处置。通过"码上查"，针对燃气安全、违章建筑、无证经营等场景，建立了安全生产场所信息化监管信用体系，实现了跨部门移动端扫码巡查的互联互通。同时，南京还积极构建城市体征指标感知监测体系，引入近端终端联动，通过AI算法和物联网技术实现智能管理。围绕城市生命线如气、电、水等，南京开展了传感器部署、监测物联网建设、数据汇集、预警模型构建、联动处置机制完善等一系列基础工作，有针对性地构建了高效处置流程，覆盖燃气爆炸、城市内涝、供水爆管、桥梁倒塌、道路塌陷、地下管线交互、第三方施工破坏和综合管廊安全等八大风险场景。此外，在智慧车棚、智慧消防等场景中，鸿蒙操作系统的应用为排除城市安全隐患提供了有力的技术支撑。例如，隧道中出现交通事故或车辆故障，智能摄像头可以快速识别并利用鸿蒙操作系统的近场通信能力联动处置，如发出语言警报、切换车道指示灯等，提示后续车辆避让，同时将相关警报推送给交管、路政等部门，避免传统移动通信信号不佳造成的处理延迟。可以说，南京在智慧识别与预警方面的创新应用，显著提升了城市的风险防控、预警预测、应急指挥调度和资源共享能力，实现了精确感知与精准预防的融合，增强了城市的安全韧性。

（三）基层治理

基层治理成效直接关系到居民幸福感和满意度的提升。立足大数据时代背景，南京市各区积极探索基层治理应用场景创新，打造社区治理平台、社区"智慧大脑"，助力基层治理科学化、精细化和智能化。例如，雨花台区推出了"及时雨"社区治理平台。该平台基于全区的感知融合平台，整合公安"雪亮工程"，并与城市公共区域的监控系统对接，社区治理遍布城市之"眼"。平台利用AI算法分析实时视频，快速识别潜在风险。在试点区域，一旦检测到老人摔倒、车棚烟感报警、高空抛物、消防通道违规停车、电动车进入单元楼等情况，系统就会自动触发预警并通知小区物业进行点对点处理。如此，社区内的数万条数据使人、房、物、事资源一目了然，视频监控和智能感知等手段将问题和风险置于眼前，而"吹哨报到"等机制则推动了矛盾的及时解决和隐患的预防处理。

江宁区的汤山街道建立了"一网统管"综合管理平台，该平台包含智慧党建、智慧旅游、数字城管、应急指挥等22个模块，整合了景区、商业体、防汛、工地等1568路监控、12个空气监测点、931路烟感等物联网感知设备，并与数字城管、精靓系统、12345热线、全要素网格工单数据同步更新。平台实现了事件的全流程处理，从上报、受理、分拨、处置、审核到办结。在突发事件发生时，平台能够一键启动应急预案，明确响应级别，并联动消防、公安、交警、网格、森林消防、卫生等部门及时处置事件。作为国家级旅游度假区，汤山的"一网统管"平台还特别加入了智慧旅游和交通路况模块，为旅游产品开发、营销和服务提供数据支持。在智慧旅游场景中，平台利用移动基站数据实时监测各景区的客流情况，并分析游客的来源、性别、年龄、停留时间等信息。

在交通路况模块中，平台实时监控重点路段的交通流量，为警力的科学安排和调配提供参考，有效提升了节假日和重大活动期间的客流和道路的交通疏导效率。

栖霞区推出了政社协同共治平台——"掌上云社区"，该平台依托微信平台搭建，由社区党组织主导，通过微信群、公众号、小程序等形式，将社区居委会、居民、驻区单位、物业、社会组织等多方主体聚集在一起进行线上互动、交流和协作。同时，平台利用区块链、人工智能、大数据等现代信息技术，开发了智能机器人"小栖"，集成了"掌上云社区"的应用场景，在线处理社区事务，并与线下网格融合，形成了"共建、共治、共享"的新格局。通过线上平台，街道还探索了多个"掌云+积分制"的志愿服务品牌，居民通过参与志愿活动可以获得积分，用以兑换日用品或参与活动，改变了过去志愿者单向服务的模式，将志愿服务的受益人扩展到志愿者本人，进而激发了更多居民参与志愿服务活动。

江宁区推行"网格+公共服务"的管理模式，推动公共服务从传统的"柜台服务"向"现场服务"、从"单一服务"向"融合服务"的转变，激发了网格化社会治理的新动能。淳化街道的数字治理体系通过建立一个横向到边、纵向到底、多业务合一的运行管理数据可视化中心，实现了"一图观天下"；通过发挥感知预警功能，加强对辖区内场所、小区管理的实时监测，实现了"一屏联执法"；通过网格员和居民群众的巡查和"随手拍"，实现了问题第一时间上传、统筹调度、现场调处和闭环反馈的全流程应用场景，实现了"一网融共治"。据了解，平台已接入辖区的"雪亮工程"摄像头、天景山片区摄像头、城管智慧环卫视频摄像头、烟感系统、燃气报警器及燃气切断器数据、视频监控数据等，为监测和预防社区安全隐患提供了有力支持。

此外，秦淮区构建了人工智能预警分析模型，基于汇聚的多方面数据，开展对群体性事件、社会安全隐患、养老资源缺口等问题的监测预警。玄武区则依托"一网统管"平台，结合"吹哨－报到－落实"的全流程运转机制，以最短周期解决社区治理中的堵点、痛点和难点问题，形成了街道、社区、网格、微网格四级联动的基层治理体系。

（四）危化品安全生产与运输监管

在危化品安全生产监管领域，南京市利用市应急管理信息化平台和应急管理部危化品登记系统的基础数据,开发了危化品重大危险源安全风险监测预警系统。该系统能够实时收集全市72家重大危险源企业中的473个重大危险源的关键参数,如温度、压力、液位和有毒有害监测数据以及与重大危险源、值班室相关的监控图像。结合企业周边的人口密度、存储介质的特性和数量等固有风险因素,系统能够生成实时的企业风险画像。自2020年起,该系统已在市本级、江北新区、雨花台区、栖霞区、江宁区、六合区、经开区以及全市的危化品重大危险源企业全面部署,实现了对重大危险源的全天候预警预测,并建立了市、区、企业三级线上线下的协调监管机制。

值得一提的是,区级政府在危化品监管方面也积累了一些创新经验。例如,江宁区在其"一网统管"综合管理平台中推出了江宁区危化品运输监管子平台。该子平台通过整合各部门和监管系统的多源数据,建立了交通运输、公安交通管理、应急管理等部门间危险品各环节的数据共享机制,构建了一个针对危化品安全智慧化监管的系统平台。该平台通过连接危化品运输企业、重点车辆和人员信息,依托人工智能智能"违法识别 + 安全大数据建模"等核心技术,完善重点车辆的"户籍化"管理,并对安全综合数据进行分析、责任追溯。系统性地针对重点车辆、人员、道路、企业等对象,实现从驾驶前到驾驶后的安全风险闭环管控。该平台覆盖了全区190家危化品生产经营单位、6477家使用单位、400多名危化品运输驾驶员,以及所有进入江宁区的本省、本市和外地危化品运输车辆。此外,平台还推出了移动端模块,执法人员可以通过"我的江宁"APP中的"危化品监管"模块随时上报发现的隐患问题。平台将根据违规隐患类型,通过"一网统管"平台统一派发工单,将违规行为指派给指定的监管部门,由监管部门接受指令、开展处置工作,并及时反馈处置结果。

危化品运输监管平台借助大数据分析和人工智能算法模型,对危化品整个应用环节进行监管,实现了对危化品车辆智能识别、违规停车、闯禁行区、异常聚集等场景的实时监测,确保隐患能够第一时间被发现、通知和处理,将安全管理工作前移,显著提高了行业的安全管理和处置效率。

(五)房屋安全管理

为有效防范和化解公共安全风险,南京市在经营性自建房安全领域创新性地引入了安全风险分级管理和隐患排查治理的双重预防机制,对经营性自建房——尤其是用于餐饮、娱乐、培训等公共聚集场所的小型单位自建房——进行了公共安全风险的量化评估。在 2022 年，南京市应急管理局推出了全国首个 "经营性自建房公共安全风险评估模型 V1.0"。该评估模型旨在规范和加强经营性自建房领域的系统性风险管理，引导政府机构、房产所有者和基层街镇组织进行全面的房屋隐患排查和针对性治理。它实现了风险的动态监测和分级防控，从源头上预防和减少了可能危及公众生命安全的房屋倒塌事故，为风险管理提供了标准化的规范支持。

在区级层面，浦口区城市数字治理中心联合城建局和房产局共同建立了浦口区既有建筑管理系统。该系统以 "房屋安全管理" 为核心，构建了一个覆盖区、街道、社区三级的组织架构体系，是一个集成移动端和 PC 端的综合业务管理平台。利用这个平台，可以实现建筑信息的统一录入和动态管理，同时建立了一个多方参与的闭环工作机制，其中包含隐患发现、协作管理、记录跟踪和归档备案。此外，系统通过 API 接口与区城运中心的 "一网统管" 平台实现了实时数据交互，使得在遇到重大应急和突发事件时，能够进行统一的指挥、调度和协同处理。通过使用该系统，工作人员可以轻松完成信息采集、登记和动态管理等多项任务。当系统通过数字 "体检" 发现房屋存在安全风险时，相关部门可以通过系统指派房屋隐患和安全事故处理任务，工作人员在接到任务后可以立即做出响应。

（六）群租房整治

群租房问题作为城市管理中的一个难题，不仅会对房屋结构造成破坏、带来安全隐患，还对环境卫生、社区治安等方面产生负面影响，威胁到群众的生命财产安全。群租房的整治工作已成为评价社会治理能力的一个重要标准。为了应对这一挑战，南京市加强了数据的赋能作用，建立数据研判模型，以便及时发现异常和可疑信息，精确引导群租房的安全管理等工作。利用省级重大风险预警监测平台，南京市整合了公安、房产、规划和自然资源、市场监管、消防、供电等部门的数据资源，建立了群租房安全隐患的数据信息比对、任务分派和结果反馈等工作流程，有效提升了群租房整治的效果。

例如，建邺区开发了 "邺房管家" 平台，采用 "大数据 + 网格化 + 实地走访" 的方法，实现了出租房签约即采集信息、采集即传输数据、传输即核查情况、核查即反馈结果的闭环管理模式,达到了"一屏观建邺、一键管住房"的效果。该平台整合了互联网租赁、房产窗口备案、房屋租赁企业、线下中介门店以及"二房东"和走访摸排等五类数据,通过南京市房屋租赁监管平台和网格一体化平台实时推送。平台搭建信息采集、查询、维护、房屋研判、信息推送、整改反馈、数据交换、统计分析等八个工作模块,通过互联网上传后,实时传输至网格一体化平台,并推送至社区民警的手机端。社区民警根据接收到的数据上门进行实地勘查,开展人员信息采集、安全隐患排查和治安检查等工作。民警上门勘查的数据再通过网格一体化平台反馈并流转至警务综合平台的相应模块,对于发现的安全隐患,通过网格一体化平台推送至相关主管部门进行整改,整改情况同时反馈流转至出租房平台,实现了房屋信息可视化展示、重点目标快速查控、隐患问题一站式解决,最终达到了信息共享、部门联动、多方共赢的效果。

江北新区在社区安装"云梯"系统,该系统不仅能够监管电动车进入电梯等不文明行为,还能根据电梯的使用频率进行数据统计,识别出疑似群租房的异常现象。相关部门可以根据系统的识别结果,逐步实现对群租房从发现、整治到长效监管的目标。

二、公共服务类应用

信息技术的迅猛发展极大改变了公共服务供给的场景和模式。南京市作为中国智慧城市建设的先行者之一,通过实施"一网统管"模式,有效整合了城市各类资源,提升了公共服务供给的质量和效率。本节旨在介绍南京"一网统管"在公共服务领域的相关应用场景,分析其对提升城市管理水平和居民生活质量的积极影响。

(一)智慧养老

随着老龄化问题的日益严重,对特困、低保家庭中的失能老人等社会六类重点老年人群的关怀与管理已成为公共服务领域的一项挑战。到2023年底,南京市60岁及以上的常住老年人口达到209.72万,占全市总人口的22%,其中约80%的老年人患有慢性病。面对这一现状,南京市各区积极探索智慧养老模式,旨在为重点老年群体提供精准的帮扶服务，确保高龄独居老人得到"智慧关怀"。

江北新区自 2021 年起开始实施"块数据"数字网格治理模式，对新区的人口、房屋、法人、部件、事件等数据进行解耦和重组，按照管理层级进行"聚线成块"，直至封装到网格层级，使每位网格员都能掌握"数字网格"的详细账目。针对民政六类重点老人，江北新区城市数字治理中心与新区民政和卫生健康局合作，将掌握的万余名老人信息与"数字网格"系统中的"人－房"关联表进行数据匹配。对于匹配成功的老人，由对应网格员根据实际居住地址进行首轮上门确认。如果在上门过程中发现老人已迁出、去世或子女已搬来同住等情况，则作为"异常"反馈至民政系统，由民政工作人员进行业务确认或再次反馈实际居住地址。为了减少对重点人群的频繁走访带来的不便，江北新区还与南京市大数据管理局和南京市城市运行管理中心联动，通过市区数据共建，以北斗网格码为桥梁，打通数据壁垒，汇集老人的出行、就医、殡葬、户口变动等信息，以网格"块数据"让基层工作人员了解老人情况，有效减少上门次数，同时减轻基层的工作压力。

玄武区通过安装非监控式的毫米波雷达感知设备，依托信息监管平台进行智能识别，对风险进行三级推送，及时通知亲属、社工和第三方进行处置，构建了高龄独居老人风险干预场景。在保护老人隐私的同时，为独居老人提供跌倒预警、呼吸心率检测、位置轨迹记录、实时语音对讲等多方位服务。所有相关数据信息均接入"一网统管"平台。在街道层面，玄武区新街口街道利用"一网统管"平台的高龄独居老人风险干预场景应用，为辖区内的高龄独居老人免费安装毫米波雷达，并对老旧的烟雾报警器与燃气报警器进行了更新换代。当老人不慎跌倒或家中烟雾、燃气浓度超标时，智能感知设备能及时识别并通过报警提醒紧急联系人，社区网格员和第三方养老服务机构也会成为老人的安全保障。这一风险干预场景的应用有效推动了专业养老服务向社区和家庭的延伸，凝聚多方力量，共同构建老人的"生命安全网"。

溧水区通过对接区城运中心视频交换平台和区智慧养老服务平台，建立了一个具有老年人活动场景实时监测、视频信号手机查看和预警信息即时推送功能的可视化平台。针对老年人跌倒、长时间未出门或未返回等场景进行实时监护，监测到异常时及时预警，并向紧急联系人发送提示信息。重点关注空巢独居老人，逐一摸排安装需求，根据自愿原则，为全区重点空巢独居老人家庭安装视频监控。同时，不断完善区智慧养老服务平台，整合适老化改造报警设备、政府购买紧急呼叫和视频监控等功能，建立智慧守护模块。

（二）智慧停车

随着城市机动车保有量的迅速增长，市民停车管理诉求居高不下，南京市在 2020 年就收到了 2.7 万余件关于停车管理的诉求，"停车难"成为影响城市居民出行的一个突出问题。为此，南京市以便民利民为目标，突破部门、区域之间的界限和信息孤岛，建立了智慧停车管理平台，实现线上统一管理的智慧停车服务。截至 2023 年 3 月，该平台已经整合了全市 8.2 万个道路临时停车泊位、500 多个机关事业单位共享停车场以及 1500 多个公共备案停车场，提供超过 52 万个泊位，全市共计 1051 个便民服务信息条目一图总览。

在平台建设过程中，主管部门明确了停车数据的标准化、实时性和联网性，逐步整合了全市的道路临时停车泊位、机关事业单位共享停车场、公共备案停车场、城市便民设施和企业自营停车场的数据，建立了全市停车资源信息库，并通过分级分类管理提高数据服务的质量，打破停车资源的壁垒。通过构建机关共享停车监管、备案车场监管、道路停车监管、共享停车运营、停车场聚合运营和便民设施运营六大子系统，实现了共享停车、公共备案、道路停车和聚合停车场的精细化管理。

为方便市民使用，南京市还推出了"宁停车"客户端，并与"我的南京"等平台融合，通过 APP、微信公众号、微信小程序等多种渠道，提供近 30 项便民服务，如在线缴费、预约停车、定制化停车和共享停车等，通过市场化手段与涉车平台进行场景互通，推出了"宁停车"商城和停车优惠活动。2022年，智慧停车公司在"宁停车"客户端中开发了共享预约停车功能，并在东部战区总医院熊猫电子集团共享停车场等地进行试点。未来，南京将继续扩展"宁停车"的应用场景，将传统停车产业与 5G、物联网、互联网等新兴技术相结合，积极发展"停车+互联网"产业，全方位打造智慧停车应用场景，实现共建共享共治，为市民提供更高质量的出行服务。

此外，区级层面也在停车管理方面进行了一些创新。例如，六合区智能停车管理中心通过整合城市道路和公共停车场资源，建立了停车管理与服务平台，对辖区内所有停车资源进行统一管理和服务，最大化利用车位资源，优化车主的停车体验，逐步实现"还路于民"。建邺区则打造"建邺区智慧停车管理平台"，采用高位视频技术，自动抓拍车辆进出泊位的情况并生成订单，车主可以通过"宁停车"微信公众号和 APP 进行实时缴费。该措施实现了停车收费的智能化、可视化和无人化，减少了收费错误，提高了路侧泊位的周转率，有效缓解了停车难题。除了智能化收费管理，该平台还具备违停执法、反向诱导等功能模块。一旦有车辆违停，监控探头会自动取证，并将违停信息上传至市交管平台，交管部门将据此开具罚单和清障作业通知单，通过调度平台调度清障车进行清拖。

（三）扫雪防冻

为防止降雪、冰冻给人民群众生活及生命财产造成危害，确保正常的生产、生活和交通秩序，南京市"一网统管"推出了扫雪防冻指挥平台。该平台提供实时气象信息展示、实时告警事件更新、积水积雪区域视频播放以及全区路网通行状况等内容，为城市管理者提供了实时了解降雪状况、及时调配资源和人员的手段，确保了对辖区内降雪情况及其应对措施的实时监控和全面掌握。

在实际运用中，南京市"一网统管"扫雪防冻应用场景已经显示出明显的成效。2023 年 12 月，南京市迎来年度首场降雪。通过市级扫雪防冻指挥平台，管理者可以轻松获取任一区域的降雪情况和现场实景。相关信息也会同步显示在南京市城市运行中心的终端、各区城市运行中心以及市、区主要领导的手机端，为领导层的决策提供了实时的数据支持。在江宁区，区级扫雪防冻指挥平台利用 6 万路摄像头进行实时监控，快速发现并处理积雪问题。指挥中心还能够实时与各部门和街道指挥中心保持联系，让整个指挥调度更加及时高效。在街道层面，各街道组织了扫雪防冻突击队，全天候待命，并与"一网统管"平台联动，及时应对雪情。如此，在应对降雪天气时，南京的城管、环卫、园林等部门能够迅速启动应急预案，对道路桥梁、农贸市场、公交站台等关键区域进行持续巡查，及时清除积雪，铺设防滑垫，排除安全隐患。通过人机协作和联动作业的方式，南京全市能够有序进行扫雪工作，确保道路交通的畅通无阻。

（四）疫情防控

当前，全球已进入风险社会时代，如何提升突发公共事件的应对能力，成为各国政府共同面临的挑战。作为公共卫生服务领域的一项重要工作，疫情防控直接关系到公民生命财产安全与社会秩序的稳定。而南京市基于"一网统管"打造疫情防控应用场景，在常态化疫情防控阶段发挥了重要作用。

"宁搏疫"平台是南京市为应对疫情重点开发的数字化抗疫工具，集成了区域协防、流行病学调查、扫码通行等 19 个功能模块，覆盖了疫情防控的关键应用场景。自 2021 年 11 月启动以来，该平台已为数万名疫情防控工作人员提供了统一的信息流转和服务支持，服务和管理的人次超过千万，有效助力南京市的科技防疫工作。随着疫情形势的变化，平台还围绕着"人、物、环境"同防的原则，研究并整合校园、仓储、物资管理等防疫场景的应用，进一步提升疫情防控的综合管理能力。

在区级层面，各区充分利用"一网统管"的数字化资源进行疫情防控。例如，玄武区利用平台的应用场景配置工具，能够在 5 分钟内完成区、街、社区各级疫情防控场景的搭建，实现对核酸检测点、药店、医院、隔离酒店、居家隔离人员、视频监控、智能广播、网格员等各类疫情防控资源和数据的集中管理和调度，满足基层疫情防控工作的多样化需求。同时，"一网统管"平台以地理信息系统地图为基础，展示各类视频监控资源的分布，通过"周边资源"功能查看核酸检测点、居民小区周边的实时监控画面，实时掌握现场情况。在居家隔离人员管理方面，平台通过同步相关数据，实现了居家隔离人员的精细化管理，工作人员可以通过平台直接联系隔离人员进行核酸检测，并通过门磁报警器实现智能化管控。此外，平台还开通"来电名片"功能，提高电话的可信度和流调电话的接通率，同时在小区出入口安装智能广播，进行疫情常态化宣传，及时通知和引导居民。

秦淮区充分发挥科技创新资源优势，有效运用"一网统管"平台建立人防、物防、技防相结合的监管模式。一方面，通过汇集全区的视频监控资源，重点关注小区出入口、核酸检测点位，并通过指挥大屏及时发现并处理不规范的问题。同时，利用无人机进行大范围动态抽检，实时了解点位情况，及时调配人员维护现场秩序。此外，秦淮区指挥中心还接入了全区 35 个集中隔离点的视频监控，实时抓拍工作人员进出流程不规范、未穿防护服私闯污染区等问题，通过摄像头的扬声器及时发出提醒，阻止不规范行为，严格落实防疫措施。另一方面，为做好流调工作，秦淮区建立了疫情信息发布应急机制，利用平台的融合通信模块发送疫情预警和紧急提醒，为防疫部门提供技术支持。区指挥中心还为各街道、版块、部门等 21 个点位部署远程视频会议系统，支持网格员、执法队员手机端加入会议，为领导实时调度提供了技术保障。为有效回应居民疫情防控相关诉求，秦淮区还调整了平台工单处置流程，建立了网格员"采"、指挥中心"转"、职能部门"办"的大联动工作机制，优先处理涉及疫情防控的诉求、举报和反馈问题，实现了事件流程的标准化管理和高效联动。

建邺区根据疫情防控需求，自主开发了"智慧建邺大数据防疫监管平台"和"建邺区重点人群核酸检测综合管理系统"，实现了数据的线上传递、核查和反馈，支撑街道、部门的疫情管控工作，满足了疫情常态化管理和应急处置情况下重点人员落地核查的闭环管理要求。该系统主要面向应检尽检的重点人群，通过核酸检测综合管理平台及时更新各类重点人群名单和对应的检测周期与频率，结合省疾控东软核酸样本全流程系统库及每日核酸检测数据进行分析，精确统计和分析每日应检未检的情况，形成督办交办机制，并与短信平台对接，精准通知相关人员进行核酸检测。

（五）智慧城建

南京市建委积极响应城市运行"一网统管"的战略布局，聚焦建设工程、建筑市场、城市建设和阳光政务四大领域，打造了南京市智慧城建综合服务管理平台。该平台旨在构建一个业务全面覆盖、数据全面共享、应用深度融合、监督贯穿全程的智慧城建新模式，建立"横向到边、纵向到底"的城建网络，推动实现"一屏观天下，一网管全城"。

首先，该平台致力于打造一个涵盖全市建设工程的全类别、全周期、全要素、可追溯的监管闭环。以项目为核心，以合同为纽带，连接施工许可、安全监督、管理人员和工人考勤、智慧工地信息等环节，推动系统间的互联互通和业务的协同联动，实现了对全市 3000 多家企业和 2000 多个在建项目的文明施工、安全监督、现场考勤等综合监管，为"一网统管"工程建设的重点业务场景提供了有力支持。

其次，平台充分发挥大数据的优势，基于业务系统监管信息，制定科学、统一、操作性强的信用评价标准，杜绝以往依赖主观印象评分的不准确性，推动施工、监理、勘察、设计、招标代理机构、房地产开发等各类市场主体的信用评价及其结果的应用,有效促进了建筑市场与施工现场的联动。同时,建立了农民工工资保证金管理制度,根据信用评价结果采取差别化监管措施,确保农民工工资的及时发放。

再次,平台加强城镇燃气的智慧监管,覆盖全市49家燃气企业、312座燃气场站、27.6万户瓶装液化石油气用户、122万只在用气瓶和183辆燃气运输车辆等信息,实现瓶装液化气配送全链条的监管和全要素的实名登记管理。结合城市生命线、"一网统管"、城市安全风险综合监测预警平台的要求,推进了天然气监管功能的开发。同时,推进城建基础设施信息管理与应用平台的建设,以南京市特色的体检指标体系为基础,全面了解城建设施的存量,为城建计划安排提供科学的数据支撑,为治理"城市病"提供有效的辅助决策。此外,还推进智慧海绵城市管理系统的建设,整合现有的涉水管理数据,建立了南京市统一的海绵城市在线监测系统,实现了全市海绵城市建设效果的动态监测评估和问题报警。

最后,智慧城建平台与市政务服务平台实现充分对接,落实"前台受理、后台办理、结果反馈"的工作机制。在集成施工许可、消防设计审验、联合验收、超限高层审批、燃气资质等高频事项的基础上,逐步扩大服务覆盖范围。该举措促进了审批与监管的协调联动,推动政府管理从侧重事前审批转向更多关注事中事后监管,提升了服务质量,优化了营商环境。

(六)智慧医疗

自2015年起,南京市启动全市范围的智慧医疗项目。智慧医疗在卫生信息平台建设、数据互联互通、提供惠民服务、科技创新、区域合作、都市圈协同以及学术研究等多个方面展现出南京的独特优势,走上了一条高质量的发展道路。不仅有效缓解了民众"看病难"和"看病贵"等问题,也显著提高了市民的健康获得感。

在预约挂号服务方面,南京市的预约挂号平台已经覆盖了8个城市的89家医院(不包括社区医院),提供了1.1万个可预约的科室,实现了号源池的统一管理、现场诊间预约、分时段预约、中长期预约、社区预约和转诊预约等多项服务功能。市民可以通过健康南京APP、12320电话、微信公众号和网站等多种途径预约各大医院的专家号。为方便老年人预约挂号，南京12320还开发了一套智能语音预约挂号系统，通过人机对话的方式便捷地获取所有预约信息，以适应老年人的使用习惯。

在患者健康信息共享方面，近年来南京市持续开展医疗卫生数据质量提升专项行动，完成了12个区（含江北新区）和44家医疗机构的数据治理工作，全市共标准化上传并校验入库数据达168亿条，在全国走在数据互联互通和共享的前列，获得了国家医疗健康信息互联互通标准化成熟度测评五级乙等认证。依托高质量的医疗卫生大数据，南京市推出了居民健康档案调阅服务。在患者授权的前提下，医生可以根据需要调阅患者的电子健康档案，档案内容涵盖就诊、检验检查、用药、费用等记录，结合智能提示服务，辅助医生进行精准的医疗决策，减少不必要的重复检查。实名注册用户还可以在12320和"健康南京"平台上自我管理健康档案，进行查询和自测数据上传等操作。如此，医疗资源可以得到更高效的利用，民众就医负担实现实质性减轻。

在便利就诊方面，南京市互联网医院服务平台通过健康南京APP、微信公众号等渠道，高效地为市民提供南京市各大医院的互联网医院服务。该平台为常见病复诊患者和慢性病患者提供线上预约挂号、线上咨询、在线复诊、在线开方等便民服务。同时，平台实现了全市范围内的处方共享，支持药品自取或配送到家。市民可以通过登录"健康南京"应用，点击首页的"互联网医院"进入南京市互联网医院服务平台。此外，远程医疗五大中心还与北京、新疆、西藏等省份及南京都市圈城市的200多家医疗机构实现了接入，不仅扩大了南京市优质医疗资源的辐射范围，还减轻了外地患者来南京就医的旅途劳顿。

（七）智慧教育

随着信息技术的不断发展，智慧教育将成为未来教育变革的主要方向。南京市积极响应党的二十大精神，坚定不移地推动教育数字化战略，为教育事业的高质量发展注入了强大的动力。

在平台建设方面，南京积极推进教育管理信息系统的集成化管理，并研究制定了《南京市教育数据管理办法（试行）》。依托全市统一的数字化基础设施，南京市开发了"初中综合素质评价""宁育家""艺术测评"等一系列数字教育平台,并升级优化了义务教育学校的招生入学管理平台,为提升管理和服务的效率提供了坚实的支撑。同时,借助市政务云服务系统,南京市建立了"南京教育专属云"平台,扎实推进市区两级教育数据中心平台的建设,为全体教师提供了 140 项市区两级教育公共服务平台应用,并实现了与省级、国家级"智慧教育公共服务平台"的互联互通和资源共享。

在应用场景建设方面,南京市一方面积极创建"名师空中课堂",全面整合省"名师空中课堂"平台资源,打造具有南京特色的"金陵微校"数字教育平台,整合名校名师资源,发布了超过 1.6 万个涵盖义务教育阶段的学科课程,使 239 所义务教育学校能够常态化使用"金陵微校"平台进行教育教学活动,有效地将优质教育资源普及给更多的师生,帮助学生实现全天候、全时段、全过程的学习。另一方面,南京市积极创设"未来教室",以课堂为主阵地,开展课堂教学变革和未来教育场景的探索研究,选定 15 所学校作为应用试点,创新性地打造了以学生为中心的数字化、开放、共享、互动的学习空间——"未来教室",并加快探索基于数据分析的精准化教学和个性化学习模式。此外,南京市积极推进"网络学习空间"的建设,贯彻教育部关于加强"网络学习空间"建设和应用的部署要求,依托国家数字教育资源公共服务体系,通过自建、购买第三方服务、合作研发等多种方式,全面推进"网络学习空间"的建设,为全市师生提供了内容丰富、类型多样的数字化教育教学资源,并成功打造了栖霞云课堂、鼓楼 e 学校、英语蓝鲸灵等十大类型的"网络学习空间"样板。

(八)供水监管

饮用水安全是关乎民众日常生活的重要利益问题,亦关系到民生福祉的核心。南京市通过建立智慧水务平台的供水子系统,实现了对全市各水厂关键数据的实时监控,确保了供水过程的全程有效监管和智能化管理,为提供高质量饮用水提供了坚实的保障。供水子系统着重利用"厂-站-网"的感知监测数据,整合并接入水源地、水厂、供水泵站、供水管网等相关数据,从而提升对供水设施的信息化监管能力。

南京市智慧水务系统已经实现对 10 个集中式水源地、14 个自来水厂、13 个增压泵站、1128 个二次增压泵站、285 个测压点以及 43 个管网水质监测点的实时数据和空间数据的接入。全市 10 个集中式水源地均已实现视频监控覆盖，并与智慧水务系统相连。当水源地一级保护区内出现人员入侵或船只异常情况时，系统能够自动向区水务局管理人员发出预警，确保及时进行处理。此外，沿江水源地还建立了4座在线水质监测站，用以实时监测水质，保障饮用水源地的水质安全。

针对城市供水管网因老化而时常发生的爆裂问题，智慧水务供水子系统通过数据拓扑分析，为管网爆管后的现场抢险处置提供了决策支持。一旦检测到爆管，系统便能够在地图上显示爆管位置，并利用南京水务集团拥有的1万多千米管线、8万多只阀门、7万多只水表以及173万多个用水户的信息，自动计算出受影响的管线和需要关闭的阀门数量及其具体位置，有效避免了以往盲目的抢险方式，显著提升了抢险的效率，实现了管网抢修的精细化管理。

三、生态环保类应用

习近平总书记指出，"生态环境保护是功在当代、利在千秋的事业"。近年来，南京市始终把保护生态环境摆在突出位置，积极贯彻"数字政府"建设的指导方针，将生态环境监管的重心转移到"云端"，构建了一个全市一体、数据驱动、融合创新、动力充沛的数字化转型新体系，使管理变得更加高效，服务更加便捷，为南京市深化生态污染防治工作提供了有力支持。

（一）污染监管与执法

"南京市生态环境智慧应用平台"代表了南京市在生态环境监管信息化建设方面的创新成果。该平台遵循"感知、传输、数据、智能、应用"的原则，设计标准体系、数据管理、业务应用与安全保障四大模块。利用大数据、卫星遥感、物联网等现代科技手段，实现多源数据的共享与应用、全域数据的统一管理，有效提升了全市生态环境数据的治理能力。目前，该智慧平台已与江苏省生态环境大数据中心、南京市"一网统管"等平台实现了无缝对接，通过专业调度水、大气等环境要素，动态管理固废、固定源、移动源和放射源，以及非现场综合监管和精准执法等多元化应用，集成"水、气、源＋执法"四大要素，实现了对全市生态环境的可视化、可控化和可管理化。

此外，该智慧平台还实现了多部门之间的协同联动。早在2021年，南京市生态环境局就与市规划资源局签订了《地理数据共建共享合作协议》，加强南京市地理信息资源与生态环境空间数据资源的合作共享。在此基础上，市生态环境局在各业务系统的建设中，全面采用"智慧南京时空大数据平台"地图作为系统底图，广泛将其应用于智慧平台建设，支撑智慧生态环境的综合整治，为打造全市生态环境"一张图"奠定了坚实的基础。

非现场监管与精准执法平台是该智慧平台的一个重要组成部分，于2023年11月正式上线运行。借助物联网和大数据的力量，平台实现了对气、水、土污染源在线监测、自动站点实时数据、现场执法等的"一网统管"，使环境执法更加精准、智能。该平台设有大气环境、水环境等多个版块，接入了全市3976家排污单位、233个加油站、38 645辆重型柴油货车、118家机动车检测机构等数据信息，能够实时反映大气环境、水环境等环境质量信息。平台还整合了执法人员和执法装备等信息，可以实时查看现场情况。对于企业的异常情况，平台会进行提醒和预警；对于违法行为，则纳入违法线索库。同时，非现场监管与精准执法平台能够自动识别数据异常，一旦发现环境违法行为，执法人员将根据线索对企业进行现场调查。此外，平台还能自动向企业发送排污许可证等环保相关证件的年检提示和预警信息。依托该平台，南京市的生态环保执法效率得到了显著的提升。

（二）防汛防台

夏季是洪汛、台风的多发季节，时有强降雨天气出现。对于可能遭遇的汛期和台风，只有做好平时和战时工作，精准预警、有力应对，才能尽可能地减少灾害造成的损失，保障公众生命财产安全。为此，南京市积极构建智慧水务的防汛防台应用场景，通过统一的指挥界面，实时监控全市主要道路、关键区域以及易积水点的积水状况，实现一键式指挥调度，全面掌握雨情、水情和汛情。该系统不仅继承了传统防汛系统的功能，如天气预报、雷达图、卫星云图和台风路径数据，还整合了南京气象局等机构的气象预报数据，通过模型分析生成全市 2.5 千米×2.5 千米网格的降雨预报，以及未来 1 小时、3 小时、6 小时、12 小时、24 小时降雨预报。此外，系统还能叠加实时雷达图和历史降雨数据，提前判断降雨趋势和可能发生洪涝的区域，以便提前调配人员、物资和车辆等资源进行有效应对。

在汛期和台风季节到来之前，防汛防台指挥中心的大屏幕能够全面展示防灾能力和重点隐患的态势图，通过物联网感知、网格员巡查和数据共享，确保相关数据的全面、快速、准确采集和汇总。首先，大量感知设备如同城市的"神经系统"，全天候监测井下液位、河道水位、泵站工况等关键城市基础设施的运行状况，并在异常发生时及时发出警报。其次，以网格员为核心的巡查队伍会在平时积极收集防台防汛所需的各类信息，如房屋、人口和建筑设施情况。最后，结合基层社会治理的底数治理工作，建立自然灾害隐患点、救援物资等清单，以便在防台防汛时实现资源共享。

当汛期或台风来临时，指挥中心的大屏幕能够实现科学的预警、快速的响应和有效的防御。首先，防台防汛需要全社会的共同参与。在台风初期，城运中心联合应急、宣传等部门，通过多种渠道发布预警信息，动员市民积极参与防台防汛工作。同时，指挥中心利用"一网统管"平台，迅速将防灾要求传达至各级指挥中心，如排查易涝点、加固或清理存在安全隐患的广告牌等。对于复杂情况，系统还会提供视频会议、实景巡查、现场直播等手段，帮助指挥中心了解重点防护目标和防御细节，跟踪各类任务的执行情况。其次，在应急救援阶段，"一网统管"平台将再次发挥关键作用，实时监控和调度应急资源，派遣救援队伍和物资，及时处理紧急情况。最后，在台风或汛期过后，通过卫星遥感、无人机、城市高点监控和地面人员的协同作业，快速收集信息。利用AI和大数据技术，建立灾害评估和修复模型，迅速制定修复方案，找出防灾减灾的薄弱环节，为下一次的防台防汛工作提供更加快速有效的支持。

（三）城市内涝监管

面对暴雨天气，如何通过智能监测、科学调度和紧急应对措施，最大限度地利用现有的排水设施，减少强降雨对城市的影响，缓解内涝灾害的损失，并提高城市对极端天气的应对能力和安全韧性？为回应这一具有挑战性的课题，南京市积极推进"城市生命线安全工程城市内涝场景"的建设。

根据城市生命线安全工程的建设要求，南京市在现有的雨水管网、泵站、积水点、排口、河道等监测设施的基础上，增加了雨量、液位、流量、水质、水尺、视频等监测监控设备，以完善排水防涝系统的监测网络。目前，主城六区的首批布点主要基于内涝风险排查结果，覆盖了133个居民小区和32条道路。按照规划,将在这些小区安装积水报警器,并在小区内部及其相关联的道路上安装液位计、视频监控、电子水尺、智慧井盖等设备。当监测到的积水深度达到预警值或井盖出现异常时,系统将自动发出预警,并推送信息或工单,通知相关人员及时处理。未来,还计划在关键点位增设雨量计、河道水位计、管道流量计、视频监控等感知设备,整合气象预报、实时降雨监测、管道液位、河道水位、泵站水闸和排水管网等设施的实时运行状况、历史降雨和积水点等大数据,开发一系列实用、高效的智慧监测功能,实现降雨前、降雨中和降雨后的全过程精细化联防联排联控调度,并在一个平台上实现可视化指挥。

城市内涝场景建设是南京市城市生命线安全工程的八大场景之一,以内涝风险感知和排水实时监测为核心,构建了一个"一网统管、一图统揽,能监测、会预警、快处置"的城市内涝管理场景。通过先进的技术和数字化手段,南京市为城市排水防涝建立了一个有效的预警预防、调度指挥和应急处置的信息化平台和应急体系,将内涝风险和灾害影响降至最低,为确保城市安全运行和市民生活安全提供了有力的支撑。

(四)长江禁渔

2021 年 1 月 1 日,长江 10 年禁渔正式启动,禁渔范围包括长江干流、长江口禁捕管理区等。作为长江沿线的重要城市,南京肩负着执行禁渔政策的重要职责。各区利用 AI、大数据等现代技术,积极探索新的禁渔策略,争做禁渔工作的先锋者、探索者和实践者。

例如,雨花台区利用其数字产业的优势和数字技术的力量,创新性地发展了具有本地特色的长江智慧禁渔模式。结合区域内长江岸线的特点,在开阔无遮挡的区域、公园和江面上,安装了 20 个感应雷达进行电磁波探测预警;在树木繁茂、遮挡物多、地形复杂的区域,布设了 4.2 千米的精准定位型振动光纤进行振动感知预警;在人流密集、设有护栏的公园,设置了 8 个人体引力报警装置进行翻越行为预警;在偏远、难以人工监控的区域,部署无人机进行持续定位和自动巡航。通过结合视频监控、雷达、振动光纤和人体引力报警装置的预警模式,建立了水陆空一体化的"科技+"大数据立体巡防体系,实现了探测、感知、报警、驱离的全方位布控,24 小时无间断地全面监管 14.2 千米的长江雨花段禁渔岸线,推动禁渔监管向科技化、信息化、智能化转型。

对于靠近岸边的非法捕钓行为，一旦前端触发装置自主捕捉到可疑行为，AI 算法会立即进行分析，自动连接黑光球机进行自动跟踪锁定并发出预警。后台监控人员随即利用智慧禁捕系统配备的 29 个智慧音柱，进行声音震慑预警和远程喊话驱离，预防违规行为的发生。同时，相关信息会推送给 24 小时值班的渔政执法人员进行初步判断，无论是有杆垂钓还是无杆、弹弓等其他捕鱼方式，都能实现 100% 的发现率和处理率。根据违规行为的严重程度，后台值守人员和执法人员会及时采取相应措施：对于轻微违规行为，通过智慧音柱进行语音驱离或通知护渔员现场处理；对于严重违规行为，5 分钟内网格点护渔员和岸线执法人员便会携带单兵执法系统到达现场进行依法处理，10 分钟内水上执法艇和执法人员也会到达现场进行依法处置。

栖霞区坚持"人防"与"技防"相结合的策略。在"人防"方面，与南京市公安局水上分局签订了《长江禁渔联合执法框架协议》，建立了联合执法水上基地，加强了资源共享、联合执法和严厉打击违法行为的机制。此外，还与辖区内的海事部门建立了"渔政、公安、海事 + 协助巡护队伍"的多维长江禁渔体系。在"技防"方面，针对燕子矶幕燕滨江风貌区市民游客众多、违规垂钓行为频发的情况，自筹资金推进燕子矶岸线长江禁渔智能化监控预警服务二期建设，利用沿江公安现有的监控资源，增设了 5 个智能化监控摄像头，全面提升了全天候实时巡查和违法垂钓行为取证的能力。

（五）森林防火

南京市拥有丰富的森林资源，林地面积约为 285 万亩，其中包括紫金山、方山、老山等重点林区 110 万亩。近年来，南京市不断加强森林防火的信息化和智能化建设，在人工防范的基础上，通过技术防范和智能防范，进一步加固了森林防火的安全防线。

在火源管理方面，南京市聚焦重点区域、关键部位和关键环节，采用"视频监控 + 实地检查"的方式，进行全面、无死角的隐患排查和整治。全市范围内部署了近 200 个具备自动巡航、远红外、透雾、锁定分析、自动报警等功能的森林防火智能云台，实现了 24 小时的全面监控，确保火情能够被及时发现和处理。对于进山道口等关键区域，加强机动巡查和随机检查，严格管理野外火源。对于发现的火灾风险和隐患，立即采取整改措施，实施销号管理，确保隐患得到彻底解决。

在应急准备方面，南京市运用视频监控、卫星监测热点等技术手段，对关键部位进行全方位、全天候、全覆盖的监控，确保能够及时发出预警并做出响应。同时，完善应急指挥体系和联动处置机制，制定详细的应急预案，对高风险地区和重要目标实施"一地一案"策略，并定期开展重点旅游景区和重要目标的森林防灭火演练。严格执行24小时值班制度，密切关注天气变化和火险火情，全市20余支森林消防专业队伍的400多名扑火队员随时待命，靠前驻守，随时准备应对火情。

在日常监管方面，南京市积极推广"防火码"的应用。该码依托云计算、大数据、物联网、移动互联等新一代信息技术，以卡口二维码为抓手构建了一套"人为火"的管控体系，帮助进山人员快速扫码登记，主动学习防火知识，提高防火安全意识；同时，支持森林防火管理人员建立进山入林人员的大数据，有效防控人为火源，科学进行火情原因分析和事后追责工作。

此外，区级层面也进行了积极的探索。例如，在江宁区汤山林场，高空中的高清"天眼"能够获取高精度、高清晰度的视频图像，第一时间发现火点，锁定野外违规用火行为，并进行精准劝导。其与护林员的定点值守和实地巡逻相结合，实现了森林全程、全域、无盲区的监管。浦口区建立了集"传输、控制、监测、分析、调度"于一体的森林防火预警监测系统，一旦发生火情，可以精准定位火点位置，实时传输火点图片、视频等资料，并自动分析火点周边的重点保护对象、扑火快捷路线和救火物资储备情况。同时，系统还能预测火情蔓延趋势，为火灾扑救的应急处置提供智能化辅助决策。在浦口区老山林场防火指挥分中心，大屏幕上实时显示林区防火监测画面，配备了可见光和热成像设备，结合卫星遥感、无人机巡查、微气象监测分析等技术，实现了对"空、天、地、物、人"一体化的全天候监测和对烟火的自动识别。

四、政务运行类应用

2022年6月，国务院出台了《关于加强数字政府建设的指导意见》，明确提出"将数字技术广泛应用于政府管理服务"以及"构建数字化、智能化的政府运行新形态"。近年来，南京市高度重视数字政府建设，不断夯实数据底座，打造多元化场景应用，其一体化政务服务能力全国领先，"一网统管"获评全国地方全面深化改革典型案例。

（一）惠企服务

为了进一步优化营商环境，助力企业成长，南京市推出了"宁企通"惠企综合服务平台。该平台整合了全市范围内涉企政策信息、审批流程、综合服务以及政企互动等内容，涵盖了市、区、开发区、功能板块及各部门最新的企业服务创新举措，实现了企业服务内容的"一站式"展现。

根据南京市的企业政策直达工作机制，全市惠企政策统一在"宁企通"平台发布。企业无须在多处搜索政策信息，仅需登录平台即可浏览全市的相关政策。平台的"政策超市"和"政策专题"服务汇集了全市的惠企政策和申报事项，使企业能够实时了解最新的政策动态。通过"政策日历"和"今日申报"服务，平台展示了全市最新的惠企政策和申报事项信息。利用后台大数据的精准匹配功能，"宁企通"平台能够在政策发布的同时，向企业"秒推送"相关联的政策信息，从而将"企业找政策"转变为"政策找企业"的新模式。

"宁企通"平台建立了全市企业的基础信息库和专业资质库。通过后台的"政策拆解中心"，平台对全市惠企政策的申报条件进行"精准拆解"，实现事项量化条件的标签化管理。平台的"快速匹配"和"精准匹配"服务为企业提供了一条兑现事项的"一键"匹配途径。针对政策申报事项，平台提供了全套的事项申报指南服务，并通过"申报通告"和"申报指南"服务，为企业提供申报事项的全面信息展示。企业可以在一个界面上查看事项的基本信息、办理信息、所需材料、办理流程、奖补标准、申报通告和常见问题等内容。平台实现了全市惠企政策在"宁企通"平台上的全过程在线申报，并提供表单智能填报和进度同步查询服务。其"政策申报"和"今日申报"模块为企业提供了兑现事项的"一网"通办服务。

针对企业办事的全周期，平台还提供了多场景的"一件事"集成服务，将"办理一个事项"转变为"办成一件事"，推进涉企关联事项的整合服务，并打造了各类企业服务的"一件事"应用场景。目前，该平台已经上线了企业开办、投资建设等多项"一件事"服务。根据企业和投资者在"宁企通"平台的服务需求和帮办申请，平台重点围绕在宁企业投资建设项目申报审批的各个环节，遵循自愿委托、免费代办、灵活定制、上下联动、依法合规、便捷高效的原则，为投资者提供政策咨询、申报指导、协调推进、帮办协办等专业服务。对于涉企行政审批相关的中介服务事项，平台遵循"开放、公平、公正、透明"的原则，为项目单位和中介机构提供了选取和承接中介服务的功能，实现了涉审中介服务的网上服务。企业可以根据实际需要，在"中介超市"内发布中介服务需求，并自主选择中介机构。此外，平台还建立了网上政企互动服务通道，为企业提供诉求处理、服务评价、综合调查等互动服务。"宁企通"平台将依托全市12345热线，提供涉企诉求处理服务，并依托政务服务"好差评"机制，提供涉企审批的综合评价服务。针对涉企政策的实施情况，平台将不定期开展兑现落实、政策效果和满意度评估，为南京市进一步优化营商环境提供决策参考。

（二）"高效办成一件事"

"高效办成一件事"是提升数字政府建设效能的重要抓手。南京市持续推进"一件事"改革，坚持从企业和群众的需求出发，深化政务服务模式创新，加强规范统筹融合，持续打造一流营商环境。

在新生儿"出生一件事"方面，南京市的探索较为成熟。办理人不仅可以登录江苏政务服务网专区进行操作，也可以通过手机下载"苏服办"应用或直接利用支付宝小程序来完成相关事宜进行办理。此外，各区根据实际情况革新了服务模式。例如，雨花台区推出了"出生一件事"集成服务平台，将新生儿相关事务的处理权限下放到街道（园区），并与公安、卫生健康、医保、人社等部门合作，将分散在各部门的新生儿出生后需办理的多个事项集成为"出生一件事"。同时，建立了集成办事平台，实现了"一次受理、一网办理、统一办结"的服务模式，在人口较多、新生儿出生率较高的街道设立专窗，用"数据跑路"代替了"群众跑腿"，实现了新生儿数据在区域内的互联互通。

在企业开办方面，雨花台区启动了"及时雨"企业登记精准服务中心，引入四家银行并组建专业团队，提供工商登记、公章刻制、税务登记、银行开户等四个环节的联办服务，全程免费帮办、无感审批。为解决企业跨省办事难题，雨花台区与马鞍山市签订了"跨省合作"协议，通过互联网实现了电子营业执照的异地数据共享、远程身份核验和异地帮办授权，完成了全市首例"跨省通办企业开办一件事"。秦淮区则打造了"企业开办一站式"服务专区，实现了企业开办的"一专区、全链条"并联审批，提供营业执照、整套印章、税控开票设备、惠企政策汇编等"大礼包"，企业最快可在 0.5 个工作日内开业。同时，推行免费刻制公章服务，实现了企业开办的"零成本"。

在企业破产信息核查方面，南京市通过整合市场监管、税务、不动产、人社等多个部门的信息，加强了跨部门的政策、业务与系统协同，办理人只需在"一件事专窗"一次性提交材料，或登录"江苏政务服务网"南京旗舰店的特色创新模块"破产事务查询"系统，即可一次性核查涉及市场主体、社保、税务、不动产、公积金等多项信息，节省了办事人员的时间和精力。

除了做好新生儿出生、开办企业、重大项目建设审批、就业等 26 个全省重点推进的"一件事一次办"改革，南京市级和区级还积极探索其他具体事项的办理。例如，市交通运输局推出了"船舶营运一件事"和"道路货运车辆检测、年审一件事"等多个应用场景，为群众和企业提供"打包式服务"。通过内部整合政务服务事项，外部打破部门壁垒，实现了审批文件的一次性提交和并联审批。将海事、水运、港口等港航政务服务事项全部进驻公共服务大厅，实现了水上审批事项的"一站式"办理。开设"一件事"专窗，统一向交管、市政部门推送相关信息，简化了审批流程。依托江苏政务服务网南京旗舰店，开通了"城市道路占挖一件事"和"船舶营运一件事"等线上办理渠道，实现了"掌上办""随时办"。

雨花台区还打造了"开办娱乐场所一件事"，通过运用最新的 RPA（机器人流程自动化）技术，实现了消防、文化、食品三个外网数据的自动填报和数据共享。同时，通过在线调用省、市两级的电子证照，实现了跨系统、跨业务、跨部门、跨层级、跨地区的"网络通、数据通、业务通"。全面推行"联合勘验＋并联审批"机制，大幅压缩了办理时限，提升了企业的办事体验和满意度。此外，雨花台区还创新推出了"灵活就业参保和补贴""毕业未就业""不要烦"等 6 项特色"一件事"，以及外卖、高端咖啡和照护中心 3 个行业的"一证准营"。

鼓楼区将改革融入"鼓利您"特色政务服务建设，创新了食品企业开办的"6+1"联办模式，完成了书店、咖啡店开办"一件事"的试点改革，首创电影院开办"一业一证"改革，首创老旧商务楼宇改造"一件事"，梳理了近

20 幢、100 余万平方米的老旧商务楼宇。浦口区打造了"既有住宅增设电梯一件事",将规划资源分局、行政审批局、建设局等 5 个部门的 8 个审批事项由串联改为并联,由房产局牵头组建专窗,与街道、部门合作,按照建设、验收、补贴三个阶段分别处理对应事项,由专窗统一受理、分发至相应部门并联审批后,再由专窗统一发证,实现了"既有住宅增设电梯一件事"的一次性办理。

(三)智慧社保

社会保障是关乎民生的重要工程。为响应人社部关于实施数字人社建设行动,南京市积极推动智慧社保的发展,以满足群众需求为导向,将大数据技术应用于扩大参保覆盖面、风险防控、资格认证和经办服务等各个环节,致力于推动社保经办工作的数字化转型,努力构建一个智能化的社保经办体系,旨在为全市的参保企业和人员提供更加智能、便捷的人性化服务。

首先,南京市社保中心一方面通过跨部门的数据共享和信息比对,主动发现并服务那些尚未参保的应保对象,从被动等待转变为主动对接,确保参保人不会因为对政策的不了解而导致缴费中断,无法及时续保;另一方面利用数据比对来巩固社保扶贫成果,与民政、残联、退役军人事务局等部门合作,收集相关困难群体的数据,通过比对确保符合条件的困难人员得到政府代缴,保障困难人员的参保缴费率达到100%,同时每个月进行精准识别和补充,实现新增人员的动态"清零"。

其次,南京市社保中心利用省人社一体化信息平台的回流数据,建立了社会保险经办风险实时监控平台,该平台经过不断迭代和完善,已经形成了"全险种管理、大口径比对、实时化监控、多场景应用"的特点。平台覆盖了养老、工伤和失业等所有险种,包含 6 大功能模块和 97 项风险规则,初步实现了对回流数据的实时跟踪筛查、及时下发核处和综合分析评价的全流程系统控制,进一步增强了社保基金的风险防控管理能力。平台的最大特色是实现了工伤联网结算的实时监控,并与部、省稽核风控平台功能互补,构建了全方位、多维度的监管体系。

再次,南京市社保中心按照"能上线尽上线"的原则,大力推进网上办事,目前的 149 项业务中已有 111 项实现了线上办理,占比约75%。同时,积极拓展网上办事渠道,将原本只能通过电脑端登录省人社网办理的业务,扩展到"江苏智慧人社"APP、"我的南京"APP 等手机移动端，提高了业务线上办理的便捷性；在"宁企通"平台增加社保服务模块，实现了用人单位参保（停保）等高频社保征缴服务事项的平台办理，逐步实现了"网上办""掌上办"和"平台办"。

最后，南京市社保中心与江苏银行、农业银行、邮储银行等 8 家银行合作，将部分高频事项投放至银行网点，使银行网点成为"社保服务经办前台"的延伸，努力打造"15 分钟人社服务圈"。各银行网点可为参保人员提供社会保险权益记录查询打印、养老金调整查询、社会保险参保登记等 34 项业务。服务对象可以通过"15 分钟人社服务圈"电子地图找到附近的银行网点进行办理，有效满足了企业群众"就近能办""多点可办""少跑快办"等需求。

（四）阳光惠民监管

为了规范和监督惠民资金的管理和使用，南京市纪委监委联合市农业农村局、市审计局、市财政局、市大数据局、市民政局、市人社局等部门共同开发了"阳光惠民"监管系统。该系统旨在通过在线监督加强对权力运行的监控，实施动态监督以确保责任的落实，进行精准监督以解决突出问题，从而提升群众的获得感和幸福感。

该系统基于"监督的再监督"原则，推动职能部门采用"制度化＋信息化＋公开化"的方式，加强实时、在线、动态的监管，确保权力运行的各个环节都在监控之下，进而实现线上线下的同步履职和全程监督，推动日常监督的数据化和精细化。系统由"一中心、四平台"构成，即"阳光惠民"大数据中心、惠民资金监管平台、互联互通工作平台、智能预警监督平台和大数据统计分析平台。它整合了扶贫、农村集体"三资"、财政预算支付、低保养老、就业创业服务等 10 个系统的数据显示，汇集了全市 23 个民生部门的 172 条资金线，实现惠民资金从预算、分配、补贴到户、绩效评价的全程可追溯、可监控、可跟踪，确保精准落地，应发尽发、应补尽补。

"阳光惠民"监管系统采用公开平台和管理平台的双层架构，两者同步运行。公开平台主要用于公开惠民资金信息，便于民众查询。通过"我的补贴与惠民资金查询""资金数据归集总体展示""惠民信息公开"等功能，市民可以查询个人的财政资金补贴情况，以及全市惠民年度资金总投入、惠及村居、补贴到户金额和惠及人数等信息。此外,市民还可以在线查询特定地区或部门的惠民专项资金使用情况、惠民政策、阳光扶贫等信息,并在发现问题时进行在线举报。公开平台主要实现资金归集和互联互通两大功能,确保所有惠民资金的集中管理,并打通系统与"我的南京"、阳光扶贫、"三资"管理、产权交易等原有平台之间的壁垒,实现资源交换共享、信息实时查询和基础数据全联通。

管理平台则是资金主管和使用部门的工作平台,侧重于资金使用的监管、评价和统计分析。为实现全实时的预警监管,系统制定了针对惠民资金拨付使用过程中可能出现的问题的预警清单,强化预警监督,为破解看似正常审批流程下的"潜规则""微腐败"提供技术保障。如果项目资金使用预警处理超过一定期限,或者业务主管部门不履行督办职责,相关信息将直接推送至纪检监察机关进行再监督。对于拒不整改的情况,将依据调查结果进行问责。同时,为防止优亲厚友或资金挪用等问题,南京市将基层干部及其重要社会关系情况录入系统。如果村干部及其直系亲属享受帮扶资金,系统会自动预警。市纪委监委将督促相关职能部门对收集到的预警信息进行比对核实,为发现和解决惠民领域的腐败和作风问题提供强有力的数据支持。

(五)不动产登记

为持续优化营商环境,提升不动产登记便利度,南京市积极推动不动产登记服务的"网上通办",并对线下不动产登记的"全市通办"窗口进行了优化,稳步实施线上线下相结合的"全市通办"服务模式。

南京市构建了"互联网+不动产登记"的服务模式,实现了多项事务的"网上办、不见面",包括商品房交易登记、抵押权登记、抵押权注销登记、不动产登记信息查询等。办理人可以通过"我的南京"APP、"南京不动产"微信公众号、"互联网+"不动产登记信息共享服务系统或"线上苏小登·南京E办证"不动产登记网上"一窗办事"平台等多渠道进行办理。例如,市民可以通过"线上苏小登·南京E办证"网上通办平台进行不动产信息登记及地籍图的可视化查询服务。通过"刷脸"实名认证并输入关键索引信息,市民可以在电子地图上依法查询不动产的自然状况、权利限制状况、地籍图等信息。同时,为了方便市民就近线下办理,南京市在市本级、江北新区、江宁等地的不动产登记服务大厅设置了7个"全市通办"专窗,用于提供不动产登记资料查询、预购商品房首次转移登记、房地一体的抵押权首次登记、抵押权变更登记等 17 项业务的申请服务。

在已有改革举措的基础上，各区积极探索新的创新应用。例如，浦口区推出了"交地即发证＋零材料提交"的服务模式。在该模式下，不动产登记部门通过数据共享、信息交互、流程互通等手段，打通了与审批部门、税务部门之间的信息壁垒。企业所需的出让合同、交地确认书、营业执照、出让金发票等材料都能在"互联网＋一体化政务服务系统"中获取，企业只需携带营业执照和代理人身份证到线下登记大厅进行核验和缴税缴费，即可实现登簿发证，进而实现了交地与办证的"零时差、零材料、一站式"无缝对接。该措施是针对企业用地办理不动产登记的一项便民利企改革，也是"交地即发证"改革的升级版。溧水区则加大了审批改革力度，探索产业项目的"五证齐发"。通过主动服务、提前预审、高效协同和紧密衔接，充分利用土地挂牌公告和成交公示的时间，确保项目在签订土地出让合同后的 5 个工作日内实现"五证齐发"，加速了企业项目的落地速度。在实现"五证齐发"的探索过程中，溧水区不动产登记中心积极实施了"交地即发证"和工业项目用地首次登记"零材料"办理政策，致力于为企业提供更优质、高效、便捷的登记服务。

应用场景建设只有进行时，没有完成时。南京基于"一网统管"打造多元化应用场景，涵盖民生领域各个方面，有力推动了城市治理体系和治理能力现代化，提升了公众的幸福感、满意度。限于篇幅，本章仅选取社会治理、公共服务、生态环保和政务运行领域的典型场景进行介绍。可以预见，在未来，随着技术发展及应用的日趋成熟，应用场景还将持续释放出新的动能。

第八章

对标："城市大脑"与"一网统管"

在信息化浪潮席卷全球的今天，城市治理正面临着前所未有的机遇与挑战。作为中国的两大经济中心，杭州与上海分别推出了"城市大脑"与"一网统管"两大城市治理创新项目，它们以科技为引领，推动城市治理体系和治理能力现代化，成为智慧城市建设的杰出代表。本章对标两大城市的先进经验，介绍其建设运营实践和应用场景开发，以期为完善南京"一网统管"建设提供借鉴。

一、杭州"城市大脑"模式

"城市大脑"一词诞生于以杭州为代表的浙江省内城市。2016年4月，杭州正式启动"城市大脑"建设，率先以交通领域为突破口，开启了利用大数据改善城市交通的探索。事实上，早在2006年3月，作为住建部数字城管首批试点城市之一，杭州就建成并运行了数字城管，并于同年8月率先通过住建部验收。《中国城市数字治理报告（2020）》显示，杭州数字治理指数居全国第一，正在成为"最聪明的城市"。

关于"城市大脑"的具体内涵，2020年公布施行的《杭州城市大脑赋能城市治理促进条例》作出了明确界定："是指由中枢、系统与平台、数字驾驶舱和应用场景等要素组成，以数据、算力、算法等为基础和支撑，运用大数据、云计算、区块链等新技术，推动全面、全程、全域实现城市治理体系和治理能力现代化的数字系统和现代城市基础设施。"

杭州"城市大脑"以其前瞻性的理念和先进的技术架构，引领城市治理的新潮流。它通过大数据、云计算、人工智能等技术的深度应用，实现对城市运行状态的全面感知、智能分析和精准决策。无论是交通拥堵的疏导、环境质量的提升，还是社区治理的优化、政务服务的便捷，杭州的"城市大脑"都展现出了强大的功能和广泛的应用前景。

（一）杭州"城市大脑"建设运营实践

面对城市人口激增、规模扩张等带来的种种挑战，杭州积极响应国家关于智慧城市建设的号召，以"城市大脑"为核心，全面推进城市治理现代化。杭州"城市大脑"的建设旨在通过信息化、智能化和智慧化手段，整合城市各类资源，实现城市治理的精细化、高效化和科学化。其目标不仅仅是提高城市的运行效率，更是要通过技术创新，让城市生活更加便捷，也让市民享受到更多的数字红利。

1. "城市大脑"的建设历程

2016 年，杭州市提出"城市大脑"的构想，旨在运用大数据、云计算和人工智能等尖端技术来应对城市治理中的交通堵塞、环境污染和公共安全等挑战。这一构想获得政府机构、私营企业和研究组织的普遍认可和支持。同年，杭州正式启动"城市大脑"计划，选择交通管理作为首要的改革领域，开始着手利用大数据来改善城市的交通状况。在此过程中，杭州市政府与阿里巴巴集团等企业合作，共同推动"城市大脑"的研究和实施。2016 年 9 月，"城市大脑"在萧山区进行了初步测试，结果显示车辆在路上的通行速度平均提高了3% 至 5%，在某些路段甚至提高了 11%。2016 年 10 月，杭州市正式发布"城市大脑"，在交通领域实现了政务和社会数据资源的整合，以数据为驱动力，提升了城市治理能力。2017 年 10 月，杭州市"城市大脑"交通系统 1.0 版正式推出，标志着该项目从理论研究阶段转向了实际应用。该系统通过对交通流量进行实时监控和分析，对信号灯进行优化控制，有效地减轻了特定区域的交通拥堵问题。

2018 年 11 月，杭州市委召开动员大会，提出"打造数字经济第一城"的目标，并把"城市大脑"作为实现这一目标的关键支持。同年，杭州市公安局推出基于"城市大脑"的警务改革"杭州方案"，进一步增强了城市治理的智能化程度。2018 年 12 月，杭州推出"城市大脑"的综合版，标志着该项目从单一领域的应用扩展到了包括环保、公安、旅游在内的多个领域，构建了一个更加综合的城市管理与服务系统。2019 年 9 月，杭州的"城市大脑"数字驾驶舱开始运行，实现了通过手机来管理城市的愿景。数字驾驶舱为不同层级的政府机构提供了实时数据监控和决策支持，极大地提升了城市管理的效率和快速反应能力。

2020 年初，杭州市余杭区与钉钉和支付宝合作，推出了全国首个健康码——"余杭绿码"，并迅速在全市、全省乃至全国范围内推广使用。2020 年 3 月，杭州政商"亲清在线"数字平台正式启用，对疫情防控相关政策流程进行了深度优化，实现了政策的直接传达，通过数字化手段助力企业复工复产。2020 年 10 月，杭州颁布了《杭州城市大脑赋能城市治理促进条例》，这是中国首部关于数智城市管理的地方性法规。该条例明确了"城市大脑"的定义、职能和作用，并对政府及其部门的职责作了规定，以避免资源重复建设和浪费。2021 年 7 月，浙大城市学院举办了"城市大脑"学术研讨会，探讨了数智城市建设对城市发展创新的重要性。随着"城市大脑"的持续完善，其应用场景也在不断扩展。从最初的交通管理，到现在的 11 个主要系统、148 个数字驾驶舱和 48 个应用场景，杭州市的"城市大脑"已逐渐成为市民日常生活和政府治理中不可或缺的重要工具。

2. "城市大脑"的架构体系

杭州"城市大脑"建设提出了"531"的逻辑体系架构。其中，"5"代表"五个一"：一是打通"一张网"，确保数据能够无障碍地流动；二是做大"一朵云"，将各类云资源紧密相连；三是汇聚"一个库"，形成城市级的数据仓库；四是建设"一个中枢"，作为数据与各系统互通互联的核心层；五是建强"一个大脑"，在全市范围内实施统一的架构和一体化实施。"3"则代表"三个通"：首先是实现市、区、部门之间的互联互通，其次是确保中枢、系统、平台、场景之间的顺畅连接，最后是促进政府与市场之间的互联互通。而"1"指的是"一个新的城市基础设施"。通过全面打通各类数据，接入各业务系统并实施融合计算，"城市大脑"将为城市构建一个具备思考能力、能够迭代进化的数字化基础设施。

总的来说，"城市大脑"的建设旨在通过这一逻辑体系架构，为城市提供一个更加智能、高效和可持续的数字化基础。杭州"城市大脑"在顶层设计上遵循"五位一体"的理念，精心构建中枢系统，具备"一整两通三同直达"的特点。其运行模式突出"一脑治全城，两端同赋能"的核心思想，通过中枢、系统（平台）、数字驾驶舱和场景四大要素的协同建设，实现了民生、企业和治理的直达服务，有效提升了政府治理的效能和为民服务的能力。

在顶层设计方面，杭州"城市大脑"以经济、政治、文化、社会、生态五大领域作为核心架构的根目录，并以此为基础进一步细化出二级目录、三级目录甚至是四级目录等子类别。例如，在经济领域下，二级目录详细划分为第一产业、第二产业、第三产业以及开放合作等具体方面。而在社会领域，二级目录则涵盖了公共服务、社会管理和应急管理等多个关键环节。更进一步，社会管理的三级目录又包括城市管理、平安建设、市场监管等细分领域。这种层层细化的方式，构建了一个结构清晰、条理分明的树状图，提纲挈领，使整个体系脉络分明，一目了然。

在组织架构方面，杭州"城市大脑"所构建的组织架构，纵向延伸至各个区县（市），横向覆盖到各个部门。在纵向方面，延伸到各区县的部分被称作"平台"，例如"杭州城市大脑·上城平台"和"杭州城市大脑·萧山平台"等；而在横向方面，扩展至各部门的部分则被命名为"系统"，诸如"杭州城市大脑·城管系统"和"杭州城市大脑·卫健系统"等。无论是平台还是系统，它们均无缝接入位于云栖小镇的中枢系统内。值得一提的是，云栖小镇特别设立了杭州城市大脑运营指挥中心，该中心集中枢运维、指挥应用、成果展示和专班研发等功能于一身，并由市数据资源局负责牵头管理，确保"城市大脑"的高效运行和持续优化。

在数字驾驶舱方面，各平台和系统的主界面均以数字驾驶舱的形式展现。对于各平台而言，数字驾驶舱的设计聚焦于经济、政治、文化、社会和生态等领域的可视化内容，确保各项核心指标和数据一目了然。对于各系统，数字驾驶舱则紧密围绕各单位的工作职责、工作领域和工作重点进行可视化布局，以便更直观地展示各项工作的进展和成效。杭州"城市大脑"的可视化技术，实质上是通过AI算法将城市运行核心系统的关键数据转换成直观的几何图形、图表或其他形象化的方式进行展现。通过这种方式，多个"指数"得以在同一个大屏幕上生成，从而清晰地传达出所需表达的信息。这样的设计使得受众能够更加容易地理解大数据分析的结果，并迅速获取所需的信息，从而提升了信息传达的效率和准确性。

在应用场景建设方面,杭州"城市大脑"着眼于民众的福祉与便利,精心打造了一系列丰富多彩的应用场景。以卫健系统为例,其推出的"舒心就医"服务,有效解决了以往到医院就诊时挂号、放射检查、化验、配药等各个环节需要反复付费的烦琐问题。在杭州"城市大脑"的协同作用下,只要是本市参保且信用记录良好的患者,在整个就医过程中都无须预先付费,而是在就诊结束后 48 小时内,通过自助机或手机等方式完成一次性支付,真正实现了"最多付一次"的便捷体验。同样,城管系统也推出了便捷泊车服务,市民只需扫描二维码(或使用 APP)一次,即可实现终身绑定,享受全城通停的便利。更重要的是,这项服务还实现了"先离场后付费"的功能,极大提升了停车体验。此外,在文旅系统方面,杭州"城市大脑"的应用场景已经将 10 秒找房、30 秒入住、20 秒入园等便捷服务变为现实,让游客在享受文化旅游的同时,也能感受到科技带来的高效与便捷。

在工作机制方面,市级层面成立了"城市大脑"建设领导小组,由市委书记亲自挂帅,辅以 6 位市领导担任副组长,并由一位副市长主持工作。同时,各区县(市)及各部门的主要领导均加入了领导小组,共同推进"城市大脑"的建设。为确保项目的高效实施,根据项目需要组建多个工作专班,其专班成员既来自政府部门也来自企业,并且统一在云栖小镇设立集中办公地点。各专班在保持彼此独立的同时,也注重相互之间的合作与沟通,确保工作的高效推进。此外,为了激发各专班的工作热情和创新精神,杭州组织大比武活动,并开展"五一劳动奖章"的评选。在全市范围内建立统筹考核推动机制,由市考评办、市数据资源局和市委政法委联合行动,对全市 15 个区县(市)及功能区,以及 101 个部门下发了明确的任务书,并将这些任务纳入年底的考评内容。为了及时掌握工作进展,全市"城市大脑"工作的进展情况将每周通报一次,确保各项工作有序、高效地进行。

3. "城市大脑"的运作机制

杭州"城市大脑"的运作体系由中枢系统、各类系统与平台、数字驾驶舱以及多样化的应用场景构成。这些部分通过高效的互动展现了其协调一致的运作方式。具体来说,"城市大脑"中的各个系统和平台通过中枢系统实现数据的整合与共享,促进了业务流程、数据管理以及政府与企业之间的紧密合作，从而增强了城市整体的协调运行能力。系统与平台作为中枢的延伸，确保了线上与线下数据的无缝对接和同步更新。数字驾驶舱则利用中枢的数据整合，创建了一个智能化、细节化、直观化的数字操作界面。而应用场景则基于中枢的数据支持，通过线上业务的整合和数据的协同处理，实现了流程的简化和优化，形成了一个综合性的系统。

可以看到，杭州"城市大脑"注重数据的全周期管理和以数据为基础的应用开发。具体来说，数据管理和应用开发构成了"城市大脑"建设的核心任务。其中数据管理是指从宏观角度出发，涵盖数据的识别、整合、分类、清洗、建模、开发、发布、共享和应用等一系列完整的管理流程，同时也包括建立数据管理的标准规范和确保数据安全的措施，目的是确保数据的完整性、准确性、时效性、可用性和安全性。在应用开发方面，一方面，通过深度挖掘数据潜力，利用数字驾驶舱等数字化工具辅助公共管理，提高决策和执行的效率；另一方面，通过开发一系列涵盖多个领域的数字创新应用，实现数据对社会治理和公共服务的赋能。此外，数据管理和应用开发都以公共价值为导向，以数字基础设施为依托，两者相辅相成。目前，政务数据主要来源于传统的业务系统，数据管理以业务需求为导向，服务于应用的改进和创新；同时，应用发展过程中的问题和需求反馈也在不断促进数据管理的优化，推动数据标准规范体系的完善，进一步提升了数据的质量和价值。

在实际运营方面，从最初规划起，杭州"城市大脑"项目便着眼于其市场化运作的潜力，旨在将这一系统打造成一个可推广的模范产品。为此，杭州市政府牵头成立了具有混合所有权结构的"杭州城市大脑有限公司"，其中市属国有企业持有主要股份，同时吸引了社会资本和研发团队的投资参与。此外，为了进一步巩固和商业化便捷泊车服务，还特别成立了杭州城市大脑停车运营有限公司，专注于该应用场景的公司化管理。在地方政府的推动下，各区和县（市）也相继成立了类似的机构，既有全资国有企业，也有混合所有制企业。这种面向市场的企业运营模式不仅解决了研发和运营的资金问题，还有助于推动相关产业的发展，促进数字经济的增长。

4."城市大脑"的发展趋势

在 2024 年 3 月杭州"城市大脑"2.0 推进会上，杭州市委书记指出，要在激活数据要素上创新突破，要在打造纵深领域应用模型上创新突破，要在打造城市治理操作系统上创新突破。在激发数据活力方面,要坚持全面收集各类数据、确保数据质量、实现协同共享的原则,加速建立优质的数据集合。利用数据交易平台等,持续提高数据流通和交易的全链条服务能力。在开发深度应用模型方面,要加强"城市大脑"的"智能中枢"建设,巩固数字孪生城市的一体化基础,不断完善物联网感知系统,致力于构建城市治理的专业模型。在构建城市治理操作系统方面,要根据"三个一网"的体系结构,推进"一网通办"从处理单一事务到提升为增值服务,将"一网统管"从管理单一问题扩展到保障区域安全,以及从解决特定难题到全面提升城市治理能力。

面对 ChatGPT 在全球掀起的大模型浪潮,杭州"城市大脑"不断深化建设,开展"城市大脑"2.0 与大模型融合建设,初步形成整体思路,简称为"123N"战略:建立一个"智能中枢",作为大型模型生成系统的基础支撑;从服务应用和治理工具两个维度出发,开发"城市大脑GPT"和"数智公务员"两大智能产品;通过数据管理、模型训练和场景赋能三个关键环节,培育服务于"三个一网"的多个行业大型模型,全面提升亚运会、交通、住房、旅游等多个领域的智能化水平,打造一个"更智能、更高效、更智慧"的"城市大脑"。

应当说,"城市大脑"的构建是一项极具创新性的工程项目,遵循循环往复、逐步提升的"实践 – 优化 – 再实践"的发展模式。在现阶段,AI 技术的进步带来了新的机遇,城市整体功能的增强也提出了新的要求,同时"城市大脑"的品牌建设也面临着新的挑战。在新形势下,"城市大脑"建设要以解决城市发展过程中遇到的新问题为目标,从新的角度和更高的层面出发,积极尝试和创新,不断推动"城市大脑"建设的发展,努力在这一领域保持领先地位,成为智慧城市建设的典范。

(二)"城市大脑"应用场景建设

杭州"城市大脑"应用场景建设覆盖经济、政治、文化、社会、生态等各个领域,从最初的交通治堵逐渐延伸至看病就医、办事服务、惠企惠民等民生领域。本节将结合杭州市的成熟经验以及南京市的实践经验,重点介绍几大经典的应用场景建设,为完善南京市在相关领域的应用场景建设提供借鉴。

1. 便捷泊车

在传统的停车场管理方式中，车辆在进入停车场时需要在收费口停车以进行拍照识别并开始计时，随后道杆抬起允许车辆进入；而在离开停车场时，车辆同样需要在收费口停车进行拍照识别，完成费用结算和支付后，道杆再次抬起放行。杭州市针对这一流程进行了优化，采用了"无杆通行"的理念，对停车收费系统进行升级改造，推出了便捷泊车系统。

便捷泊车系统首先取消了停车场出入口的道杆，通过智能摄像头在车辆进出时自动识别车辆和车牌信息，自动控制停车计时的开始和结束，并自动生成费用账单；然后，为了增强管理留痕，参照交警部门的执法方式，系统在车辆进出时拍摄 8 张照片，构成一套完整的图像证据，确保停车记录的准确性和有效性；最后，实行离场后缴费的模式，将支付环节与停车场现场分离，允许车主在车辆离场后的一段时间内通过手机完成支付。该系统有效减少了车辆在进出停车场时的停启次数、道杆起降次数以及现场支付所需的等待时间，有效避免了高峰时段停车场出入口的车辆拥堵现象。

在确认支付主体方面，通过将便捷泊车系统与公安系统开发的浙江省"掌上 110"服务平台进行整合，利用该平台内包含的全省车辆和车主数据进行匹配，实现对车辆信息的精确识别，并确认费用支付的责任方。在车辆离开停车场后，系统自动将停车费用账单发送至"掌上 110"平台，随后"掌上 110"将以短信形式把账单详情和在线支付的链接推送给车主，完成停车费用的缴纳通知。车主可以直接通过链接支付停车费，或者将支付链接转发给其他人代为支付。

在畅通支付渠道方面，付款人仅需点击短信中的支付链接，手机便会跳转至支付宝的"便捷泊车"小程序内，直接进行账单支付，实现了在手机上的快速支付。一旦支付成功，停车费将直接转入停车场收费方的支付宝账户中。随后，平台会将支付确认信息发送至"掌上 110"，由该服务平台向车主发送支付确认短信，从而完成停车收费的整个流程闭环。

在支付保障方面，便捷泊车系统将停车费用的支付行为与支付宝的芝麻信用分数相挂钩，利用支付宝的信用系统对车主行为进行规范。如果车主在 7 天内完成支付，将会获得芝麻信用分数的奖励；若超过 7 天未支付，支付宝界面会显示账单提醒；若超过 15 天仍未支付，将从车主的芝麻信用分数中扣除一定分数,影响车主在支付宝平台上的信用评分及相应的信用福利。该系统还与全省公共信用信息系统对接,推动停车付费情况纳入社会信用体系。

2. 舒心就医

杭州"城市大脑"在医疗健康领域推出"舒心就医·最多付一次"便民服务。该服务充分发挥城市信用体系的作用,在医疗过程中,患者可以通过自助服务机、手机等多种支付方式,在诊疗结束后只需进行一次支付,实现"先就诊后付费"的就医体验。具体来说,杭州市的医保参保居民可以依据自己的"钱江分"信用评分获得相应的信用额度。在该额度范围内,居民在就医时无须预先支付任何费用（包括住院押金）,便可直接进行各项医疗活动,如检查、化验、取药和治疗。所有个人应付费用将暂时记在账户上,并从信用额度中扣除。患者可以在全部就诊活动结束后离开医院时,或者在48小时内（从就诊结束的次日零时起开始计算）,通过自助服务机或手机等渠道完成一次性支付。

舒心就医系统基于 NET、Java 等技术开发,具备良好的适应性,能够兼容当前市场上的主流操作系统、服务器、服务容器、中间件、分析工具和数据库,同时支持桌面和移动设备上的计算需求。该系统的各个应用组件均设计为高可用性,并具备容错恢复能力,确保在网络连接出现问题时仍能通过离线模式维持关键功能。在数据传输方面,系统支持多种主流的消息传递协议,能够实现同步和异步的数据传输以及断点续传功能,确保数据传输的完整性和安全性。此外,系统还提供了消息格式验证、数据转换、消息存储、消息路由以及错误处理等功能,为舒心就医系统积累了准确、完整、实时的健康医疗数据,并能够实时监控和准确分析全市医疗机构的舒心就医服务状况,为基于数据的管理和决策提供了坚实的基础。

在疫情防控中,该系统发挥了积极作用。市卫生健康委员会与公安部门利用"城市大脑"平台迅速建立"卫健警务-新型冠状病毒防控系统",以便为疫情防控工作提供即时和精确的数据支持与行动指导。为了减少患者因外出就医而面临的感染风险,解决慢性病患者复诊和药品续方等问题,杭州市开发了"在线复诊"和"医生工作站"系统,在疫情防控期间免费向有需求的医疗机构提供使用授权。此外,舒心就医系统还与其他模块进行整合与互动,并以此为基础形成了杭州市城市急救智能联动系统,其中包括"一键护航"系统、"急救市县一体化"数字信息系统、急救志愿者救助系统以及医疗优先分级调度系统。如此，曾经单独作战的杭州院前医疗急救服务，现在已经发展成为一个包含急救调度指挥中心、专业院前医疗急救团队以及急救志愿者在内的多层次、社会化的急救网络体系。

3. 多游一小时

尽管"互联网+文旅"和"智慧旅游"等信息化项目已在全国范围内实施多年，但文化和旅游业的数字化转型仍面临一些挑战，其中包括旅游管理决策缺乏科学依据、购票排队时间长、酒店入住流程复杂等问题。根据对杭州市历史旅游数据的分析，如果游客在杭州市停留时间增加一小时，就能为当地带来至少100元的旅游收入。为此，依托"数据在线上流转、用户在线下体验"的发展理念，杭州市文旅系统运用物联网、大数据、云计算等前沿技术，并结合交通管理、公共出行、城市管理停车、社会治安等多方面的业务合作，共同推出"多游一小时"应用场景的实际建立和实施，旨在为游客提供沉浸式的旅游体验。

具体到应用场景的架构设计方面，构建了S2B2C模式的文旅系统业务框架。其中S端（供应端）负责进行数据的搜集、分析、处理、存储和共享，以及数据智能模型和算法的开发，发挥着核心的中枢功能；B端（面向政府管理和产业赋能）负责处理"城市大脑"文旅系统内的各项业务流程和事件，文旅系统内部可以通过浙政钉等工具将特定业务扩展到移动终端；C端（面向社会公众）通过浙里办、钉钉、支付宝、微信等应用程序实现数据共享，为企业和个人提供各种定制化服务，提升公众的满意度；对于需要其他政府部门处理的事务，则会转交至"城市大脑"的中枢系统。依托该中枢系统，通过整合景区闸机、票务系统、酒店物业管理系统、公安登记等不同来源的数据以及服务场景的叠加应用，将大数据、物联网等先进技术应用到文旅企业的运营流程、服务供应链、产品与服务创新、线上线下服务整合等多个方面，利用数字化手段促进企业管理水平提升和服务品质升级。

杭州"城市大脑"文旅系统在监管旅游文化市场、提供产业服务以及面向大众的服务方面均取得了显著的成效。以面向公众的服务为例，该系统针对游客在景区入园、酒店入住、游览过程中的排队等待等常见问题，推出五项便民服务措施，旨在提供更加精确、高效和便捷的公共服务。一是"10秒找空房"。游客可以利用"找空房"小程序或者拨打旅游咨询服务热线96123，基于他们当前的实时位置和预算要求，迅速找到合适的空房。二是“20秒景点入园”。游客在景点现场通过支付宝扫描支付码，可以直接通过闸机进入景区，免去在售票窗口排队购票的时间，有效缓解了节假日景点的拥堵和入园排队问题。三是“30秒酒店入住”。游客可以使用自助服务机快速完成酒店的入住和退房手续，整个过程仅需30秒，相比传统方式，每个房间的入住办理时间平均节省了约4分钟。四是“数字旅游专线”。利用周末期间未被充分利用的车辆资源，杭州“城市大脑”文旅系统在杭州东站、桐庐等高铁站点以及武林广场、湖滨步行街等繁华商业区，推出了35条直达旅游景点和酒店的数字旅游专线，为游客提供了便捷的交通服务。五是“长三角文化旅游年卡和杭州文化旅游卡”。该卡首批涵盖了沪宁杭三地70多个景点和文化场所，居民只需支付29元，便可畅游长三角地区的这些景点。

4. 亲清在线

在2020年疫情防控期间，诸多城市推出旨在帮助企业恢复生产和经营的扶持政策。然而，由于一些政策缺乏具体的执行细则，不少企业因为对政策理解不足而难以充分利用这些政策，最终导致政策落实的“最后一公里”出现障碍，影响了政策效果的实现。为了解决这一问题，杭州市依托已有的“城市大脑”建设成果和数字化经验，着手开发了“亲清在线”一站式数字化政商服务平台。开创了精准实施惠企政策和补贴资金即时到位的新篇章。该创新举措是浙江省近年来推行的“最多跑一次”改革与“城市大脑”有效融合的结果，推动了政府流程的重塑，促使更多部门实现政务工作的数字化协同，引领了基层治理的革新。

“亲清在线”平台是一个全面的政府与企业服务平台，它涵盖了政策兑现、行政许可、绩效评价、互动交流以及诉求直达五大主要领域。此外，该平台还增加了“民生直达”的服务功能，实现了政府与民众间的直接在线联系。在“亲清在线”平台的整体构架下，杭州市将无感知智慧审批整合入城市的智慧管理体系中，建立了“线上行政服务中心”。该中心围绕企业从设立到运营的全生命周期，推出了包括“工业项目全流程审批”和“企业五险一金登记”在内的多项“一件事”联办服务，以提高行政效率和服务质量。

根据平台发展规划，“亲清在线”数字平台的前端为企业和政府部门提供包括政策兑现和互动交流在内的多项操作服务。而平台后端利用“城市大脑”

的中枢系统，与各级部门以及区、县（市）的业务系统进行数据协同，以实现政策服务、在线互动和决策支持等多项功能，具体包括：①诉求在线直达，为企业提供直接向政府表达诉求的在线渠道，使企业能够随时随地通过一键操作，将诉求直接传达给政府；②政策在线兑付，支持税务、社保、住房保障、市场监管以及12345热线等相关部门的数据接入和整合，实现惠企政策的在线兑付；③服务在线落地，通过开放式接口接入，平台集成各政府部门提供的政策解读、政策发布等服务模块，汇总并提供各项惠企政策信息；④绩效在线评价，引入互联网平台的星级评价机制，使企业能够在线监督政府的工作，确保政策的执行始终处于受监督的循环之中；⑤"许可"在线实现，通过数据驱动的模式创新，深化"最多跑一次"改革的在线实施，使各种政策许可能够在线完成。

5. 食安慧眼

2019年，杭州采用人工智能和物联网等先进技术，对视频监控系统进行智能化改造，精准识别餐饮业食品安全操作和现场环境中的常见问题，开发智能物联网系统，打造"一中心三端口"的"食安慧眼"系统，即一个餐饮食品安全指挥中心，企业、监管与公众三个端口，整合了企业食品安全管理、政府监管和社会监督的三重功能。在各类学校和幼儿园食堂、集体用餐配送单位、中央厨房、老年食堂、医院食堂等场所推广智慧物联网建设，在中小餐饮集中区域、大型餐饮连锁企业和网络订餐单位中深化智慧物联网的应用，并逐步推进农村家宴厨房的智慧物联网建设，全面铺开智慧物联网系统在餐饮领域的推广和应用，加速实现阳光厨房的高标准落地。

在落实主体责任方面，"食安慧眼"监管系统推动餐饮企业实施主体责任告知、自查和培训等制度。餐饮企业通过企业端的应用程序上传包括许可证件、地理位置、食材采购信息、食品成分、员工健康情况和餐具消毒记录等资料，实现管理台账的全面电子化。系统还包括"不合格食材比对""食材配送追溯"和"过期食品预警"等功能，鼓励企业主动进行问题自查和纠正。根据人工智能捕捉到的违规行为和物联网技术预警的风险信息，企业能够迅速采取措施进行整改，有效提升了食品安全管理的效率。此外，在线食品安全知识培训系统针对餐饮服务操作规范的核心内容，为餐饮从业人员和食品安全管理人员提供了在线学习和考核平台。

在监管方式创新方面，"食安慧眼"监管系统以"阳光厨房"为基础，融入先进的人工智能、物联网等技术。利用智能物联网系统平台，监管部门结合传统的逐户巡查和现代的即时靶向监控，通过指挥中心后台进行大数据分析，识别出问题频发和存在短板的餐饮单位，对其进行重点监管。同时，制定并实施双随机抽查的方案，确保了监管工作的精准性和有效性，实现了对餐饮单位分类分级的精细监管。

在公众参与方面，"食安慧眼"监管系统为公众提供物联网接入点，使消费者能够直接参与到食品安全监督中来。通过 APP 扫描二维码，消费者可以近距离观察餐饮单位的后厨情况，并直接访问餐饮单位主动公开的食材来源、证件资料、员工健康证明以及监管机构的检查和抽检信息。系统还引入"你点我检"、投诉渠道、预约服务、订餐优惠和商家排序等互动体验功能，使公众能够对餐饮单位的食品安全公示、餐具消毒、菜品质量、环境卫生和透明厨房建设等方面进行实时评价，并通过笑脸数量来打分，逐步建立起餐饮单位与消费者之间的积极互动关系。系统还具备自动评价和排名的功能，通过分析餐饮企业的经营行为和信用表现，自动创建并在线发布餐饮单位的"红黑榜"，引导消费者选择信用等级较高的餐饮单位就餐，同时促使"黑榜"上的餐饮单位主动进行整改。此外，系统通过整合信用信息平台，加强与教育、民政、镇街等相关部门的合作，建立联合信用监管机制，实施守信激励和失信惩戒的措施。

6. 基地叶菜管理

杭州"城市大脑"在农业领域的应用，主要聚焦于主城区市场叶菜的应急保障供应。在每年 6 月至 9 月灾害性天气频发时期，"城市大脑"利用规模较大的生产基地作为样本，结合基地的实时监测数据和气象信息，通过算力分析对叶菜的供应量、市场价格、生产适宜性以及灾害发生的风险进行预测，进而生成详细的报告。通过将这些报告与标准数据进行对比，农业部门能够判断本地蔬菜供应是否受到台风等自然灾害的影响，以及是否有必要调整价格，从而决定是否需要政府介入进行市场调控。

农业部门的数字驾驶舱以数字化和可视化的方式展示了"菜篮子"产品的相关信息，其中突出显示蔬菜、生猪、水产品的生产规模和产量数据。同时，数字驾驶舱还会对历史数据进行对比分析，利用人工智能技术将数据转换为直观的图表，并生成多个预警"指数"，以便清晰地传达数据分析的结果，为决策提供有价值的数据支持。此外，在数字农业展览区，参观者将有机会亲身体验数字化农业农场的运作模式。通过奶牛和智能温室的模型展示，参观者可以了解到如何将物联网、移动互联网和 5G 等新兴信息技术应用于畜牧业和种植业中。在现场，市民可以使用平板电脑来远程操控智能温室的设施设备，体验开启或关闭设备的全过程。

二、上海"一网统管"模式

随着城市化步伐的日益加快，众多人口纷纷涌入城市，形成了庞大而复杂的人口聚集现象。城市人口规模的不断膨胀、人口结构的日益多元化以及社会情景的纷繁变化，对城市的管理服务和公共服务供给带来了前所未有的挑战。随着城市治理涉及的领域逐渐拓宽，市民的诉求也日益精细化，这对各部门的协同合作提出了更高的要求。然而，在实际情况中，事件往往不会完全按照各部门的职责划分来发生，这就需要政府构建更加灵活、高效的治理机制来应对。

作为超大型城市的上海，下辖 16 个区，共设有 107 个街道。统计结果显示，截至 2022 年年末，上海市的常住人口已高达 2489.43 万人。这座城市具有车流人流密集、楼宇企业众多、管线设施繁杂等显著特点，这对城市运行的精细化管理水平提出了更为迫切的需求。在这样的背景下，"一网统管"应运而生，它以城市精细化治理为核心目标，致力于解决政府关心、市民深有体会的城市治理难题。通过"一网统管"，政府的相关部门不仅能够提高执政效能，还能有效提升市民的满意度，进一步促进社会的和谐稳定。

2020 年上旬，中共上海市委、上海市人民政府制定发布《上海市城市运行"一网统管"建设三年行动计划（2020—2022 年）》，成为上海市城市管理实行"一网统管"实践的"指南针"。为了推进"一网统管"的深入实施，2020 年 10 月，上海市城市运行管理中心正式授牌成立了上海市"一网统管"市域物联网运营中心。该中心委托中电科数智科技有限公司进行运营管理，并面向政府及企事业单位提供参观交流、商务调研、培训座谈等一系列宣传服务。该运营中心的核心目标是有效支撑上海城运体系的高效运行，通过构建完善的物联感知基础设施建设及运营体系，实现泛在接入、数据汇聚、预警预报、评估评价及应用示范等功能的一体化。这种模式不仅在上海本地得到了广泛应用,还形成了可推广的上海模式,辐射至长三角地区,并在全国范围内产生了示范引领作用。

(一)上海"一网统管"运营建设实践

在推进城市治理现代化的进程中,上海市通过实施"一网统管"战略,正在逐步建立起一个集智能、高效、精细于一体的城市治理体系。这一体系不仅为市民提供了更加优质、便捷的服务,也为城市的可持续发展注入了新的活力。

1. 实践探索与创新

上海市在"一网统管"运营建设方面进行了积极的探索与创新。在推进"一网统管"建设,以"一屏观天下、一网管全城"为目标,坚持科技之智与规则之治、人民之力相结合,构建系统完善的城市运行管理服务体系,实现数字化呈现、智能化管理、智慧化预防,聚焦高效处置一件事,做到早发现、早预警、早研判、早处置,不断提升城市的治理效能。

在探索实践中,上海市运用大数据、云计算、物联网、区块链、人工智能等现代信息技术,依托"一网统管"平台,形成了一批具有创新性的应用模型。例如,上海市在全市公共区域布设了大量的安防"神经元",这些设备能够即时感知并推送各类风险隐患,为城市安全提供全领域、全天候、全时段的保障;嘉定区率先开启了条块结合与购买服务的先河,推出了新型城域物联专网建设运营服务,这标志着上海市在信息基础设施建设方面取得了全国首例全域覆盖的重要突破;部分区域如普陀区,运用大数据、全文检索、数据标签化等信息技术,首创了城市运行管理知识库。这一创新使得城市运行管理信息能够实现"一键智搜",避免了工作人员在多个系统中烦琐操作,辅助提升了指挥决策的精准性;在部分区域的实践中,如普陀区打造的"数智普陀·半马苏河数字治理应用场景",通过一网感知苏河全域,汇聚整合了多个部门和街镇的数据,解决了数据分散、不互通等问题;上海市还积极探索城市智能体的创新场景,如南京路步行街的数字孪生系统,能够实时监测并预警潜在的安全隐患。此外,上海市还计划打造更多的城市"一网统管"创新场景,推动城市的数字化转型,为市民提供更加优质、便捷的服务。

2. 支撑体系建设

上海市"一网统管"建设运行的主架构，巧妙而精准地以"三级平台、五级应用"为核心，构建出了一套高效、智能的城市治理体系。在这一架构中，市、区、街镇三级平台的建设不仅体现了层级管理的科学性，更凸显了精细化的治理理念。

在线下层面，上海市在市、区、街镇三级均设立了城市运行管理中心，这些中心作为推动"一网统管"建设的实体力量，承载着重要的使命。三级平台之间分工明确，各有侧重。市级平台站在全局的高度，把握城市运行的整体态势，统筹协调各方资源；区级平台则注重联动与管理，实现区域内各项工作的协调推进；街镇平台则更侧重统筹与实战，确保基层治理的精细化和高效化。这种层级分工不仅提高了工作效率，也为城市治理的精细化提供了有力保障。

在线上层面，结合三级城运中心的功能定位，上海市建设了三级"一网统管"技术系统平台。这些平台通过实时动态数据的汇集，实现了对城市运行的灵敏感知、精准研判和高效指挥。智能派单系统的运用，使得各类事件能够得到快速响应和有效处置。同时，这些平台还打破了部门、领域和层级的壁垒，构建了一个跨部门、跨领域、跨层级的线上"平台政府"，实现了对各类事件的统一管理和高效处置。

在这种分级运行模式下，市级系统主管全局，负责制定宏观政策和战略规划；区级系统注重协调，负责区域内各项工作的协调推进；街镇系统则负责落地实施，确保基层治理的实效性和可操作性。这种分级运行模式不仅提高了城市治理的效率和水平，也为市民提供了更加优质和高效的服务。

具体而言，在市级层面，由市公安局、市交通委、市气象局、市水务局等部门组成联动部门，依托技术平台，实现城市体征检测、常态风险管理、城运统筹管理和重大事件处置四大功能。其中，上海市城运中心发挥了核心作用，通过精心研发并成功上线城市运行数字体征平台，这一平台全面整合并接入了各类感知数据、舆情信息、媒体热点以及市民热线反馈等数据资源。通过这些数据的实时汇聚与分析，平台得以对城市运行态势进行全方位、多角度的实时呈现，从而帮助相关部门快速响应、高效处置各类城市运行中的问题与挑战。

在区级层面，"一网统管"体系的应用则更加具体和精细。由区公安局、区城管局、区市场监管局、区综治办等部门组成联动部门,作为中层组织,主要负责事项的发现受理、任务下发、跟踪处置、应急指挥、联动协同和监督评价。通过一屏展示各项城市运行指标,各级领导和工作人员能够直观、快速地了解城市的运行状况,为城市精细化治理和精准施策提供了有力的数据支撑和决策依据。这不仅提升了城市治理的科学性和有效性,也增强了城市应对突发事件的能力。

在街镇级层面,由城管中队、市场所、派出所、网格中心等组成联动部门,具体处理市容环境、园林绿化、公共设施、街面秩序、河道管理、施工管理、突发事件、流动人口、纠纷协调、社会治安、防灾抗灾、房屋管理、违法建筑等具体事项。"一网统管"体系通过基于新型城域物联专网的建设,实现了事件的智能感知、自动告警和自动分拨。这一创新举措极大提升了城市治理的智能化水平,使得城市管理者能够及时发现并处理各类事件,提高了城市治理的效率和响应速度。

在社区(网格)层面,"一网统管"体系同样发挥了重要的作用。通过建立"社区自治管理平台",社区管理者能够实现对事件处理的可追溯、更快捷和管理闭环。这不仅提高了社区治理的规范化水平,也增强了社区居民的参与感和满意度。同时,通过树立多个标杆示范样板,社区治理的先进经验和做法得以广泛推广和应用,为城市治理的整体提升注入了新的动力。

3.市场推广与经济效益

"一网统管"的市场推广取得了显著的成效,充分证明了其强大的生命力和广泛的应用前景。目前,这一先进的城市治理体系已经成功覆盖了上海市级、16个区级以及20余个街镇级市场,实现了全方位、多层次的布局。不仅如此,它还在消防、环保等行业领域得到了广泛应用,为这些关键领域提供了强大的技术支持和智能化服务。具体而言,"一网统管"为各类应用场景提供了超过100个的物联数据与智能化服务解决方案,不仅涵盖了城市基础设施的智能化管理,还包括了公共服务领域的创新应用,极大地提升了城市治理的效率和水平。

此外,上海市作为"一网统管"的发源地和先行示范区,不仅在本市范围内取得了显著成效,还积极将这一成功经验推广至全国。依托上海市的建设经验,"一网统管"已经成功辐射至江西鹰潭、福建厦门、四川成都等多个城市，成为各地城市治理创新的重要参考和借鉴。以上城市的实践充分展现了"一网统管"的较强可推广性。无论是大型城市还是中小型城市，无论是东部地区还是西部地区，都可以根据自身的实际情况和需求，借鉴和应用"一网统管"的理念和技术，推动城市治理体系和治理能力现代化。

4. 社会意义

"一网统管"的实施不仅为城市带来了显著的经济效益，更在推动城市治理体系和治理能力现代化方面产生了深远的影响。这一创新模式的引入，使城市的管理和运营变得更加智能化和智慧化，极大地提升了城市运行的效率和质量。

具体而言，通过"一网统管"的智能化管理手段，城市中的各类资源和信息得以有效整合和共享，使管理者能够实时掌握城市运行的状态和趋势，及时作出科学决策。同时，智慧化的预防机制也使得城市在面对各种风险和挑战时能够迅速响应，有效避免和减少潜在的风险和损失。在这样的管理模式下，城市运行变得更加顺畅、精准、安全和有序。无论是交通拥堵的疏导、环境污染的治理，还是公共安全的维护、民生服务的改善，都得到了更加有效的解决和提升。

"一网统管"的实施为上海市乃至全国构建经济治理、社会治理、城市治理统筹推进和有机衔接的治理体系提供了有力支撑。它打破了传统治理模式的局限，推动了各领域之间的深度融合和协同发展，使得城市治理更加全面、系统和高效。

（二）上海"一网统管"建设中典型应用场景

当前，上海市城运中心信息平台已经初步确立为城运系统的核心应用枢纽、高效指挥平台以及强大的赋能载体，为城市治理提供了坚实的信息化支撑。上海市"一网统管"建设中的典型应用场景也展现出了其强大的应用潜力和广阔的前景。

2021年3月底，市级"一网统管"平台已经实现了与50个部门、185个系统以及730个应用的深度对接与融合。这一战略举措不仅极大地丰富了平台的数据资源和应用场景，还进一步提升了城市治理的智能化水平。围绕城市动态监测、城市环境改善、城市交通优化以及城市保障供应等多个关键维度，平台聚焦基层城市管理和社会治理的核心任务,系统开发了一系列应用场景。这些应用场景包括但不限于深基坑安全管理、玻璃幕墙安全监管、违法建筑治理、架空线入地监管、电梯安全监管、社区疫情防控、重点区域保障、燃气安全监管、房屋修缮监管以及历史建筑保护等,涵盖了城市治理的方方面面。与此同时,各区级城运平台也积极响应,聚焦本区域城市管理中的高频难题和顽疾,通过深入梳理和再造业务流程,探索运用物联网、大数据、人工智能等先进技术,开发了一批具有区域特色的应用场景。这些应用场景的推出,初步实现了实战管用的目标,为提升区域城市治理水平注入了新的动力。

在市、区、街镇三级标准基础平台基础上,上海市已经实现了市政务云的全面开通,形成了共享开放的基础平台体系。这一体系为各级城运平台提供了统一的数据交换和共享机制,有效促进了信息资源的整合与利用。在此基础上,各区、街镇可以根据自身的实际需求和特点,通过调用接口和服务的方式,灵活拓展开发个性化应用。目前,上海市已经建设了几百个各类轻应用、小程序,这些应用小程序为基层城市治理提供了更加便捷、高效的服务。同时,街镇网格化管理平台作为"一网统管"基层城运平台的重要组成部分,在传统城市管理的基础上进行了创新升级。通过逐步纳入综治、市场监管、110非警务以及12345市民热线等内容,形成了基层综合执法和联勤联动的新机制。这一机制不仅提升了基层城市治理的响应速度和处置效率,还进一步增强了城市治理的精细化和智能化水平。

1. 市级城运平台典型应用场景

(1)大客流监测预警

在市"一网统管"的大屏上,能将2021年跨年夜全上海市的整体情况尽收眼底。依托公安部门部署的高清探头,以及加载的大客流智能算法,大客流监测预警系统能够实时监测重点区域的人流情况,通过"观管防"重点守护外滩滨江、八佰伴、玉佛寺、豫园等可能会出现跨年夜大客流的公共区域,启动大客流管控预案。

在大屏幕上,相关政府部门工作人员可以清晰地看到重点区域的实时人数、路口的人流与车流数据以及气象数据等实时更新和跳转。现场画面实时切换,使其能够全面掌握各个区域的动态情况。同时,系统还会根据实时监测数据自动进行预警,提醒相关部门及时采取措施,迅速做出反应,调整工作部署，确保跨年夜城市运行的平稳安全。

（2）渣土管理

面对渣土管理中常见的"三跨"难题——跨地区、跨部门、跨行业，"一网统管"平台能够通过深度整合车辆运行轨迹、卸点审批等关键管理数据，基于城运系统道路交通管理子系统——"IDPS 系统"的强大赋能，运用系统的高效运算能力，精准发现非法卸土点，帮助实现对于"人、车、路"的各类信息的实时感知。这不仅大大提升了相关部门对于渣土管理的效率和精度，也体现了其在智慧城市建设中的技术创新与实际应用能力。

一旦系统发现非法卸土点，平台将立即通过系统派单，迅速联动城管、公安、绿化市容等多个相关部门。各部门之间的紧密配合，能够形成强大的工作合力，从而成功截获非法倾卸渣土的车辆，有效打击渣土乱倒、乱卸等违法行为，维护了城市的市容环境和公共秩序。运用先进的数据模型进行分析和处理，也实现了对道路交通的全覆盖管理。这不仅提升了道路的通行效率，更营造了一个安全有序、畅通文明的道路交通环境，为市民的出行提供了更加便捷、舒适的体验。

（3）城市最小管理单元数字治理

上海城市最小管理单元数字治理项目不仅是上海市深化街镇村居等基层精细化管理水平的进一步尝试，更是城市智能体在上海市这片热土上生根发芽的首个创新实践。上海市拥有超过 600 多万辆机动车，480 万栋建筑物，其中包括 4.75 万栋高耸入云的高层建筑以及 24 万台忙碌不息的电梯。它们构成了城市运行的骨架和脉络，也是城市运行管理的最小单元。在推进城市治理体系和治理能力现代化的进程中，上海市积极探索"一网统管"项目，以求对这些最小单元的高效管理。

以黄埔区南京路步行街的标志性建筑——南京大楼为试点，上海市成功打造了一个生动的城市数字治理最小管理单元。基于城市智能体的先进理念，技术团队整合了华为云技术、大数据分析、AI 算法、边缘计算以及 5G 通信等前沿技术，共同构建了一个高度逼真的"活"的大楼数字孪生系统。这一创新实践不仅提升了城市治理的精细化水平，也为未来城市智能化发展提供了有益的探索。

同时，上海市还将老旧小区作为城市治理的重要切入点，以黄浦区春江小区为典型代表，通过全面布设智能化设备，实现了对高空坠物等安全隐患的实时监测和预警。一旦监测到异常情况，系统会立即向物业推送预警信息，确保物业能够第一时间收到并进行处理。此外，春江小区还结合智能门禁、居家用水等多种数据，对特殊老人群体进行风险监护，为他们的安全生活提供了有力保障。

在虹口区北外滩街道的云舫小区，也开展了类似的探索。该小区房屋老旧、居住密度大，存在高空抛物、楼道堆物等一系列治理难题。为此，云舫小区采用了1∶1还原的实景三维地图，并结合镜像叠加、虚实融合、大数据、云计算等技术，实现了数联、物联、智联的"三合一"应用。在此基础上，小区还开发了电瓶车入电梯、高空抛物、车棚充电桩监测等18类日常智能报警场景，并根据不同场景建立了"一对一"的处置流程。这一举措有效实现了"即时发现 – 快速响应 – 高效处置"的闭环，显著提升了小区治理的效率和水平。

这一系统不仅具备静态建模的能力，更在静态基础上叠加了多维实时动态数据。这使得我们能够像观察生命体、有机体一样，实现对城市运行管理的实时预判、实时发现和实时处置。通过不断引入新技术、新应用，不仅能够提升城市治理的智能化水平，为市民创造更加安全、便捷、舒适的生活环境。同时，也将加强跨部门的协作和配合，形成合力，共同推动城市治理体系和治理能力现代化的进程。

（4）市民通过"随申拍"参与城市治理

市民身处于城市的每一个角落，感受着城市的脉搏，见证着城市的发展。作为城市大家庭的一员，市民是城市治理的积极参与者。为了让市民更加便捷地参与到城市的治理中来，"随申办APP"开设了"随申拍"互动栏目。市民们只需在日常生活中发现身边城市运行中的问题，比如破损的公共设施、乱停乱放的车辆、违规占道经营等，就可以通过拍照上传的方式，将这些问题及时反馈给系统。当系统接收到这些反馈后，会迅速进行核实，并将问题推送给相关的部门进行处理。

上海16个区已经与"随申拍"形成了紧密的联动，构建了完善的线下处置流程。当市民通过"随申拍"反映问题时，相关部门会迅速响应，按照既定的流程进行处置。这种线上线下的高效协同，不仅让市民的参与感得到了极大的提升，也让城市治理更加精准、高效。

在这个过程中，人民群众的力量也得到了充分的发挥。他们通过参与社会治理，既可以让网格力量投入到更被需要的地方，实现资源的优化配置；又能够充分实现"共建、共治、共享"的目标，让城市治理的成果惠及更多市民。

（5）上海市交通安全的精准防控

为了进一步提升城市运行效率与交通管理水平，"一网统管"项目正大力推进城运系统道路交通管理子系统的建设。这一系统通过先进的技术手段，实现了对人车信息的全面感知，运用精细化的数据模型，智能诱导交通流，有效缓解交通拥堵现象。同时，系统还具备主动降压事故的能力，通过实时监测和分析交通数据，及时发现潜在的安全隐患，并采取相应措施进行预防，从而大幅降低交通事故的发生率。

在整治非机动车和行人交通违法行为方面，系统运用了 RFID（Radio Frequency Identification，射频识别）智能管控系统以及多功能"电子警察"等先进设备。这些设备能够精准识别交通违法行为，并通过自动化、智能化的方式进行处理，大大提高了执法效率和准确性。同时，针对渣土车等特定车辆，安装了实时报警功能监测系统，一旦车辆出现违规行为，系统便会立即发出警报，提醒驾驶员及时纠正。此外，为了进一步提升交通管理的智能化水平，平台中还布设了智能信号灯系统和行人过街提示系统。这些系统能够根据实时的交通情况，自动调整信号灯的时间和配时，优化交通流，减少等待时间。同时，行人过街提示系统还能够提醒行人注意交通安全，减少交通事故的发生。最后，平台也上线了可抓拍 13 项交通违法行为的复合型"电子警察"设备应用。这种设备具备高度的灵敏度和准确性，能够全方位、多角度地监测交通违法行为，并通过非现场执法的方式进行处理，进一步提升了交通管理的效率和水平。

2. 区级城运平台典型应用场景

（1）智慧交通综合管理

上海市长宁区政府在近年来高度重视智慧交通建设，通过不断对现有长宁区智慧交通综合应用管理与服务系统进行深化和完善，实现了对于区内丰富的交通设施资源和市级交通信息平台资源的汇集。有利于实现对本区动态交通、静态交通以及慢行交通的实时监控，深入分析其特性和规律，进而实现交通基础设施的全周期管理。此举不仅提升了长宁区交通管理的科学化水平，更为快速响应各类交通事件提供了坚实的信息支撑。

在主要建设内容方面，依托"一网统管"平台，长宁区重点打造了多个子系统，以确保交通管理的全面性和精准性。首先，公共停车监管子系统通过实时监测和数据分析，有效提升了公共停车资源的使用效率和管理水平。其次，道路交通分析子系统通过收集和分析道路交通数据，为交通规划和决策提供了科学依据。此外，公共交通监测子系统、共享单车监管和分析子系统以及交通巡查监管子系统等，也都在各自的领域内发挥着重要作用，共同构建了长宁区智慧交通的综合管理体系。

同时，长宁区政府还注重公众信息的发布和交通设施的维护管理。公众信息发布子系统通过多渠道、实时更新的方式，及时向市民传达交通信息，提升了交通服务的便捷性和透明度。而道路杆件及箱体管理子系统、公共照明设施管理子系统和地下管线管理子系统等，则确保了交通设施的安全运行和有效维护。在"一网统管"的建设模式下，长宁区形成了以"N+1"为基础的长宁区智慧交通综合应用管理与服务系统。这一系统不仅整合了各类交通管理资源，更通过智能化的手段提升了交通管理的效率和水平。

（2）智慧养老

"长宁区智慧养老信息平台"是长宁区民政局为满足日益增长的养老服务需求，推动养老服务智能化、精准化而倾力打造的综合信息数据平台。该平台深度融合了互联网、物联网、大数据、云计算等前沿技术，全面整合了全区各类养老服务资源信息，形成了区、街镇两级联动的管理架构，并与市、区相关数据库实现了无缝对接，确保了数据的实时更新与共享。

长宁区智慧养老信息平台的功能模块为"1+3+6+6"的架构，即一个核心数据库、三个公众服务平台、六个功能系统和六个辅助系统。该设计旨在全方位、多角度地满足养老服务的需求，提升养老服务的质量和效率。在数据采集、整理、利用和服务的基础上，该平台以智能终端和服务热线为纽带，构建起了"互联网＋养老"的全新体系。这一体系不仅为长宁区的养老顾问工作提供了丰富的政策和资源信息支撑，还通过建立"敬老卡联盟"为老年人提供了个性化的养老服务包定制服务。同时，平台还通过安装烟感、红外感知、手环、血压血糖仪等联网智能设备，为5000多位受助老人家庭提供了实时预警服务，确保了老年人的生活安全。同时，平台还为"时间银行""以奖代补"等试点项目和政策落实提供了有力的技术支持和数据支撑。

通过大数据的管理和应用，长宁区智慧养老信息平台不仅成为养老市场的重要平台，还成为政府行业智能监管的有力工具。它打破了传统养老服务的局限，为老年人打造了一个"没有围墙的养老院"，让他们在享受智能化、便捷化服务的同时，也能感受到社会的温暖和关怀。

（3）精准救助

民生大数据在"政策找人"与精准救助方面的应用，正成为政府部门提升社会救助效能的有力抓手。在社会救助领域，多个区域已经积极开展先行先试，借助"一网统管"民生大数据平台，相关政府部门能够主动发现、主动救助那些"沉默的极少数困难群众"。

以上海市徐汇区为例，徐汇区通过搭建"汇治理"平台，实现了政策资源与居民个性化需求的精准对接。社区干部能够一手掌握各类政策资源，一手掌握居民的多样化、个性化需求。通过深度挖掘和分析大数据，释放了大数据的算力，使政策资源与居民需求之间实现了精准匹配。这种智能识别、精准救助的模式，不仅提高了救助的准确性和时效性，也大大提升了社会救助的服务能级。在整个过程中，大数据扮演着社区救助顾问的"外脑"角色。通过数据分析和模型预测，政府相关部门能够更加精准地识别出潜在的救助对象，并为他们提供个性化的救助方案。同时，政策包也汇集在智能终端，方便社区干部随时查阅和应用，进一步提高了社会救助工作的效率和质量。

（4）防汛防台应用

长宁区在市水务局和市城运中心的精心指导下，深入贯彻落实"一网统管"理念，积极开发并不断完善本区防汛防台应用模块，以科技手段提升防汛防台工作的精细化、智能化水平。区防汛办紧密围绕"一网统管"防汛防台指挥的核心需求，着力加强本区域防汛防台数据的梳理、归集和更新工作，加强了对水情、雨情、工情等关键数据的接入和整合，确保数据的实时性、准确性和完整性，为防汛防台决策提供坚实的数据支持。同时，长宁区依托"雪亮工程"，实现了相关视频监控资源的整合、调用和共享。这一举措大大提升了防汛防台工作的可视化水平，使指挥人员能够实时掌握现场情况，做出更加精准的决策。

长宁区充分利用本区域城市运行"一张图"、本市空间地理底图和各类图层信息，收集整理了本区域易积水小区、易积水路段、在建工地、地下空间等关键信息的分布情况。这些信息为防汛防台工作提供了重要的参考依据，帮助我们更加精准地识别风险隐患，制定更有针对性的防范措施。依托市平台提供的接口服务，区防汛办完成了综合汛情、台风路径、台风相似路径查找、卫星雷达、实时雨量、实时水位、积水监测热线灾报、潮位预报、预警响应一网四库、风暴潮洪等轻应用接口的信息共享。这一举措实现了防汛防台信息的互联互通，提高了信息的利用效率，为防汛防台工作提供了更加全面的信息支持。

此外，仙霞街道在2020年5月12日成功上线了"一网统管"防汛防台块，并得到了市城运中心和市水务局的高度认可。依托大数据、云计算、AI等先进技术，防汛防台块能够将海量数据结合时空维度进行深度分析，预测发展趋势，锁定风险隐患，并形成了数字地图，精准定位风险点位，提前进行预警研判，及时消除安全隐患。这一转变使得防汛防台工作从"被动管"向"主动防"迈进了一大步。

针对汛期这一特殊时期，黄浦区城运中心也积极借助平台技术，通过数据分析研判，锁定了易积水、高空坠物的小区及道路隐患点位。"一网统管"防汛防台应用模块的开发和应用，不仅提升了防汛防台工作的智能化和精细化水平，也强化了与各部门的协同配合，有助于形成工作合力。在应对台风"烟花""灿都"等极端天气时，黄浦区城运中心的工作发挥了重要的作用，提前做好了摸排消除和应急预案工作，为基层防范"头顶上""脚底下"的安全隐患提供了有力支持，有效保障了人民群众的生命财产安全。

（5）广告牌风险感知

黄浦区政府高度重视城市安全管理工作，特别是在南京路步行街这一繁华的商业区域，政府相关部门采取了一系列创新举措，以切实保障市民的"头顶上的安全"。针对南京路步行街上众多大型广告牌可能存在的安全隐患，相关部门为每一块大型广告牌都安装了先进的物联感知设备。这些设备具备高度敏感性和准确性，能够实时感知广告牌的摆幅、振动以及位移等关键参数。通过这种方式，我们就像是给每一块广告牌都配备了一张"心电图"，能够随时掌握其"健康状况"。通过物联感知设备的实时监测，不仅能够及时发现广告牌可能存在的异常情况，还能迅速做出反应，采取必要的措施进行修复或加固。这种主动式的监控方式，大大提高了我们对广告牌安全隐患的预防和应对能力，有效降低了潜在风险。

（6）风貌保护

作为上海中心城区历史风貌格局最为完整的区域，徐汇区衡复历史文化风貌区涵盖一类风貌保护道路 31 条，优秀历史建筑 231 处共计 1074 栋。这些承载着丰富历史文化的建筑和道路，其保护与管理任务繁重，传统的人力巡视方式不仅耗时耗力，而且难以做到全面细致。为此，徐汇区以"一网统管" 3.0 平台为依托，重点推进"风貌保护－四态融合智能管理"场景建设。通过动态捕捉和比对经营主体法人库、历史建筑交易等数据，能够第一时间发现潜在的建筑装修、业态调整等行为，从而提前介入、高效处置。这种智能管理方式不仅提升了监管效率，也增强了保护的精准性。

在末端管理上，徐汇区充分利用数据分析手段，在发现问题后及时通过街镇城运中心协调指挥，直接派单至网格员进行处理。同时，"风貌保护"场景还实现了与"一网通办"平台的深度融合，利用海量数据赋能事中事后监管，为"两张网融合"治理提供了有力支持。此外，徐汇区还借助先进的 AI 数据模型和智能图像识别技术，装载有智能摄像头的陆巡车辆每天进行巡查，收集的数据经过初步筛选和 AI 智能算法分类梳理后，会呈现出关键性信息，如时间、门牌号等，这些信息会直接呈现在网格员的"汇治理"手机端上，并自动推送至相关职能部门。这种数据汇聚、算法进阶和"汇治理"小屏联动的方式，极大提升了风貌区保护的科技含量和响应速度。

通过多部门联合执法机制，能够实现从发现问题到处置问题的闭环管理。自"风貌保护"场景上线半年多以来，已监管衡复历史文化风貌区内案件 6400 件，其中通过智能手段发现的案件近 1000 件。这一成绩的取得，离不开徐汇区"一网统管" 3.0 平台的整体串联与核心枢纽作用。它用科技手段守护了人文风貌，让历史与文化在现代城市中焕发出新的光彩。

（7）智能水表"水管家"赋能智慧养老

静安区积极探索智慧养老新模式，通过引入先进的大数据技术，为独居老人提供更加安全、贴心的服务。其中，智能水表"水管家"的应用，就是一项重要的创新举措。智能水表每半小时更新一次数据，能够实时记录老人的用水时间和用水量。一旦这些数据出现异常波动，系统将立即自动上传至城市网格化管理平台。社区工作人员在获取相关信息后，会迅速主动联系老人，询问情况并提供必要的帮助。这一机制在不打扰老人正常生活的前提下，实现了24 小时的守护，为老人的安全生活提供了有力保障。此外，用水数据的应用并不局限于收费。通过大数据的跨域价值，还能够实现对数据的交叉应用，让这些数据在智慧养老领域发挥了更大的作用。这种跨领域的"化学反应"极大提升了数据的使用效率。

3. 街镇城运平台典型应用场景

（1）优化营商环境

在深入推进优化营商环境场景的实践探索中，静安寺街道积极运用智能化手段，针对以往数据不准、动态不清等难题，创新实现了服务企业全生命周期的信息化管理，为企业提供了更加精准、高效的服务。街道充分利用现代科技手段，通过开发小程序等方式，实现了楼宇信息、企业情况、稳定状态、发展需求、问题诉求等数据的动态更新。这一举措有效解决了以往数据滞后、信息不全的问题，为街道提供了实时、准确的企业运营情况，为优化营商环境提供了有力支撑。

同时，街道还运用大数据技术，解决了企业上下游产业信息互通互联的问题。通过建立动态精准的企业成长档案，街道能够对企业从成立、成长到成熟进行全周期的信息化管理，实现全方位的管家式服务。这不仅有助于企业更好地了解自身的发展情况，还能够为企业提供更加精准的政策支持和市场对接服务，进一步促进企业的发展。为了全面推进优化营商环境工作，街道还依托"一块大屏"，抓实"两大服务"，探索"三项创新"，推进"四种模式"。通过这一系列举措，街道形成了"一网统管"框架下优化营商环境的"一二三四"创新实践。这一实践不仅提升了街道的服务水平，也为企业发展创造了更加良好的环境，为区域经济的持续健康发展奠定了坚实的基础。

（2）智能垃圾管理

江苏路街道城运中心积极运用 AI 技术，以智能化手段优化城市运行管理，显著提升了案件处置的效率和精准度。针对城运系统平台自动捕捉的马路案件，江苏路街道城运中心运用预先设定的自动化规则，实现了最优派单决策。案件根据类型和街道网格区域划分，自动推送至具体处置人员的政务微信，确保了案件处理的及时性和准确性。同时，为不同类型事件设定了具有针对性的处置时间，如"处置暴露垃圾 30 分钟""处置窨井盖 2 小时"等，通过监控摄像在规定时间内对发生地点照片进行新旧对比，智能图像取代了原有的人工复核环节，不仅大幅压缩了结案流程，降低了人力成本，还真正实现了"闭环管理"。

为进一步强化精细化管理，江苏路街道特别针对其辖区内发生频率最高的暴露垃圾、单车停放、人群聚集等三类事件进行重点监管。目前，这些一般简易案件均能在 3 分钟内处置完毕，有效提升了城市管理的响应速度和处置效率。此外，在江苏路街道武定西路一处居民区内的建筑垃圾堆放点，通过安装 AI 摄像头，实现了对建筑垃圾堆积高度的实时监控。当垃圾堆积高度达到设定值时，摄像头就会自动向城运中心发出报警信息，确保垃圾得到及时清理。在江苏路上，AI 装置通过街面摄像头对路面垃圾进行智能发现。一旦有纸片等垃圾被随意丢弃，装置将自动识别、自动派单，并指令网格员进行清理。这一全闭环管理流程确保了路面垃圾的及时清除，提升了城市的环境整洁度。

（3）基层精准治理

徐汇区康健街道积极创新社会治理方式，通过启用名为"汇治理"的小程序，实现了居民口罩预约与自动审批的便捷服务。随着功能的不断叠加和完善，该小程序逐步开发出多样化的"小应用"，如信息登记、复工备案等，为居民提供了全方位的服务。据统计，区内小程序访问次数已超 8500 万次，成为上海基层治理的数字卫士，为百姓有序安宁的生活提供了有力支撑。

与此同时，花木街道也积极探索基层治理的新模式。他们通过以最小的单元"户"和"人"为基础，构建"一街道一图""一小区一图""一楼一图""一房一图"的精细化管理模式。这套系统在当时成为有效的社区防控工具，能够实时展示小区的在家观察人数、健康状况、重点地区来沪人数以及沿街商铺防疫情况等关键数据。所有数据集合在一张电子图表上，并在手机上实时更新，为基层干部提供了直观、便捷的信息获取方式。

这套系统不仅在疫情防控工作中发挥了重要的作用，还为人口管理、基层党建、志愿者工作、社区养老、物业管理等多方面工作提供了有力支持。基层干部通过一个系统、一个页面就能全面掌握社区动态，有效解决了以往从大量表格中查找线索的烦琐和困难。这种数字化、智能化的管理方式，不仅提高了工作效率，也提升了基层治理的精细化程度和科学化水平。

三、杭州与上海的数智城市建设启示

杭州"城市大脑"与上海"一网统管"建设启动较早,经验较为成熟,对南京"一网统管"建设具有积极的借鉴意义,主要体现为以下四个方面:一是信息技术的应用与革新,二是基于协同理念重塑政务服务流程,三是提供精准、高效、便捷的公共服务,四是持续适应外部环境和公众需求变化。

(一)信息技术的应用与革新

在数智城市的建设过程中,杭州市与上海市全面提升信息基础设施建设,综合使用多种类型的信息技术。首先,对城市电子政务云的技术架构进行升级扩容。建立统一的管理架构,实现云资源扩容,并在云端完成业务系统和应用场景的开发与升级。其次,加强数据管理。进一步整合城市生产、生活和治理的各类数据,实施数据分级管理,为各个子机构的系统建设和场景开发提供数据支持。再次,注重移动端的建设和小程序的开发。确保所有工作人员都能通过移动设备相互连接,并在此基础上开发一系列互联互通的小程序,以提高工作效率和响应速度。最后,加强神经元和感知端的建设。利用二维码、RFID、机器对机器(M2M)通信、传感器等物联网技术,在建筑、道路、供水、电力、燃气、环境监测点等城市治理的关键设施上部署智能化的感知"神经元",构建一个全面的城市治理感知网络。

(二)基于协同理念重塑政务服务流程

随着城市治理的复杂性日益增长,公众的需求也呈现出多样化的趋势。面对这一复杂挑战,单个机构或主体往往难以独立应对。因此,无论是"一网统管"还是"城市大脑"的建设,其一个重要目标就是通过协同合作的方式来快速响应和满足公众的需求。基于这一理念,"一网统管"的基本原则之一便是迅速识别城市中的问题,并采取有效的措施加以解决。在识别问题的同时,高效解决问题的关键就在于打破部门边界,构建一个综合性和协作性的政务运作流程。因此,信息共享是实现协作的重要前提和基础,它使得不同层级和领域的政府机构与公众共同分享信息,从而降低行政管理过程中的沟通成本。总体而言,数字平台建设中的协同策略本质上是一个将线上预警机制与线下执行行动相结合的网络。在这个系统化的流程中，平台能够感知问题并发出警报，准确指向相关的政府部门和责任主体，激励它们迅速采取行动解决问题。

（三）提供精准、高效、便捷的公共服务

传统的科层制度通过明确的责任分配和权力结构来决定城市问题的解决方式。而数字政府的工作模式则是根据问题的具体特性来寻找解决方案，这种解决问题的方式强调效率和协同合作。政府机构协同应对问题，而非简单地依据各自部门的职责范围将问题分割处理。同时，数字政府平台简化了行政体系中的复杂程序和组织间的沟通障碍。其平台的工作宗旨在于"感知问题、发现问题、分析问题和解决问题"，而非单纯遵循程序化理性或刻板遵守官僚体制的繁文缛节。此外，数字政府平台着重于提升响应和服务的速度。通过利用信息技术和传感器等现代技术手段，政府能够迅速识别并处理不同领域中的城市问题。在解决问题的过程中，相关部门被赋予了明确的时间限制，并受到社会公众的监督。

（四）持续适应外部环境和公众需求变化

在现代城市管理中，不确定性和多元化已经成为主要挑战。因此，城市治理需要增强其灵活性和适应性，以便预测可能的风险并识别公众需求，进而通过循证决策实现科学和精确的管理。杭州"城市大脑"和上海"一网统管"展示了其适应性治理的能力，这主要体现在两个方面：其一，与传统的城市管理模式不同，数字治理模式为了提高敏捷性，将服务端前移，通过预先识别潜在的风险，构建了一个城市问题和有效治理的良性循环；其二，数字治理模式的适应性治理还体现在赋予多元主体权力，包括政府部门、社会组织、志愿者和市场组织等。每个主体都是相对独立的行动者。通过充分激发各主体的能力，使整个城市的治理能力达到最大化。由此，面对不同地区、领域和类型的问题时，可以灵活地选择与问题相关的主体，通过主体的专业知识来解决具体问题。

梳理杭州"城市大脑"与上海"一网统管"的建设实践可以发现，两大城市充分发挥了数字平台在集成多重功能、架构全域系统、驱动全面技术、再造整体流程等方面的优势，凸显了平台治理的显著成效。对标两座城市的先

进经验,南京"一网统管"在运作逻辑设计和应用场景打造方面也存在诸多亮点,如加快建设城市感知系统,加强基层数字平台建设与应用,推出符合公众需求的治理场景,较好体现了平台治理的数字化、智慧化、感知性、互动性等特征。在未来还应在以下几个方面着力提升:一是加强部门、主体、区域间的协同,致力于回应多主体协作中所产生的成本、冲突、问责等不确定性问题;二是缩小平台治理的数字鸿沟,这种数字鸿沟不仅体现在不同治理主体的数字化服务能力差异方面,也可能体现为城乡之间数字发展不平衡,或不同群体的数字化素养差异;三是避免技术至上主义倾向,不能"为数据而数据",技术的应用作为一种工具理性而非价值理性,应与市场化手段、社会化手段共同发挥作用,助力政府有效治理的实现。

第九章
共生：城市群与都市圈

一、数智赋能的南通市治理实践

南通市地处长江三角洲东北部，经苏通大桥、崇启大桥、沪苏通长江公铁大桥三条跨江通道与苏州市、上海市跨江相连，是我国首批对外开放的 14 个沿海港口城市之一，也是一个处在"长江三角洲"北翼的城市，有着发展经济的独特区位优势。作为江苏省内唯一直接面向海洋的城市，南通不仅被人们称为"北上海"，也是长三角地区一体化发展的重要节点。较强的城市工业基础，加上南京、苏州、上海等城市的辐射带动作用，使得南通这座城市充分发挥出了自己的区位优势，利用地处盐城市、泰州市、苏州市"三市结合部"的地理优势，不断发展商业和贸易，成为江苏省内第四大经济体。

在经济建设不断取得成就的同时，南通市深度推进信息化发展与城市建设的融合，不断推动数字基础设施建设进一步完善、信息领域科创能力进一步增强、数字经济规模发展更具活力、智慧社会和数字政府治理效能全面提升、数字乡村建设取得进一步进展，持续优化信息化发展环境。2022 年 11 月，南通市政府办公室印发《南通市数字政府建设实施方案》，提出要"加快实现政务服务'一网通办'、市域治理'一网统管'、政府运行'一网协同'"。推动一批数字政府特色应用在数字决策、数字治理、数字服务方面发挥重要作用，建成具有南通特色的"数字化、智能化、一体化"数字政府新样板。围绕这一发展目标，南通市立足"数智赋能"发展规划，充分发挥互联网、大数据、AI 等信息技术的作用，持续推动城市发展进入数字智慧治理、公共服务品质提升的新阶段。

（一）立足五位一体总体布局，规划数字政府总体蓝图

五位一体作为中国特色社会主义建设的总布局，深刻回应了时代的重大课题，不仅蕴含着丰富的思想内涵，更基于坚实的实践基础，展现出鲜明的体系特征。这一体系涵盖了经济、政治、文化、社会、生态文明等多个方面，强调各领域间的有机联系和整体推进，避免片面发展或顾此失彼。同时，随着时代的变化和实践的深入，五位一体的内涵和要求也在不断地丰富和完善。

在推进数字政府建设的背景下，五位一体布局具有重大的现实指导意义。它要求各地区在推进数字政府建设时，不仅要注重技术的创新和应用，更要关注政府治理能力的提升和公共服务的优化。通过加强顶层规划布局，确保数字政府建设与经济、政治、文化、社会、生态文明等各方面的发展相协调，实现政府治理体系和治理能力现代化的目标。

1. 构建三级联动的组织体系

南通市在市委、市政府的高位推动下，不断整合全市资源，建立起覆盖全方位治理场景的顶层设计方案。在组织保障方面，在江苏省委、省政府和省委编办的支持下，南通市于 2017 年率先组建了全省第一家大数据管理局，同时构建了大数据规划发展委员会和大数据集团，从数字机关建设、数字服务能力优化、数字治理水平提升三方面具体推进政府数字化转型工作，促进政府治理方式变革。具体做法包括：由市委、市政府主要领导任主任，组建大数据规划发展委员会，研究解决全局性问题；成立大数据管理局，负责智慧城市建设以及数据收集、管理、开放、应用等日常工作；成立大数据集团公司，负责智慧城市具体项目的组织实施。

近年来，南通市大数据局对分散在各个政府部门和政务云、华为云、城市云等现有平台的数据资源进行整合，逐渐统筹建设起一体化的政府基础数据库。同时，南通市成立了全省首家市域治理现代化指挥中心，并于 2020 年 6 月 19 日正式挂牌运行（2021 年 12 月更名为"南通市市域社会治理现代化指挥中心"），指挥中心统合了市 12345 政府公共服务中心、市城市管理监督指挥中心的数字城管职责和市委政法委网格化的服务管理职责，挂南通市网格化服务管理中心、南通市 12345 政府公共服务中心牌子，融合三级联动指挥

体系，形成"大数据＋指挥中心＋综合执法队伍"的运行机制。在县级层面，各县（市、区）、镇（街道）也立足自身实际，于同年陆续建成治理现代化指挥中心，充分整合县（市、区）大数据管理、12345政府公共服务、数字城管、网格化服务管理等相关部门单位的指挥考评职能和机构。

通过建设三级联动的指挥中心体系，南通市逐渐明确了政府责任清单，进一步促进政府职能整合，以信息技术和数据融通打破"碎片化"管理模式，分类分级构建起行之有效的"横向到边、纵向到底、集成共享"的指挥体系，着力构建职责清晰、分级负责、上下贯通、运行高效的市域治理现代化指挥体系，统筹推进市域系统性、整体性治理。同时，南通市从顶层设计层面规划了全市数字政府建设蓝图，建成"一委、一局、一平台"的大数据组织体系，形成"数据传输一张网、系统承载一朵云、网站建设一底座、便民服务一门户、数据交换一平台、安全保障一体系、市域治理一中心"的工作格局。并在此基础上积极探索政务数据归集共享的优化机制和治理应用的创新路径，助力实现集约化的数智治理。

2. 构建五位一体的城市运行机制

围绕"五位一体"的总体布局，南通市市域治理现代化指挥中心在推动市域治理体系和治理能力现代化方面取得了显著成效。中心创新性地融合了财政、产业、经济、党建、政务、文化、城市运行、交通、教育、医疗、生态等多方面的数据资源，形成了一个全面、系统、高效的市域治理数据平台。通过这一平台，南通市能够从经济建设、政治建设、文化建设、社会建设、生态文明建设五个专题，集中展示南通市市域治理的全貌，为政府决策提供有力支持。

经济建设专题包括财政高质量、产业高质量和创新驱动高质量等部分。财政高质量部分，一方面能够直观展现南通市近5年的经济发展状况，包括GDP增长、公共预算收入增长、固定资产总额、三大产业占比等信息；另一方面，也能展现南通市围绕"长江经济带支点"的定位，对标苏锡常等长江经济带上的城市发展情况，不断赶超。产业高质量发展部分，能够通过三大产业比重的变化体现南通市供给侧改革的成效。创新驱动高质量发展部分，能够通过展示研发投入的变化体现创新驱动的成效。

政治建设专题包括党的建设、依法治国等内容，专题图汇集了南通市党组织及党员信息，展现了党建牢固的群众基础；通过江海先锋网能够掌握南通市人民关注的政治大事，深入群众以人为本进行政治建设；互联网法庭则是南通市特色的依法治国创新示范应用。

文化建设专题包括文化发展、社会主义核心价值观、道德诚信和文化底蕴等内容。通过汇集文化财政投入、人均拥有公共文化体育设施面积等指标，能够体现南通市文化建设的投入情况；通过道德模范和信用企业的信息，能够体现"诚信南通"的建设成果，助力打造南通道德高地。

社会建设专题包括社会治理、民生服务和城市运行等内容。民生服务围绕"幼有所学、学有所教、劳有所得、病有所医、住有所居、弱有所扶"目标，通过汇集教育投入、万人全科医生数、常住人口城镇化率、新增就业人数等指标数据反映南通市构建宜居宜业的新格局；通过重点关注南通市常住人口、城市部件和交通运行等相关数据信息，一方面能够掌握南通市人口发展和主要基础建设成果，另一方面也能动态掌握南通城市交通运行状态。

生态文明建设专题主要包括环境保护和生态保护两部分内容。环境保护重点分析生态环境状态、污染物排放、单位 GDP 能耗和水耗、空气及水质质量情况等，能够从中体现出近年来南通市环境保护取得的成效；生态保护则主要从空气和水质的治理，展示南通市打造碧水蓝天的生态环境的实践效果，通过主要污染物排量、空气优质天数、优质水体比例、土壤修复情况等信息能够体现南通市坚持生态优先、绿色发展不动摇，以生态底色提升小康成色、以生态高质量支撑发展高质量的建设成果。

（二）推进全量数据归集汇聚，夯实城市数字资源底座

实现城市全量数据汇聚共享，是推进新时代下数字政府建设，优化"互联网＋政务服务"建设的重要举措。为加快"数字政府"建设，南通市基于数据归集和动态治理的框架，推动形成可服务于业务应用的数据资源底座基础。在三级联动指挥体系的基础上，南通市依托数据共享交换平台共汇聚全市10个县（市）区、75家市级部门和单位的5000余项数据资源，24万路视频，400多亿条数据，每日数据交换量6亿条，实现了数据资源的互相共享与自由交换。

1. 构建数据交换共享平台

围绕"全部数据、全量汇聚"的"双全"目标，南通市相继建成"一平台、两网站"，进一步融通了政务数据共享交换平台、政务数据共享网站与公共数据开放网站的数据。南通市归集汇聚的数据主要有四类。一政务数据，主要指各地各部门政务应用系统沉淀的监管数据，充分融合条块部门政务数据，使"跨部门、跨区域、跨层级"问题线索在一个平台上进行比对碰撞关联分析。二受理数据，主要包含12345百姓诉求、全要素网格、河长平台、数字城管、110非警情、突发事件上报等各类受理数据，累计归集受理数据500多万条。三前端感知数据，主要汇聚全市"雪亮工程"和部门业务监控共24万路视频信息，形成"可看、管用、能决策"的视频资源一张图；同时汇聚公安、生态环境、交通运输、应急管理等部门各类传感器全量数据。四互联网数据，主要包含政务APP、舆情、物流、信令、第三方互联网数据等。

在此基础上，南通市建成省内首家"政务+公安"大数据双网双中心，推动关键业务监管部门实现数据应归尽归。如市生态环境局实现水质、空气、噪声、污染源、危废品、环境管理、执法处罚等15类数据的全量归集；市交通运输局实现省级主管部门的车辆GPS、航政、路政、运政、港口、大件运输、交通工程建设等政务服务、重大危险源、重点营运车辆监管等数据的全量回流，实现安全数据的全量掌控。

2. 构建数据整合集成系统

大数据技术的底座支撑是南通市打造数智化市域治理现代化体系的突出特点和关键手段。南通市采用国际一流、国内领先的技术手段，综合运用大数据、5G、AI、融合通信等技术，在汇集全市市域治理资源的基础上，在多维技术的支持下，打造出"1+16"的市域治理云图。其中，"1"是指一张市域治理现代化总图。南通市围绕"五位一体"的总体布局，融合了包括财政、产业、经济、党建、政务、文化、城市运行、交通、教育、医疗、生态等各方面的数据，打造市域治理现代化总图，从经济建设、政治建设、文化建设、社会建设和生态文明建设这五个专题集中展示南通市域治理全貌。"16"是指16张具体应用领域的专题图。在一张云图之外，南通市还开发出党建、社会治理、文明城市、高质量发展、交通、警务、城市管理、政务服务、应急管理、生态环境、自然资源和规划、社情民意、舆情、文旅、视频、数据资产共16张专题图，全方位动态展现市域治理工作全貌。"1+16"市域治理云图全方位覆盖了市域治理的方方面面。此外，每一张专题图，不仅只有本部门的单一数据，还融合了其他部门的多维度数据。通过专题图，市委、市政府领导可以实现对南通的城市运行情况进行一屏统览，相关职能部门也能通过专题图，利用跨部门的数据，更好地助力解决本部门的业务问题。

依托数据交换共享平台和三级联动的指挥协调体系，南通市逐渐构建起统筹调度的数据集成系统。首先打通了市级职能部门与政务数据共享交换平台的数据交换壁垒，使数据在各职能部门间有序流动，促进了市级部门之间数据的高效流动与融合融通。然后实现了国家、省、市、县政务数据共享交换平台的纵向级联，通过强化对平台的顶层设计，使基层数据的回流机制更加畅通，打通了数据流通过程中"难点"与"堵点"。最后聚焦风险防控，通过整合各类数据资源，构建起多维动态的监测预警体系，从可视归集、预警预判、及时处置和重点治理四个方面，全方位、全过程实现跨部门、跨领域与跨层级的各类重点风险的动态治理。例如，"雪亮工程"的视频数据能够赋能道路安全、违建管控、沿江沿海保护等应用场景建设；信用数据能够赋能金融安全风险防范、企业欠薪风险防范；人口、疫苗接种等数据能够帮助梳理教育资源盈缺；物流数据能够助力防范企业异地经营问题；税务数据能够防范高风险单位用工，在最大程度上助力规避风险。

（三）聚焦风险领域复杂场景，搭建城市监测预警模型

南通市在对汇聚的海量数据进行去重、转换、清洗、分类及抽取、集成等基础整理后，利用先进技术手段分析全量数据，融聚多部门、全方位的数据信息。大数据管理部门进一步运用信息自动提取、数据挖掘、分词技术、语义分析、自动图像识别等分析技术，不断优化模型和算法，提高从海量基础数据中挖掘出结构化或非结构数据所蕴含的有价值信息的效率和效果，快速完成对问题源头的起因、蔓延和趋势与后果的预测，达到智能监测、动态预警的效果。同时，南通市域指挥中心定期主动查找问题，反复核查、反复检验、反复完善，推动预警模型的准确率不断提高。监测预警模型基于海量大数据、融合AI技术、集各地各部门历史案例经验研究开发而成，需要在实践中不断检验、持续调整优化。当前，南通市通过搭建"大数据+AI"构建预警模型，已形成

130 个预警项，并在此基础之上创新开发监测预警系统，识别和预警隐藏的风险隐患。自平台运行以来共形成各类预警信息 30 万条，为领导决策提供了有力有效的参考依据。

1. 构建可视化的风险感知体系

在围绕"双全"目标构建的全量数据库的基础上，南通市充分整合各类政务数据、受理数据、前端感知数据和互联网数据，并依托"雪亮工程"可视化数据，建立社会运行全域感知体系，实现视频资源可视化归集，有效识别化解潜在风险。一是推动信息基础设施的全面升级，推动实现 5G 网络和 1.4G 无线政务专网全域覆盖，政务网络从千兆升级为万兆网络，建成信息网络的"高速公路"，通过视频、DCS 等感知设备实现对城市治理数据的精细掌握。二是打造安全畅通的通信网络，不断推动"云—网—端"信息基础设施的全面升级。三是以智能分析预警应用克服非结构化数据利用难的问题，构建智能终端泛在感知体系。充分利用 5G 通信、RFID、智能传感器、视频监控系统以及全要素网格通、执法记录仪等各种移动终端设备，以街道商场、交通卡口、公交场站等场所为重点，提升智能感知能力，确保实现全域覆盖、全网共享、全时可用和全程可控。截至 2022 年，南通市域指挥中心累计汇聚各类视频资源点位 24 万路。四是开发视频智能解析综合应用，构建全市视频智能解析综合应用平台。在"新一代雪亮技防工程"汇聚全市各类视频监控资源的基础上，构建 AI 分析平台，为市域治理提供视频态势感知应用，做到潜在风险及时识别，重大问题可视化现场调度，重要点位监控随时查看，重点领域数据及时追踪更新。

2. 构建智慧化的监测预警模型

南通市市域指挥中心会同各地各部门持续创新治理应用，不断激活数据潜能，通过"大数据 + N 应用"的全方位预警预判体系，服务于"三跨"（跨部门、跨区域、跨层级）业务需求，解决跨部门综合监管难题，发挥大数据赋能实战作用。市域指挥中心会同发改、工信、民政、城管等部门开发了工业企业资源集约利用评价系统、重大项目管理系统、信用监管系统、惠企通政策直达平台、违建智慧管控平台、扬尘智慧管控平台和公共地名地址服务平台，会同教育、人社、市场监管等部门研发了教育资源盈缺、农民工工资保证金、企业异地经营、企业社保未登记、高风险用工单位等预警模型。

（四）数智赋能南通治理实践的典型案例

南通市会同各有关部门充分整合全市可用视频资源，挖掘视频智能感知系统潜能，坚持实效导向、实战引领，不断探索和扩展视频资源平台数字化赋能渠道，加快重点应用场景开发和创新，完善共建共享联动协同机制，从整体视角谋划"多跨场景"，推动建成了新机场智慧管控、违建治理、扬尘治理、危化品监管等一批符合本地特色，具有实战成效的应用场景。

1. 汇聚视频资源，增强三级指挥中心可视化指挥能力

2020 年 12 月，南通市人民政府办公室发布《关于做好南通新机场场址保护的通知》，要求抓好新机场场址管控工作，从源头上杜绝违章搭建、违规翻修房屋、违规开挖沟塘等行为，确保新机场建设项目实施时顺利推进房屋征收、土地征用等工作，为机场建设、营运创造良好的条件。为做好新机场的建设服务工作，南通市市域指挥中心牵头搭建了新机场智慧管控创新应用，基于新机场场址规划的 140 平方千米范围内视频点位，该应用通过设计多场景 AI 算法，结合大数据分析、卫星遥感成像等技术，织密织牢违建管控监测网。新机场智慧管控系统是南通市通过信息化手段对规划建设控制区内违法建设和违法用地行为智能监管的一次有益尝试。市县镇三级指挥中心综合运用"视频实时监控＋卫星影像比对＋无人机巡航"等技术手段，配合执法队员和网格员的一线巡查，打造"看、查、控、比、巡、办"六大功能，逐渐建立起了动态化、立体化、智能化的管控体系。

新机场智慧管控系统于 2021 年 4 月 16 日成功上线运行以后，又迅速将相关技术和运行方式进行复制推广，开发违建智慧管控系统，并在主城区运用，共批转疑似违建线索 600 条，开展现场核查交办 300 次，推动各地拆除新增违建 170 处，累计拆除管控区域内违章建筑 3.4 万平方米。

【典型案例】2022 年 6 月 29 日，经过两期卫星图片比对核查，发现海门区三星镇汇南村某户有疑似违控建筑，经现场核实，该处为汇南村 27 组搭建的彩钢棚，面积约 20 平方米，经城管核实认定属于新增违建，已于 7 月 1 日拆除完毕。2022 年 7 月 2 日，经两期无人机拍摄图片对比发现通州区二甲镇定兴桥村某处房屋屋顶存在疑似违控建筑，经现场核实，此处为二甲人民医院，楼顶搭建了彩钢房约 100 平方米用于存放防疫物资，经过沟通，医院承诺疫情结束后自行拆除。

2.创新数据赋能，破解群租房安全监管难题

群租房安全监管一直是困扰公共安全治理的顽疾。在过去，政府部门整治群租房乱象的手段主要依赖群众举报、执法人员入户排查等，但是也存在精准度低、时效性差、覆盖率低等问题。针对群租房日常管理工作中因基层人员数量紧张等实际问题存在排查不彻底、更新不及时等情况，为有效破解群租房公共安全监管中"发现难"和"管理难"的问题，南通市公安局与市域指挥中心联合打造了"群租房智慧管控系统"，着力解决群租房治理中的难点、堵点，从事后打击做到事前预防。围绕可能产生群租房线索的9个维度，汇聚了警情、健康码、水、电、气、物流、12345、网格化等信息，立足群租房地址这一核心要素进行多维度比对分析，通过建模分析、自然语言处理、AI辨重匹配等技术，建立因果推断模型，发现预警线索。同时将线索与公安现有在册治安类群租房的数据进行比对，既给群租房管理提供增量的数据源，又促进校验、反溯群租房模型的完善，解决发现难等问题。

对于平台发现的疑似群租房的预警线索，会直接推送至公安居住证系统，由社区民警联合网格员上门核查，判别是否为群租房，并将答案为"否"的回溯模型，进一步分析优化；对答案为"是"的，则立即采集分析租户的行为模式，建立群租房租户画像，同时对核查中发现的群租房各类隐患问题进行标注、上传，推送至南通市市域治理联动指挥平台。经过统一分类、分级与分拨，根据群租房管理职责，市域指挥中心将各类隐患（消防安全隐患、用电用气隐患、房屋结构隐患）推送至各相应监管部门。各部门进行线下联合执法，全流程管控、全过程问效。自系统运行以来，群租房创新应用已发现疑似群租房线索1万余条，公安上门核查确认新增发现群租房1572户，排查出各类安全隐患10 773个，均已整改完成。

【典型案例】2022年7月7日上午，南通市域指挥中心会同启东市域指挥中心以及当地公安、消防等部门，根据群租房智慧管控平台（供电数据）提供的预警线索，对启东市近海镇某村四组160号进行核查，发现预警属实。核查过程中发现出租屋内有电线私拉乱接情况，存在用电隐患，民警当即拍照取证上传公安侧"居住证系统"，系统同步流转至市域侧三级联动指挥平台，第一时间派发至属地相关职能部门，要求立即整改，确保消防安全。7月9日下午，

网格员再次上门核查，确认隐患整改完成。

3. 农民工工资保证金预警模型治理欠薪顽疾

农民工工资保障问题一直是社会关注的焦点话题，企业拖欠工资、农民工要债索赔等群体事件时有发生。工资保证金是解决工程建设领域欠薪问题的重要兜底保障措施。南通市市域指挥中心会同市人社局、住建局、行政审批局等多个部门会商研究，开发"农民工工资保证金提醒"预警模型并于2023年1月上线试运行。

南通市通过"农民工工资保证金提醒"预警模型，实现"事前预防、事中监督、事后督查"，通过发挥监测预警作用，实时动态监管，及时防范化解农民工欠薪风险。该做法在全省尚属首次，为防治农民工欠薪问题，构建市场主体守法用工和农民工体面劳动的和谐共赢新局面提供了智力支持。

【典型案例】2023年3月3日，预警模型发现某装饰股份有限公司通州湾示范区某项目疑似未按规定存储农民工工资保证金。大联动平台派发给通州湾指挥中心交办相关部门进行处置，经通州湾建设交通局核查，该单位已于2023年3月13日补缴了农民工工资保证金80万元。

4. 危化品全流程监管平台处置

南通市危化品相关企业较多，目前有涉及生产、使用、存储、销售、运输和危废处置6个环节的2000余家各类企业。危险化学品事故具有突发性、影响范围广、种类复杂、损失严重、救援专业性要求高等特点，仅每天航行于长江南通境内的危化品运输船就高达1000余艘，具有较高的事故和环境风险。但是，传统的危化品监管，从生产到处置涉及9个部门，每个部门"各管一段"，这种"九龙治水"的方式，带来了"企业多、隐患大，部门多、阻力大，问题多、难度大"等一系列监管难题。因此，南通市市域指挥中心通过汇聚危化品全流程监管的6个环节、9个部门、3个园区和18个业务系统的数据，建立起危化品全流程监管一张图和危化品全息档案平台。

该平台通过汇聚危化品全流程监管的6个环节及相关部门、园区、业务系统的数据，掌握了危化品监管的宏观态势和实时情况，实现部门办理人员的实时查看和数据使用。危化品全流程监管平台根据功能可以分为大屏、危化品后台、数据引擎、AI监测预警和空间服务5大模块。大屏可实现信息查询和可视化展示功能。危化品后台用于记录和更新危化品档案，对预警信息、基础档案资料、访问记录、流程指标等信息建档存储。数据引擎助力建立危化品专题库、实时共享库、政务前置库、应用库之间的映射关系。AI 监测预警能够通过政务数据建立 AI 预警模型，目前已建立了 42 项监测预警项。空间服务能够根据经纬数据确定行政区县及产业园区边界。自平台上线以来，共产生处置类预警 6349 条，核实并处置非法生产、非法存储、非法复工、非法运输、非法流动加油、非法处置等危化品安全隐患 1278 起，刑事立案 20 起、行政拘留 9 人、罚款 181.9 万元。

【典型案例】2022 年 3 月 4 日凌晨，危化品全流程监管平台发出预警，通州湾三余镇新民村存在危化品车辆异常驻留。3 月 4 日上午，南通市域指挥中心会同市应急管理局、公安局、交通运输局进驻人员召开预警研判会议，分析发现有多个车辆多次在该点停留，停留时间均为 20 分钟以上，而该点周边地图信息显示无相关资质单位，且相关电子运单显示运输物质为油漆、稀释剂。经分析研判认为，该点位存在收货或者发货情况的可能性极大。3 月 4 日下午，南通市域指挥中心联合通州湾指挥中心会同市公安、交通、应急、市场监管等部门，对该点进行现场核查。核查证实预警准确，该点为农户私自改建的仓库，存储有大量的"香蕉水"、油漆、稀释剂和酒精等危化品。3 月 11 日，属地执法人员反馈，现场查获稀释剂 80 桶、"香蕉水" 1000 瓶、二甲苯 1200 瓶、紫红酚醛调和漆 90 桶。5 月 20 日，属地指挥中心上传行政处罚决定书，行政处罚 20.2 万元，并没收违法所得。

5. 强化科技赋能，防范非法集资风险

非法集资是指未经国务院金融管理部门依法许可或者违反国家金融管理规定，以许诺还本付息或者给予其他投资回报等方式，向不特定对象吸收资金的行为。在过去，南通市非法集资主要存在三大安全隐患。一是城区风险集中、向外蔓延扩散加速。崇川区各类金融机构数量约占全市的 1/3，且风险不断向各县（市、区）、农村地区辐射。二是案件涉及面广，受害人多。通过对我市接报、侦办的案件的受害人情况进行分析，发现参与非法集资人群分布广泛；另外，这些受害者个体的经济损失相对较小，但由于个案的受害者数量较多，因此往往造成每个案件的总涉案金额大。三是预警工作难度大。非法集资监管的环节多、过程长、范围广，涉及市监、税务、金融等监管部门，监管数据分散、存在的管理漏洞也较多，非法集资作案手段趋于隐蔽化、多样化和网

络化，往往是犯罪分子携款逃匿后才会被发现，监管难度非常高。

为有效发现区域内企业非法集资及其他非法金融活动风险线索，辅助监管部门进一步加强金融监管，降低金融风险，市域指挥中心会同市金融监管局等部门通过建立大数据分析模型，强化科技赋能，防范非法集资。一是加强顶层设计，拓展数据来源。南通市市域指挥中心充分发挥数据全量归集的优势，汇聚市金融监管局金融类白名单企业数据、市监局企业注册登记数据等多部门数据，建立南通市非法集资监测企业底库，织密监管一张网。二是建立技术模型，提升风险预警效能。通过归集和清洗市域指挥平台全量事件库、论坛、舆情、招聘、广告等与非法集资相关数据，搭建非法集资风险判定模型，让大数据相互碰撞比对，实现非法集资风险"早识别、早预警"。三是纵贯横连，高效联动，实现处置闭环。对于大数据模型产生的风险预警，依托于南通市、县、镇三级大联动平台，以工单形式派发给相关部门和地区，第一时间进行核查反馈、联合处置，形成"预警-派单-核实-处置-分析"的全流程闭环管控。

针对传统非法集资风险监管难度大、盲区多等难题，需要不断强化科技赋能，充分利用各项数据处理新技术，提高线上线下数据融合处理能力，推动关口前移，防早防小，搭建起防范非法集资的"天罗地网"，有效阻止风险蔓延放大，切实保护人民群众的财产安全。

【典型案例】2022年11月7日，非法集资风险预警模型平台产生一条疑似非法集资线索："某实业发展有限公司崇川分公司招聘南通财富端城市经理，需要具备金融理财行业从业经验等。"随即该线索派发给南通市金融监管局及崇川区进行办理，经现场核实发现，该公司位于崇川区某商业广场C区，主营业务为东北农产品线上销售。该公司声称原本想招聘农产品销售代理，因人事部门操作失误发布成金融类人事招聘，目前已按要求将招聘信息进行更正。同时，主管部门已告知该公司负责人必须合法经营，未经主管部门依法批准不得开展金融业务，也不得使用金融字号进行宣传。

6. 科技赋能，打造南通经济开发区环保安全一体化综合管理平台

南通经济开发区指挥中心在科学规划、合理布局的理念下，建设智慧园区、绿色园区，利用信息化手段打造环保、安全、应急一体化综合管理平台，平台涵盖生态环境监测感知网络、园区大数据中心、环保安全应急一体化综合

管理软件平台三个部分。

生态环境监测感知网络建设，覆盖大气环境、扬尘噪声、地表水、工业污染源等，目前已接入 69 个厂界站、6 个边界站、5 个区内空气站、2 个敏感目标站、119 个扬尘噪声站、4 个地表水站、108 个废水监控点、21 个废气监控点、34 个 VOCs（挥发性有机化合物）监控点。同时，在辖区内重点区域和污染源企业部署环境视频监控点位，已接入新开、小海、竹行、中兴 4 个街道和老洪港 36 个视频监控点位。园区配置了移动监测车，实现大气 VOCs 秒级多组分走航监测，能够监测多达 60 多种大气污染物，快速对区域 VOCs 污染和企业污染画像，实时获取区域 VOCs 污染时空分布和变化规律。

园区大数据中心是管理平台的灵魂，在实现对生态环境要素、工业污染源、环境风险、生产安全等进行动态感知的基础上，指挥中心利用大数据、物联网、云计算、数据可视化等技术，建设一个服务于园区的信息资源平台，实现对各类安环数据的统一管理。平台加强对基础数据和业务数据的深度分析利用，实现数据转换、挖掘和共享，为园区管理提供决策支持。

环保安全应急一体化综合管理平台，包含环境监测监控预警综合管理和安全生产应急综合管理两大业务体系，目前已建成综合业务管理平台、污染源管控管理平台、环境监测管理平台、监测预警管理平台、环境应急管理平台、污染溯源分析平台、风险管控管理平台、隐患排查管理平台、生产执法管理平台、安全应急管理平台、安全信息管理平台和数据可视化平台共 12 个子平台、49 个子系统以及 1 个移动应用综合平台。

截至 2022 年 8 月 15 日，平台累计汇聚数据 2.77 亿条，累计数据容量 14 540 GB，发出监测预警信息 72 369 条，有效解决了企业废水、污染物等排放超标问题。环保安全一体化平台的建设符合园区规范化管理的需要，有助于提高执法监管能力，促进污染源企业安全生产、达标排放；有助于完善园区环境治理体系，打好污染防治攻坚战，改善生态环境；有助于提高综合决策的准确性，实现开发区生态环境保护和生产安全管理的现代化与科学化。

二、学习与共创：来自都市圈治理模式的经验

党的二十大报告提出："以城市群、都市圈为依托构建大中小城市协调发

展格局，推进以县城为重要载体的城镇化建设。"发展都市圈在我国城镇化进程中具有重要的意义，它不仅是新一轮城镇化的主要载体，更是推动区域经济社会发展的重要力量。都市圈的发展不仅促进了基础设施的共建共享，为数智城市的建设提供了坚实的物理基础；也促进了都市圈内各城市之间的紧密联系以及数据资源的共享和整合，有利于构建更加完善的数据平台，提升数据驱动的城市管理和服务水平。通过都市圈的建设，可以更有效地推广智慧城市的理念和服务，集聚创新资源，促进科技成果的转化和产业升级，为数智城市的建设发展提供持续的创新动力。

（一）南京都市圈

2023 年 11 月 30 日，习近平总书记在上海市主持召开深入推进长三角一体化发展座谈会并发表重要讲话，从全局和战略高度擘画长三角一体化发展新蓝图。作为全国最早形成的跨省都市圈，南京都市圈在长三角一体化发展的进程中，始终发挥着举足轻重的作用。它不仅仅是经济协作的桥梁，更是文化交流与科技创新的重要平台。南京都市圈以其独特的地理位置和资源优势，为长三角地区乃至全国的经济发展注入了新的活力。

南京都市圈以南京市为中心，囊括了镇江、扬州、淮安、芜湖、马鞍山、滁州、宣城等 8 个区市，以及常州市下辖的溧阳市和金坛区两个区县，其规划区域面积达到了 2.7 万平方千米，含拓展范围为 6.6 万平方千米。南京都市圈的构建，不仅促进了城市间的紧密合作，也为城市间的分工协作与产业布局奠定了坚实的基础。

2023 年 8 月 16 日正式印发的《江苏省国土空间规划（2021—2035 年）》提出，要构建"两心三圈四带"的国土空间总体格局，更大力度、更高质量推进南京都市圈建设。提高南京城市能级，带动周边城市发展，打造开放包容、协同发展的跨区域都市圈典范。同时聚焦同城化，充分发挥中心城市带动的作用，推动南京都市圈高质量发展，提升中心城市科技创新、产业支撑、资源组织、服务保障能力，保障都市圈中心城市与省内同城化地区设施联通、产业协作、环境共治、民生共享等用地需求。

规划文件明确提出了南京都市圈未来几年的发展重点：产业和交通协同发展。为着力完善跨区域产业协同机制和把南京都市圈建设成为具有全国影响力的现代化都市圈，2023 年 12 月 16 日，南京都市圈党政联席会议在马鞍山市召开，会上与会城市相关部门签署了《南京都市圈产业链联盟合作协议》《南京都市圈跨境电商产业生态建设倡议书》《南京都市圈高新园区高质量发展协同合作协议》《南京都市圈双碳行动倡议书》《南京都市圈大气污染防治联防联控合作协议》等多个文件。各成员城市将依托南京都市圈较好的制造业发展基础和市场潜力，以数智赋能的思路共同推动形成南京都市圈工业和信息化协同发展的现代治理体系，使南京都市圈成为长三角强劲增长极的重要支撑。

1. 产业链发展

在发展产业链方面，各成员城市将紧密携手，充分利用各自的优势和专长，共同打造先进制造业集群，推动产业链向数字化、智能化方向转型升级。并联合开展产业链关键核心技术攻关、联合做强产业链交流对接活动平台、联合推动产业链合作项目落地见效，不断提升跨区域产业协作一体化水平，不断增强南京都市圈产业链、供应链的竞争新优势。

2. 跨境电商发展

在发展跨境电商领域，各成员城市正致力于通过一系列创新举措，着力推动数字服务平台化，以高效便捷的数字技术提升跨境电商服务水平，积极探索南京都市圈"跨境电商＋产业带"的全新发展模式。同时，强化企业培育协同化，促进各成员城市间的企业合作与资源共享，共同培育壮大跨境电商企业群体。此外，各成员城市还将实现金融服务精准化，为跨境电商企业提供更加贴合需求的金融服务支持；推动物流运输网络化，构建高效畅通的物流体系，降低跨境电商运营成本；加强产教一体融合化，培养更多具备跨境电商专业技能的人才，为产业发展提供坚实的人才支持。以上举措的实施有助于形成相互赋能、同频共振的良好态势，推动南京都市圈跨境电商产业的快速发展，为区域经济一体化注入新的活力。

3. 协同创新高质量发展

在推动协同创新高质量发展方面，南京都市圈将充分发挥南京中心城市的功能，放大都市圈腹地优势，推动高新园区跨区域产业创新协同，科技创新资源深度融合，探索建立都市圈高新园区高质量发展协同合作的体制机制，积极打造具有全球影响力的产业科技创新中心主承载区，为长三角区域一体化发展提供示范。一方面，各成员城市探索建立合作机制，借鉴国内先进的园区合作模式和管理体制，推动产业配套和错位发展，共同打造区域产业集群。积极推动"总部＋生产基地"产业协同模式，形成"总部研发在南京，生产在周边"的创新生态。另一方面，各成员城市积极推动创新资源共享，大力推进南京科创资源与都市圈城市双向流动，完善政策支持协同机制，推动都市圈城市间技术成果相互转化。

4. 绿色发展

在生态环境保护方面，为完整准确全面贯彻新发展理念，高质量建设南京都市圈，按照区域大气环境管理的整体性和系统性要求，都市圈成员城市将加强区域间大气污染联防联控。针对"十四五"以来 $PM_{2.5}$ 改善压力巨大的严峻形势，集中力量管控燃煤电厂，通过减少大气污染物排放量推动区域空气质量的持续改善。未来，当江苏省生态环境厅发布重污染天气预警时，由南京都市圈生态环境专业委员会（以下简称"专委会"）通知各生态环境部门启动应急响应联动机制；当安徽省生态环境厅发布重污染天气预警时，安徽省各生态环境部门将及时向专委会通报预警信息，由专委会通知江苏省各生态环境部门同步启动应急响应联动机制，采取应急管控措施。

依托数智赋能的思维，南京都市圈成员城市建立起了一套应急应对机制，由专委会牵头，建立健全区域大气污染过程应对体系，组织重污染天气形势研判及预警信息的发布，协调各市重污染天气的应急处置等工作，跟踪事态变化和应对情况，做好新闻和舆情处置工作，并对应急过程进行调查评估。在强化沟通、协调与联系的过程中，各生态环境部门能够主动作为，加强政企协商，与辖区内燃煤电厂沟通对接，积极引导企业有序开展深度治理，落实应急管控措施。

（二）杭州都市圈

推进建设发展杭州都市圈，是贯彻党的二十大精神的重要举措，是落实长三角一体化国家战略的重要载体，也是浙江省推进共同富裕先行和省域现代化先行的重要抓手。杭州都市圈起步于 2007 年，是长三角五大都市圈之一，也是全国首个都市圈经济转型升级的综合改革试点，目前包括浙江省杭州市、湖州市、嘉兴市、绍兴市、衢州市以及安徽省黄山市，总面积达 5 万多平方千米。多年来，各成员城市以"规划共绘、交通共联、市场共构、产业共兴、品牌共推、环境共建、社会共享"为重点，不断推进杭州都市圈建设迈上新台阶。

十几年来，都市圈成员已从杭湖嘉绍"四兄弟"发展为涵盖浙皖七座城市（其中安徽省宣城市为观察员城市）的跨省都市圈，合作范围从经济共创逐渐延伸到打造交通共联、产业集群、人文魅力、绿色生态和智慧民生五大主题的都市圈，当前杭州都市圈已成为国内第一梯队的成熟型都市圈。

在这十几年中，昔日发端于四城市之间的经济贸易合作已上升为国家战略。2014年，经国家发改委批复，杭州都市圈正式成为全国首个以都市圈经济转型升级的综合改革试点；2016年，杭州都市圈被《长三角世界级城市群发展规划》列入"一核五圈四带"中的"五圈"之一；2021年的《中国都市圈发展报告》，将杭州都市圈列入全国六大成熟型都市圈之一。同时都市圈的成员队伍也在不断扩大：2018年，衢州和黄山加入杭州都市圈；2020年，宣城成为杭州都市圈合作发展协调会观察员城市。

2020年，杭州都市圈第十一次市长联席会议通过了《杭州都市圈发展规划（2020—2035年）》，规划范围为杭州、湖州、嘉兴、绍兴、衢州、黄山六城市，区域总面积53 441平方千米。本轮规划将"具有全球影响力和竞争力的现代化大都市圈"作为总体定位。在此基础上，提出将杭州都市圈建设成为"全球数字经济创新高地""亚太国际门户重要枢纽""全国绿色生态宜居样本"和"长三角南翼核心增长极"。

同时，本轮规划描绘了未来十五年的发展蓝图：到2022年，都市圈一体化发展机制不断健全，基本建成现代化都市圈；到2025年，在长三角区域中的竞争力显著增强，成为全国现代化都市圈的典范，初步建成国际化大都市圈；到2035年，都市圈区域城乡实现全面融合，一小时通勤圈内实现同城化发展，建成具有全球影响力的国际化现代化都市圈，基本实现高水平社会主义现代化。

在数智赋能思路的牵引下，杭州都市圈将持续发力打造包含交通共联、产业集群、人文魅力、绿色生态和智慧民生五大主题在内的现代化、智能化的都市圈。基础设施的互联互通缩短了杭州与周边兄弟城市的时空距离，文旅共融、民生共享则进一步拉近了都市圈各地群众的心理距离。

1. 交通互联互通

2021年6月，杭海城际铁路、杭绍城际铁路同日通车，率先实现杭州、嘉兴、绍兴三地轨道交通互联互通。2023年以来，杭德市域铁路工程项目的6座车站已顺利实现主体结构封顶，9个盾构区间先后贯通，项目推进全面进入"快车道"。建成后，杭德市域铁路还将在仁和南站接驳杭州地铁10号线，进一步实现仁和片区、杭州主城与德清城区之间的联系，加快推进杭州北部新城与德清区域的一体化发展。依托不断延展的铁路轨道，杭州市的"长三角朋友圈"半径愈发向外拓展。2022年9月，合杭高铁湖杭段与西站枢纽的同步开通，全面打开了杭州城西片区通往全省乃至全国大中型城市的通道，合杭合作渐入佳境。接下来，还有在建的杭温高铁、杭衢高铁、建金高铁、杭州机场高铁，以及正在谋划的杭临绩高铁、沪乍杭高铁等，长三角铁路交通持续扩容。

2. 产业集群发展

数字经济是杭州都市圈的特色亮点。数据显示，目前杭州都市圈集聚了浙江省76%以上数字经济规模总量和国内70%以上的云计算能力，培育形成了一批数字经济龙头标杆企业。围绕全球数字经济创新高地目标，近年来，杭州都市圈通过共建数字产业集群、共筑数字科创中心、共创产业数字化示范等，不断加快数字技术与都市圈经济社会各领域的深度融合。2023年12月，《杭州临空经济示范区国土空间规划》正式批复，示范区的规划定位为"两港两高地"，即全球数字贸易创新港、国际航空服务枢纽港和全国临空高科技产业高地、全国临空会展商务新高地。

全球数字贸易创新港依托浙江自贸试验区、跨境电子商务综合试验区、保税物流区等多重政策优势，以都市新消费为驱动、杭州新电商为引擎，推动数字赋能跨境电商、自由贸易和服务贸易，推动数字贸易创新发展，推进高水平对外开放。

国际航空服务枢纽港强化了杭州萧山国际机场的国际枢纽地位，增强航空、铁路和公路等多网连通能力，完善国际和国内航空物流基础设施，进一步开辟了国际和国内货运航线，支撑航空客货运发展，培育航空冷链物流、维修再制造、公务机运营等新模式和新业态。

全国临空高科技产业高地将智能制造、生命健康产业作为示范区标志性产业进行重点培育，推进科技创新、人力资源、科技金融等创新生态圈建设，积极培育战略性新兴产业，建设成为城东智造大走廊的新引擎和战略支点以及全国知名的高端临空产业创新高地。

全国临空会展商务新高地依托大会展中心建设，争取设立永久会址会议地，培育国际知名品牌会展，增强大会展中心驱动力，推动"会展＋商务＋总部＋文旅＋消费"的联动融合，利用影响力集聚企业总部、高端商务和品质文旅等服务业态，打造立足长三角、面向全国的临空会展商务新高地。

3. 人文魅力牵引

在文旅共融方面，都市圈内成员城市共建杭黄世界级自然生态和文化旅游廊道，共办杭州都市圈文旅惠民大联展，共迎亚运盛会，不断打响杭州都市圈的文旅知名度，塑造"江南绝色·吴越经典"杭州都市圈文旅特色品牌，努力推动杭州都市圈文化和旅游"交通互联、市场共拓、产品共推、品牌共创"走深走实。2010 年以来，每年举办的杭州都市圈市民体验日活动，已经成为都市圈一项重要品牌，2024 年该活动更是首次走出杭州，邀请 150 余名都市圈市民及国际嘉宾走进柯桥。

2023 年杭州亚运会举办期间，恰逢国庆、中秋黄金周，除了主办城市杭州外，协办城市宁波、温州、绍兴、金华、湖州等也迎来了大批海内外游客。五城酒店提前预订量同比 2019 年增长 5 倍以上，门票销量同比 2019 年增长 3 倍以上。

乘着亚运会的东风，杭州都市圈打造了"不夜天堂·乐购杭州"夜经济地标，引导博物馆、文化馆、游乐园等延长开放时间，支持有条件的地区建设"24 小时生活圈"等举措，为文旅消费锦上添花。

同时，圈内其他城市也在抢抓亚运机遇，推出各种文旅举措。2023 年 7 月 18 日，由绍兴市文化广电旅游局、绍兴市体育局主办的"名城绍兴·喜迎亚运"文体旅主题年启动仪式在杭州举行。杭州地铁绍兴文旅专列同步跟进，涵盖杭州地铁二号线、五号线和九号线。绍兴市以地铁为载体，呈现绍兴古城以及各区、县（市）的特色文旅景点和亚运场馆画面，同时联合杭州高铁、绍兴地铁宣传载体，展示绍兴市作为"历史文化名城""东亚文化之都"的历史底蕴，对外传播人文绍兴、活力绍兴的亚运城市景观。

4. 绿色生态保护

伴随经济发展，杭州都市圈严格执行环保标准，高度重视绿色发展和生态文明建设。2023 年的数据显示，都市圈在增加城市绿地面积、改善水质、推广绿色建筑和可再生能源使用等方面取得了重要进展，在绿色产业崛起及城市绿化和水体保护等方面取得了显著进展。这些变化反映了杭州都市圈在推动经济高质量发展的同时，也注重生态保护和可持续发展。同时，杭州市通过着力构建"城在景中、水在城中"的城市景观，提升了城市的整体生活品质和可持续发展能力。这种绿色转型不仅提高了居民的生活质量，也为杭州都市圈的长期健康发展奠定了基础。

5. 智慧民生服务

为更好地满足省内外群众就近就便办理民生服务需求，杭州都市圈不断推进数字化改革，优化长三角地区民生业务的"区域通办"和"跨省通办"，全面提升群众办事的便捷度。自 2021 年 10 月 20 日起，浙江省正式启动首次申领居民身份证"跨省通办"试点工作，为长三角区域内跨省工作、学习、生活的户籍居民首次申领居民身份证提供更加便利的服务。2021 年 12 月 1 日起，首次申领居民身份证"跨省通办"业务将在长三角全域范围内全面推行。首次申领居民身份证"跨省通办"便民措施推出后，群众在各地公安机关公布的就近受理点即可申请，免去跨省两地来回跑的苦恼，领证更便捷。申请人可自愿选择受理单位窗口领取或邮递方式领取，制证周期大幅缩短。同时，民生服务还可以依托长三角区域统一相片库建设，实现照片一次采集、共享应用。

2021 年以来，上海、江苏、浙江、安徽四地公安机关紧密结合"我为群众办实事"实践活动，相继推动长三角区域开具户籍类证明、工作调动户口迁移、夫妻投靠户口迁移、父母投靠子女户口迁移、大中专院校录取学生户口迁移、大中专学生毕业户口迁移等多项业务实现一站式"跨省通办"，取得了良好的效果，群众获得感、幸福感明显提升。

未来杭州将携手圈内成员城市，在认真贯彻党的二十大精神的基础上，着力发展共同富裕、数字变革、绿色低碳等领域，推动杭州都市圈一体化加快融合、更高质量发展，助力加快建成国际一流、引领未来的共富都市圈、数字都市圈与绿色都市圈。

（三）青岛都市圈

2023 年 10 月 13 日，山东省政府印发《青岛都市圈发展规划》（以下简称

《规划》），山东省首个获批的国家级都市圈正式落地。青岛都市圈位于山东半岛城市群东部，向东与日韩隔海相望，向西背靠黄河流域广阔腹地，是全国经济发展最活跃、创新能力最强、开放程度最高的区域之一。

根据《规划》，青岛都市圈以青岛市为中心，由联系紧密的潍坊市、日照市和烟台市共同组成。主要包括青岛市全域，潍坊市诸城市、高密市，日照市东港区，烟台市莱阳市、莱州市、海阳市，共涉及 4 市 16 县（市、区），陆域总面积 2.15 万平方千米。青岛都市圈依托青岛－济南陆海发展主轴、滨海综合发展轴、青烟综合发展轴，紧密联系烟台、潍坊、日照地区，构建起了核心引领、轴线展开、多点支撑的发展格局。

《规划》提出，到 2030 年，青岛都市圈同城化关键领域不断突破，内生发展动力进一步提升，基本形成空间结构清晰、城市功能互补、要素流动有序、协同创新高效、产业分工协调、交通往来顺畅、公共服务均衡、环境和谐宜居的现代化都市圈。同时，《规划》也提出都市圈发展需要聚焦的七项重点任务，即推进基础设施同城同网、促进更高水平协同开放、协同提升创新驱动发展水平、强化产业发展分工协作、促进公共服务便利共享、推进生态环境共保共治与深化体制机制改革。

1. 推进基础设施同城同网

青岛都市圈通过着力构建都市圈综合交通体系，建设轨道上的都市圈，实现了对轨道交通基础设施的统筹布局，并做好与城市轨道交通衔接协调，构建轨道交通一小时通勤圈。同时，着力构建都市圈综合交通体系，加快通用机场规划建设，深化低空空域管理改革，打造协调高效、服务优质的都市圈通用机场群。建设民用无人驾驶航空试验基地，构建无人机海洋综合应用、无人机智慧城市服务、无人机物流运输服务体系。此外，青岛都市圈以增强国际门户枢纽功能为导向，推动建设世界一流港口群。共建粮食能源水利安全保障体系，统筹能源供需基础设施建设，加强水利基础设施建设。

2. 促进更高水平协同开放

青岛都市圈通过构建"东西互济、陆海联动"的开放新格局，旨在打造一个充满活力、高效便捷的国际化都市圈。在共建"东西互济"的开放格局方面，青岛都市圈充分发挥了其在东西部地区的桥梁纽带作用，促进东西部地区的经济交流与合作。通过加强区域间的基础设施建设、产业协作和人才交流，实现资源的互补和共享，推动区域经济的协调发展。

在陆海联动方面，青岛都市圈充分利用其独特的海洋资源和港口优势，加强与内陆地区的联动发展。通过构建完善的陆海交通网络、优化物流体系、推动海洋产业的创新发展，青岛都市圈将形成"陆海统筹、联动发展"的良好局面，为区域经济注入新的活力。

同时，青岛都市圈通过共建高能级开放平台，吸引了全球优质资源和要素集聚。通过建设国际一流的产业园区、科技创新中心、自由贸易试验区等开放平台，为国内外企业提供更加便利的投资环境和发展机遇。这些平台将成为青岛都市圈对外开放的重要窗口和合作交流的桥梁。此外，青岛都市圈也会通过定期举办国际博览会、论坛等活动，吸引全球目光，推动青岛都市圈与世界各地的交流与合作，为区域经济的发展注入新的动力。

3. 协同提升创新驱动发展水平

首先，青岛都市圈协同提升创新驱动发展水平的主要思路是增强科技创新策源能力，共建产业创新中心和企业创新联合体。为促进科研与产业的深度融合，青岛都市圈将积极构建完善的科技创新体系。协同创建国际海洋科技创新中心，不仅将推动海洋科技的突破与发展，更将加强青岛在全球海洋科技创新领域的影响力和竞争力。同时，共建滨海科创大走廊，旨在形成一条贯穿青岛都市圈的科技创新走廊，促进创新资源的优化配置和高效利用。

其次，通过共建产业创新中心和企业创新联合体，不仅有利于促进产业链上下游的紧密合作，推动产业结构的优化升级，也有利于鼓励企业间开展技术创新合作，形成优势互补、资源共享的创新生态。

最后，营造创新的生态环境是保障创新驱动发展战略顺利实施的重要基础。青岛都市圈将致力于打造创新人才富集区，通过优化人才政策、完善人才服务体系，吸引和留住更多的创新型人才。同时，协同建设创投风投中心，为创新型企业提供充足的资金支持，进而降低创新风险，激发创新活力。

4. 强化产业发展分工协作

强化产业发展分工协作的关键在于共建现代产业体系，青岛都市圈通过建设国家战略性新兴产业基地、海洋经济发展示范区、国家级服务经济中心和农业现代化示范区，不断引领数字经济发展走向新高地。

此外，青岛都市圈也构建了梯次互补的青潍临港临空产业带、滨海海洋经济带、青烟先进制造产业带"三带"产业发展格局。以即墨、胶州、黄岛等区域为重点，依托青岛国家先进制造业集群，实施建群强链行动，重点发展高附加值制造业行业及环节，打造智能家电、高端化工、海洋装备等优势产业地标，培育虚拟现实、生物医药及医疗器械、通用航空、氢能与储能等新兴产业地标，形成有力带动区域产业升级和资源要素高效配置的引领型产业，进而提升外围地区的产业承载能力，统筹推进县域工业化和农业现代化。

5. 促进公共服务便利共享

青岛都市圈坚持以人民为中心的发展思想，在积极推进城市更新和城市开发建设的进程中，青岛都市圈致力于打造一个"宜居、宜业、宜游"的现代化都市圈，让人民群众在城市化进程中共享发展成果。为了提高公共服务的均衡化、标准化和智慧化水平，青岛都市圈不断优化公共服务资源配置，加强基础设施建设，提升公共服务质量。通过引进先进的信息技术，推动公共服务向数字化、智能化方向转型升级，为人民群众提供更加便捷、高效的服务体验。

在教育领域，青岛都市圈坚持共建共享优质的教育资源，推动教育资源的均衡配置。通过加强校际合作、师资交流、课程共享等方式，提升教育教学的整体水平，让每个孩子都能享受到优质的教育资源。

在健康领域，青岛都市圈致力于打造健康都市圈，提升人民群众的健康水平。通过加强医疗卫生基础设施建设、优化医疗资源配置、推动医疗技术创新等方式，提高医疗服务的质量和效率，为人民群众提供更加全面、优质的医疗保障。

在社会保障领域，青岛都市圈积极对接相关部门，确保人民群众在就业、养老、社保等方面享有基本保障。通过完善社会保障制度、加强社会保障政策的宣传和实施，让人民群众感受到实实在在的获得感、幸福感和安全感。

此外，青岛都市圈还健全跨区域社会治理体系，提升社会治理效能。通过加强区域间的协调合作、推动社会治理创新、完善法律法规体系等方式，共同打造一个和谐稳定的社会环境。

6. 推进生态环境共保共治

青岛都市圈以青岛宜居宜业宜游高品质湾区城市建设为契机，正加快构建绿色低碳、集约高效的生产生活方式，以推动区域的可持续发展。在这一进程中，青岛都市圈致力于逐步构建起山海共融的"一带两湾三心多廊"生态格局，以此展现自然与城市和谐共生的美丽画卷。

"一带"指的是沿海生态带，青岛都市圈将充分利用其丰富的海洋资源，打造一条集生态保护、休闲观光、文化体验于一体的沿海生态走廊。通过加强海岸线保护、恢复海洋生态、发展海洋经济，实现海洋资源的可持续利用。

"两湾"则是指青岛都市圈内的两个重要海湾，这些海湾不仅是天然的避风良港，更是城市发展的重要支撑。青岛都市圈将注重海湾生态环境的保护和修复，提升海湾的自净能力，打造宜居宜游的美丽海湾。

"三心"是指都市圈内的三个生态核心区域，这些区域将作为生态保护的重点，通过植树造林、湿地保护、野生动植物保护等措施，构建起生态安全屏障，维护区域的生态平衡。

"多廊"则是指连接各个生态节点的绿色廊道，这些廊道将形成都市圈的生态网络，促进生态资源的共享和流动。通过建设绿色廊道，青岛都市圈将实现城市与自然的无缝衔接，提升城市的生态品质。

在推进生态格局构建的同时，青岛都市圈还将协同推进流域海域、大气污染、固废危废环境污染治理。通过加强跨界合作，共同制定治理方案，实施联合治理行动，确保区域环境质量的持续改善。此外，青岛都市圈还将积极推广绿色低碳的生产生活方式，鼓励企业采用清洁生产技术，推动能源结构的优化调整，降低碳排放。同时，倡导居民绿色出行、节能降耗，共同营造绿色低碳的生活氛围。

7. 深化体制机制改革

以青岛现代化治理样板城市建设为引领，青岛都市圈在跨四个地市的合作中展现了卓越的示范作用。都市圈充分发挥了青岛作为核心城市的引领作用，通过建立健全特大城市与大中小城市优势互补、协同发展的体制机制，为整个区域的均衡发展注入了强大动力。

在基础设施建设方面，青岛都市圈率先实现了互联互通。通过加强交通网络建设，优化交通布局，都市圈内的城市间形成了快速便捷的交通体系。这不仅提升了城市的通达性，也促进了区域间的经济交流和人员流动。

在科创产业方面，青岛都市圈推动了深度融合。通过搭建科技创新平台，加强产学研合作，使得都市圈内的科技创新资源得到了有效整合和利用。这不仅提升了整个区域的科技创新能力，也为企业提供了更多的发展机遇。

在投融资协同方面，青岛都市圈积极创新合作模式。通过建立多元化的投融资体系，吸引更多的社会资本参与城市建设和发展，为区域经济的持续增长提供了有力保障。

在生态环境保护方面，青岛都市圈坚持共保共治。通过加强跨界环境治理，推动生态修复和保护，都市圈内的生态环境质量得到了显著提升。这不仅为居民提供了更加宜居的生活环境，也推动了区域的可持续发展。

在公共服务和社会治理方面，青岛都市圈实现了普惠共享。通过优化公共服务资源配置，提升社会治理水平，都市圈内的居民享受到了更加优质、便捷的服务。这不仅增强了居民的获得感和幸福感，也提升了整个区域的社会文明程度。

（四）武汉都市圈

在 2002 年，湖北省第八次党代会明确提出了建设武汉城市圈的重大战略部署。城市圈以武汉为核心，包括周边 100 千米内的黄石、鄂州、黄冈、孝感、咸宁、仙桃、天门和潜江八个城市。历经二十年的沧桑变迁，2022 年 3 月，国家发改委正式印发《长江中游城市群发展"十四五"实施方案》，文件首次明确提出"武汉都市圈"的概念。同年 6 月，湖北省委提出要加快建设以武汉、襄阳、宜昌为中心的三大都市圈，大力发展以武鄂黄黄为核心的武汉都市圈，将武汉都市圈打造成为引领湖北、支撑中部、辐射全国、融入世界的重要增长极。至此，武汉都市圈概念正式起航。

2022 年 12 月，《武汉都市圈发展规划》获国家发改委正式批复，武汉都市圈成为继南京、福州、成都、长株潭、西安、重庆都市圈后，第 7 个获批发展规划的国家级都市圈。随后，《武鄂黄黄规划建设纲要大纲》《武汉新城规划》和《武汉都市圈发展三年行动方案（2023—2025 年）》相继发布。

近两年，在武汉市的引领下，武汉都市圈强化区域协作，拓展合作领域，同城化发展成效初显。都市圈核心区建设步稳蹄疾，作为"核心中的核心"，武汉新城成为驱动武汉都市圈高质量发展的强劲引擎。都市圈以"规划同编、交通同网、科技同兴、产业同链、民生同保"的原则持续推进，有力推动都市圈同城化发展，为长江中游城市群一体化建设提供支撑。

2023 年 2 月，武汉都市圈发展协调机制办公室（以下简称"武圈办"）印发《武汉都市圈发展三年行动方案（2023—2025 年）》以及武汉都市圈交通发展、科技创新、产业集群发展、民生服务及生态环境保护等专项规划，编制完成了武汉都市圈对外开放、汉孝同城化发展、仙桃市融入武汉都市圈发展等规划。同时，武圈办切实推动发展规划和重点项目、事项落地。

1. 交通发展

围绕交通一体化，武汉都市圈加快推进快速道路系统建设，着力打通瓶颈路、断头路，实施道路扩容、品质提升工程，并连通鄂州花湖机场、黄石新港等重要枢纽，都市圈内越来越多的地方进入武汉一小时生活圈、工作圈和经济圈。

随着武汉都市圈建设进入全面推进阶段，武汉都市圈的高速路网越来越完善和便捷。武阳高速通车进一步完善了武汉都市圈东南部路网，有力支撑了武汉、鄂州、黄石同城化发展。同时，加强了大广、沪渝、黄咸、鄂咸、杭瑞、永武等区域高速公路间的联接和转换，打通了湖北、湖南、江西中部三省省会城市的 3 小时高速交通圈。从 2022 年 12 月 11 日 0 时起，武黄高速施行通行免费，有效促进武鄂黄黄之间进一步的沟通和交流，推进武鄂黄黄由四个城市变成更加紧密的城市结合体。以高铁、城铁、地铁、高速公路、快速通道为筋骨，武汉都市圈交通一体化格局已初步形成。

在航空运输方面，作为全球第四个、亚洲第一个专业货运机场，鄂州花湖机场于 2023 年正式投运，并与武汉天河机场一起形成航空客货运"双枢纽"，助力湖北实现从"九省通衢"到"五洲通衢"，加速武汉都市圈打造内陆开放高地。

2. 科技创新

为推动企业加速协同创新，武汉都市圈积极推行离岸科创园模式，一方面帮助想要在武汉吸引人才做研发的外省企业入驻，另一方面培育武汉本土企业落地都市圈内城市并发展壮大。通过科创平台的共建共享、创新要素的柔性流动以及科技成果的及时就近转化，武汉扩展了发展空间，提升了科创效率，弥补了圈内城市科创能力不足的短板。武汉科技成果转化平台向圈内八个城市的科技部门有序开放，推进都市圈企业与武汉高校院所"零距离"对接。截至 2023 年 12 月，武汉高校院所与圈内八个城市共同创建省级产业技术研究院 12

个，都市圈共有 51 家企校联合创新中心获批。同期，武汉市已安排院士专家、科技副总、博士服务团与科技特派员 639 人次到圈内八个城市开展技术支持，让高科技人才在都市圈内实现更大范围的流动。

2020 年，围绕解决产品关键技术、共性技术、前沿技术问题，由黄石市西塞山区政府出资、华中科技大学材料科学与工程学院副教授胡木林团队"出智"，黄石科创模具产业技术研究院揭牌成立，助力本地特钢、模具钢企业突破精密制造的技术瓶颈。

3.产业集群发展

武汉都市圈发展三年行动方案提出：武汉都市圈要聚焦光电子信息、生命健康、高端装备等产业，推动优势产业协同联动，提升中心城市经济密度；促进武汉市一般制造业向周边城市有序转移，逐步形成主链在武汉、配套在都市圈的一体化产业发展格局。

2023 年，武汉都市圈加速发展"产业同链"，将都市圈内的产业纳入同一条产业链中，形成配套、互补和融合发展，以提高产业集中度和集群化，提升产业链的韧性和竞争力。在武汉千亿级显示面板产业重镇光谷左岭，坐落着天马微电子、华星光电等知名显示面板企业。紧邻的鄂州葛店开发区，新型显示器件产业集群渐成规模。目前，以光谷为龙头，辐射带动鄂州、黄冈、黄石等地的光谷科创大走廊，光电子信息产业规模已逼近 8000 亿元，正加速冲刺万亿级规模。

聚焦"光芯屏端网"，武汉都市圈光电子产业集群规模占全国份额的 50%，光纤光缆研发制造规模居全球首位。集成电路、新型显示器件、下一代信息网络、生物医药四大产业，入选国家首批战略性新兴产业集群，数量与上海市在全国并列第一位。而后发优势明显的大健康和生物技术产业，在武汉市的产业规模已超 4000 亿元。作为武汉都市圈生物产业的"发动机"，武汉光谷生物城已与天门、仙桃、黄石、黄冈 4 个"圈友"共建武汉国家生物产业基地地方产业园。

2023 年，武汉市有关部门编制了武汉都市圈产业招商地图、制造业产业链地图以及武汉都市圈园区合作共建利益共享机制指导意见，成功设立总规模 100 亿元的武汉都市圈高质量发展基金。以专业化分工协作为指引，一扫多年来"大树底下不长草"的烦恼，实现城市功能互补、产业特色化发展。

4. 民生服务

2023年，武汉都市圈9市加快推进公共服务共建共享，政务服务事项"跨市通办"达1000项，办件量超235万件，基本实现医疗、交通、旅游等服务"一卡通用"，一张小小的社保卡，已经在100多个领域实现了跨城市的综合应用。

武汉都市圈同时也拓宽了关乎民生品质的协作领域，优化湖北政务服务网武汉站点"跨市通办"专区功能，推进证明证照查验、信息查询变更等简易高频事项在移动端及自助终端的"一圈通办"；优化市区政务服务中心"跨市通办"窗口设置，并向有条件的街道进行延伸；组织实施国家、省级公布的"跨省通办""省内通办"事项，实现更多政务服务事项"全市通办"。

5. 生态环境保护

武汉都市圈制定了一系列生态环境保护的政策和规划，并设定了生态环境保护的总体目标、重点任务和保障措施，为都市圈的生态环境治理提供了明确的指导和方向。例如，通过实施流域生态环境综合治理、加强重点河湖流域治理等举措，全面提升都市圈的生态环境质量。近年来，武汉都市圈在推进生态环境保护项目方面也取得了显著进展，包括生态修复工程、农业面源污染治理、固体废物处置利用等领域。例如，谋划推进大梁子湖流域水生态修复工程和农业面源污染治理项目，有效提升了湖泊水质并改善了流域生态环境。

此外，武汉都市圈还加强了区域合作，共同推进生态环境治理。通过与周边城市的合作，共同打造了生态安全格局、严格生态空间管控、共同缔造城乡蓝绿生态空间等，实现了生态环境保护的跨区域联动。这种合作不仅提升了生态环境治理的效率，也增强了都市圈整体的生态环境质量。同时，武汉都市圈还注重提升生态环境服务的质效。通过完善生态环境监测体系、加强环境风险防控和应急能力建设等措施，不仅提高了生态环境治理的精细化水平，也推动了绿色低碳技术的研发和应用，促进了生态产业的发展，为都市圈的可持续发展提供了有力支持。

第十章
数智城市的"南京方案"

在新一轮的产业加速变革和全球数字化浪潮的大背景下，近年来，南京作为一座历史和现代交融的城市，一直积极扎实推进"以人民为中心"的数智城市建设。南京市采用数字化技术，深入挖掘、精准识别并有效回应民意诉求，赋能城市治理，提升了市域治理现代化的水平和能力，增强了广大市民的获得感和幸福感。经过多年的努力和广大人民群众的参与，南京市探索出了数智城市建设之路，形成了"南京方案"，实现了从"数字"到"数智"、从"治理"到"智理"的转变。

一、以人民为中心

"以人民为中心"是党的十八大以来，以习近平同志为核心的党中央集体智慧的结晶。在中国式现代化建设的宏观图景下和各个领域的现代化迈入关键时期，坚持一切为了人民、坚持一切依靠人民、坚持一切从问题出发和坚持一切由人民检验，[2] 奠定了治国理政的底色和灵魂。这要求各级政府在促进经济高质量、内涵式发展的同时，保障改革成果为人民所共享。为此，南京市始终以人民的需求为出发点、以人民的满意度为落脚点，做到了将"以人民为中心"的发展思想贯穿数智城市建设的始终。

（一）公共服务供给智能化

南京市是一座拥有 1300 多万人口的特大城市，提供优质的公共服务是政府的重要职责。随着大数据、云计算和人工智能等新兴技术的迅猛发展并成为驱动城市发展的新引擎，南京市政府顺应数字时代发展的大趋势，一直致力于扎实推进数字政府建设。通过持续大力推动政务服务的数字化转型，南京市政府实现了政务信息资源的共享和在线服务的"一网通办"，促进了公共服务个性化、便捷化和精细化。这些实践是南京市践行"以人民为中心"发展思想的集中体现，满足了人民的个性化需求、提升了人民办事的便利性并增强了人民获得公共服务的精准性。

2021年9月，南京市政府发布了《南京市"十四五"数字经济发展规划》。该规划中明确，通过数字化服务提升民生福祉，如智慧医疗、智慧旅游、智慧教育等应用投入运行，从而全面提升市民的体验度、便捷度、满意度和幸福感。同年12月，在《南京市整体推进城市数字化转型"十四五"规划》中进一步明确了数字政府的重点领域，具体包括智慧政务、智慧环保、智慧水务、智慧交通和智慧应急等12个重点领域。南京市全方位推进各领域的数智建设，旨在提高公共服务的普惠化水平，丰富群众的数字生活场景，进而满足多样化、个性化的需求，让广大人民群众真切享受到数字化带来的便捷和实惠。在前述两份打造数智城市的重要顶层设计文件的指引下，南京市这些年扎实稳步地推进数字化和数智化建设的广度、深度和温度。总体来说，南京市在数智城市建设的实践中，不仅注重技术层面的创新和发展，还特别强调利用这些技术提升公共服务的质量和效率，进而实现更加个性化、便捷化和精细化的服务。

1. 个性化的公共服务

在当今社会，随着信息技术的飞速发展，城市管理和服务的智能化、个性化已经成为一种趋势。南京市作为中国一个非常重要的城市，正积极实施智慧城市项目，旨在为市民提供更加高效、便捷、个性化的公共服务。以下是南京市在智慧教育、智慧文旅、智慧交通等领域的一些创新实践。

智慧教育服务更加个性化。近年来，南京市整合全市优质的教育资源和在线课程，建设并推广智慧教育平台，为广大中小学生提供了更加丰富、多样和智能的学习选择，实现了教育资源的共享和优化配置。该平台利用大数据技术分析学生的学习兴趣、需求、习惯和能力，以便为每位学生量身定制个性化的学习资源和辅导方案。在洞察每个学生自身特点的基础上，这种个性化的学习方式可以有针对性地满足他们的差异化学习需求，帮助他们在学习过程中找到最适合自己的学习路径，从而提高学习效率和成绩。

智慧文旅服务更加个性化。众所周知，南京市是一个具有厚重历史文化积淀的旅游胜地，每年都会吸引数以亿计的全国各地游客。特别是，每年的"五一"和"十一"假期期间都会迎来客流的高峰期，如何提供更加优质且高效的文旅服务成为摆在南京市相关部门面前的重要课题。在这方面，南京市积极响应并贯彻落实国家、省、市关于加快旅游业改革发展相关的决策部署，推出了南京智慧文旅大数据平台。该平台融合了多源数据，旨在建设南京市全域全息文旅数据中心。利用用户的浏览历史和偏好，平台可以为用户推荐个性化的旅游攻略及最佳线路规划。这种个性化的服务不仅提升了用户的旅游体验，还能有效地分散旅游高峰期的人流，进而提高广大旅客的满意度。

智慧交通更加个性化。近年来，南京市积极探索智能化城市交通管理，特别是智能交通系统的建立，充分体现了城市数字化转型的成果，也是智慧城市建设的重要组成部分。这一系统在收集和分析大量的交通运行实时数据的基础上，如道路状况、车辆流量、公共交通使用情况等，可以为广大市民提供更加智能和精准的出行建议。具体而言，首先，系统可以根据用户的出行习惯和需求，推荐最佳出行路线。无论是日常通勤，还是周末出游，智能交通系统都能根据实时交通状况，为用户规划出一条时间最短或最便捷的路线。这无疑大大缩短了出行时间。其次，智能交通系统具备实时交通信息服务功能。通过手机 APP 或交通信息显示屏，广大市民可以随时掌握道路拥堵情况（交通拥堵指数每 5 分钟更新一次），进而选择避开高峰时段和拥堵路段，提高出行效率。总之，南京市智能交通系统的建设与应用，不仅提高了交通管理的效率，也为市民提供了更加便捷、高效的出行体验。这种个性化的智能交通服务，将市民的利益放在首位，体现了"数智城市建设为人民"的初衷，即利用先进的数字及信息技术，为广大市民带来了更加便捷的出行体验。

以上这些南京市智慧服务实践表明，利用现代化的数字技术及信息技术赋能公共服务，是提升城市治理水平及能力和人民群众满意度、幸福感的有效途径。伴随大数据技术的不断进步和这些技术应用的不断深入，南京市未来将继续探索更多的智慧服务，从而为人民群众创造更加美好的生活。

2. 便捷化的公共服务

在数字化时代的宏观背景下，南京市积极推进公共服务的便捷化。通过构建智慧城市框架，促进各类公共服务的数字化转型，提升了市民的生活质量。在数字技术的赋能下，南京市市民在获取在线政务服务、社会保障服务和智慧停车服务等方面更加便捷。

第一，在线政务服务更加便捷。"我的南京"APP 为市民提供了一个全面、便捷的政务服务平台。在这一服务平台上，市民可以从手机端办理户口迁移、婚姻登记等各类政务服务，简化了办事流程并减少市民排队等候的时间，进而提高了办事效率，提升了市民对政府服务的满意度。

第二，社会保障服务更加便捷化。南京市智慧人社平台的推出，使广大市民办理与社会保障相关的业务时更加便捷。该平台可以在线完成求职登记、社保缴纳和人才信息查询等多项业务，不仅节省了市民往返于各个部门的时间和精力，也提高了政府提供社会保障相关服务的效能。与此同时，南京市智慧医保平台通过电子化医保结算，简化了广大人民群众就医的流程。在就医时，市民可以快速完成相关费用的结算，减少了排队等候的时间，进而提高了就医效率。同时，该平台也缓解了医院的运维压力并降低了人力成本。此外，南京市在线医疗咨询平台的建立，也为市民提供了更加方便快捷的医疗服务渠道。市民只要在手机终端操作，就可以获取在线咨询和预约挂号等服务。这在一定程度上破除了就医在时间和空间上的约束。例如，市民在家中就可以获得专业医生的医疗建议。这避免了长时间的等待和奔波，特别是对于那些行动不便或时间不充裕的市民来说，这一服务无疑提升了就医的便捷性和他们的医疗体验。

第三，智慧停车服务的便捷性。停车难是包括南京市在内的大都市面临的共性治理难题。近年来，南京市推出了智慧停车服务，借助科技手段提高停车位的利用效率，缓解了停车难的问题。该系统通过实时数据分析，能够精确掌握各个停车场的使用情况，准确了解每个停车场的空闲停车位数量，进而为市民提供实时准确的停车信息。市民可以通过手机 APP 或者微信公众号等方式，随时随地查询附近的停车场空闲情况，并进行在线停车位预约。总之，南京市智慧停车系统的应用不仅提升了市民的停车体验，还提高了城市交通的运行效率。

总体来说，南京市的智慧公共服务供给，不仅提升了市民生活的便利性和效率，同时推动了城市治理走向现代化和智能化。这些智能化和便捷化的政务、社会保障和停车公共服务，为市民提供了更高质量、更高效率的生活体验，同时也为其他城市的智慧化改革提供了宝贵的经验。

3. 精细化的公共服务

在加强数智城市建设的过程中，南京市通过精细化的公共服务，显著提升了市民的生活质量和环境的可持续发展。这些服务覆盖社区治理、气象预报、环境保护等多领域，展示了南京市在数智城市建设方面的全面性和前瞻性。

首先，社区利用物联网技术，实现了社区环境的精细化治理。2023 年 7 月，南京市出台了《关于深入推进智慧社区建设的实施意见》，其中明确，"到 2025 年，江苏将基本构建起网格化管理、精细化服务、信息化支撑、开放共享的智慧社区服务平台……显著提高社区治理和服务智能化水平……为推进基层治理体系和治理能力现代化奠定坚实基础"。以社区智能垃圾分类为例，南京市一些社区引入智能垃圾分类系统，实现了垃圾的自动识别和分类。社区居民在投放垃圾时，只需将垃圾袋贴上对应的二维码，系统就可以自动识别垃圾的种类，并将其投放到相应的分类垃圾桶中。这不仅提高了居民垃圾分类的准确率，而且减少了人工分类的工作量，提高了分类效率。此外，在收集居民的垃圾分类数据后，可以使用大数据分析方法，了解居民的垃圾分类习惯和待改进的空间。如此，政府和社区可以根据数据分析结果进行循证决策，制定更加科学和精细化的垃圾分类政策或措施，从而增强社区居民的垃圾分类意识、参与度和积极性。

其次，智慧气象平台的运用，为市民提供了精准的天气预报和灾害预警服务。在南京市，智慧气象平台通过收集大量的气象数据，包括温度、湿度、风速、降雨量等，利用先进的分析模型和算法，能够提供更加准确和及时的天气预报。广大市民可以从手机 APP 或者社交媒体等渠道，随时随地获取最新的天气预报信息，包括未来几天的天气状况、气温变化和降雨概率等，从而更好地安排自己的生活和出行。比如，2018 年南京市梧桐飘絮预报产品，升级为 72 小时内的逐 3 小时精细化飘絮趋势预报，预报覆盖范围增加至 58 条。广大市民出门前打开气象局的 APP 或官方微信公众号就能知道沿路梧桐飘絮情况，进而知道要不要有防护措施。[3] 此外，该平台还能够提供灾害预警服务。通过监测气象数据和气象变化趋势，平台能够及时发现并预警可能发生的气象灾害，如台风、暴雨、雷电等。市民可以接收到平台预警信息，并采取相应的防护措施，减少灾害对人身和财产的影响。总体而言，南京市智慧气象平台不仅提高了市民的生活质量，还提升了城市的应急响应能力。该平台提供精准的天气预报和灾害预警服务，为市民更好地应对天气变化和气象灾害、保障自身生命安全和财产安全护航。

总之，南京市供给的这些精细化的公共服务，不仅提升了市民的生活品质，也推动了城市治理更加智慧。这些服务之间相互支持和促进，共同构建了一个高效、便捷、舒适的生活环境，展现了南京市在智慧城市建设方面的成效。

（二）保护个人信息全面化

5G 基站、高清摄像设备和传感器等数字化基础设施在城市广泛布建以及海量数据被收集和分析，随之也带来了数据安全和保护公民隐私的问题。在扎实推进重点领域的智慧公共服务建设和保障广大市民享受智能化公共服务的同时，南京市也十分重视个人信息保护和网络安全。为此，《南京市整体推进城市数字化转型"十四五"规划》中提出，在"十四五"期间将进一步统筹数字化发展，并提升数据安全和隐私保护力度。这一规划强调在城市数字化转型的过程中，在关注数字技术给治理赋能的同时，也突出强调了安全可信的基本原则。

近年来，南京市在建设数智城市的过程中，一直重视和致力于保护公民隐私和数据安全。早在 2019 年，南京市就出台了《南京市政务数据管理暂行办法》。2021 年，还专门编制了《政务数据安全管理指南》地方标准。2024 年，南京市正式印发《南京市公共数据授权运营管理暂行办法》。这些办法和指南对个人数据的收集、使用、处理、存储、传输和运营等环节进行了明确规定，从而确保数据安全与隐私保护，防范发生数据安全事件的风险。例如，南京市南部新城管委会在智慧城市建设过程中非常重视数据安全和网络安全建设，并邀请网络安全领域的头部企业参与交流，共同探讨和实施数据安全和网络安全措施。结合具体的公共服务供给实践来看，南京市推广的智能垃圾分类系统只收集与垃圾分类有关的数据，不涉及个人隐私信息；健康码系统也只收集与疫情防控相关的个人信息，并且在数据传输和存储过程中采用了加密技术，确保数据安全；智能交通系统会对个人数据进行匿名化处理，以确保个人隐私不被泄露。

总体而言，在数智城市建设中，南京市在办法、指南和实际操作等层面的一系列措施，确保数据的使用不侵犯个人隐私，同时，保护数据不被非法访问和盗用。这些措施不仅符合国家关于建设网络强国、数字中国的战略部署，也体现了对公民个人隐私和数据安全保护的全面化。经过这些努力，南京市旨在构建一个安全、可靠的网络安全防御体系，以支撑未来数智城市高质量和可持续的发展。

二、以业务问题为导向

在数智城市建设实践中，以业务问题为导向意味着首先利用数字技术识别并精准定位和分析城市治理中的关键难点、痛点和堵点，然后有针对性地制定和实施解决方案。数字技术与业务需求紧密贴合和深度融合，促进了技术更好地赋能城市治理以及公共服务供给水平。同时，解决城市治理中复杂的业务问题，需要多个部门协作和数据共享。以业务问题为导向和切入点，有利于促进不同部门间的合作，推动分散的数据资源整合与共享，进而有助于破除"信息孤岛"并提升城市治理的整体效能。总之，以业务问题为导向能够确保解决方案更加贴合实际且有针对性地满足公众需求，避免公共资源的错配和浪费，从而促进城市治理效能的提升。

南京市作为我国的重要中心特大城市之一，在数智城市建设方面走在全国前列。在数智城市建设中，南京市以业务问题为导向，注重从实际业务出发，并利用数字技术和智能化手段，在精准捕捉城市治理中各种难题的基础上，整合业务部门的资源并实现联动，改善和优化服务流程，进而更加高效地回应公众的各类公共服务需求，推动城市治理以及公共服务的智能化提档升级。接下来，我们将从环境保护、交通管理和公共安全三个重要领域展开介绍。

（一）环境保护领域

伴随工业化和城市化进程的不断加快，环境污染问题日益凸显。广大民众的环保意识不断增强，更加关注环境保护问题。如何实时监测并有效控制城市的空气质量、水质等，成为南京市面临的亟待解决的重要问题。以前，南京市涉及大气环境、水环境和污染源监控等方面的子系统众多，而且它们之间分散且独立运行，不利于从整体上高效且系统地处理环境领域的具体业务问题。近年来，南京市打破"信息孤岛"，将所有相关数据归集整合，实现了一个智慧平台监测全网信息。

具体而言，通过布设在城市各个角落的监测站点，智慧环保监测平台可以实时收集空气质量、水文、水质等环境数据，实现对全市3976家排污单位、233个加油站、38645辆重型柴油货车、118家机动车检测机构、113处空气站点、42处省考以上水质站点、11处水源地保护区等环境监管监测要素实时动态监控，[4]并借助云平台进行集中处理和分析。然后，借助AI分析线索和大数据分析，预测环境污染趋势，及时向相关业务部门和公众发布预警信息，并指导采取相应的污染防控措施。南京市生态环境综合行政执法局主办崔明慧认为："如果说此前的在线监测平台实现了'信息化''数字化'，那么全新的智慧平台则实现了'智数化'。"数据显示，现场执法次数同比下降41.8%，在线巡查家（次）同比上升12.5%，问题发现率同比提高9%。[5]南京市智慧环保监测平台的应用，提高了环境污染防控的时效性和准确性，有助于保护和改善城市的环境质量。

（二）交通管理领域

南京是一个人口密集的特大型城市。随着经济的快速发展和人口的不断涌入，城市规模不断扩大，交通问题逐渐成为城市治理的一大挑战。在上下班高峰期，交通拥堵现象严重。这不仅浪费了大量的时间和能源，也影响了城市的整体运行效率。为了解决这一问题，南京市以业务问题为导向，搭建了智慧交通系统。该系统是一个高效智能的交通管理平台，通过实时采集和分析交通数据，如车流量、车速等，利用大数据和AI等技术手段，实现对交通流量的实时监控和智能调度。特别是，该平台能够根据实时交通流量，调整信号灯的配时方案，优化交通流线，进而缓解交通拥堵等问题。譬如，在某个交叉路口，如果系统检测到车流量较大，就会自动延长绿灯时间，以便更多的社会车辆通过；反之，如果车流量较小，便会缩短绿灯时间，减少车辆等待。这种智能的调节方式，提高了城市交通的流畅度。与此同时，智能分析交通信息大数据，还可以预测未来一段时间内的交通流量变化，并提前采取针对性措施，引导车流合理分布。这种前瞻性的治理方式，提高了交通管理的智能化和效率。

例如，在某个大型社会活动举办前夕，该系统会提前预测到该地区的车流量大幅增加，并会提前发布交通预警信息，进而引导广大市民选择合适的出行时间和路线，避免交通拥堵。

南京市的"智慧交通"建设以交通大数据为基础，涉及交通运输行业的所有数据资源都将最终汇集于"交通大脑"——数据中心。依托该中心，实现了省、市、区交通运输部门及市相关部门间的数据共享，每天数据交换量高达1.2亿条。[6]此外，南京市交通大数据平台整合了公安 320 平台和电子警察闯红灯自动记录与大型工程车辆违规出行等业务系统，集成了多种来源的道路交通违法数据，进而建成了全市统一的交通违法处罚数据平台，实现了交通信息的全面感知、深度融合和高效应用。总体来说，南京市的智慧交通系统，以其智能化、实时性、灵活性和高效性，有效缓解了城市交通拥堵等问题，提高了交通管理的效率。

（三）公共安全领域

公共安全是衡量一个城市治理水平的重要指标，直接关系和影响到人们生活的安全感和幸福感。随着南京城市规模的扩大和人口流动性的增加，城市公共安全问题也逐渐显露，如何有效预防并及时应对各类安全事故，成为城市治理必须解决的重要任务。此外，南京市还建立了智能安防系统和安全大数据平台。智能安防系统通过视频监控和人脸识别技术，实现对重点区域和场所的全天候安全监控，从而提高了城市的安全保障水平。安全大数据平台在收集和分析安全数据后，可以及时发现安全风险，并采取相应的措施，如加强警力部署、优化安全防范措施等。这种以业务问题为导向的城市公共安全治理，充分体现了南京市对市民生命和财产安全的重视。

早在"十三五"期间，南京市就建成了应急管理"一平台八系统一终端"信息化系统，推动了城市安全运行"一网统管、智能化联动处置"。智慧新危管信息平台是南京市为解决公共安全问题而建立的一体化信息管理平台，也是今后持续提升公共安全治理效能的重要依托。该平台以大数据、云计算和 AI 技术为支撑，汇集了各类安全相关信息，包括公安、消防、环保、交通等多个部门的数据，实现了信息的统一管理和共享。通过安装在城市各个角落的监控摄像头和传感器，平台可以实时监控城市的安全状况和对海量数据的分析，及时发现异常情况，预测安全风险，并迅速做出应急响应。此外，平台通过物联网技术，对城市中的危险品动态实行实时跟踪监控和全链条监管，进而确保危险品的安全存储、运输和使用。智慧新危管信息平台具有实时性和智能化的特点，通过大数据分析预测未来的安全风险，对城市灾害风险进行智慧预警，从而提前做出预判和应对措施。这种前瞻性的管理方式，极大地提高了公共安全管理的效率。

综上，分析以上数智城市建设中各个领域的案例可以发现，南京市以解决具体业务问题为切入点，引入并应用大数据、云计算和 AI 等先进技术手段，在有效解决相关问题的同时，也推动了市域治理体系和治理能力的现代化，为广大市民创造了更加舒适、便捷和安全的生活环境。这种以业务问题为导向的思路，可以为其他城市的数智城市建设提供有益的参考。

三、以数据分析为切口

在传统的城市管理模式中，政府决策往往依赖于经验和直觉，相对缺少较为充分的信息和科学的方法及数据分析作为支撑。在后工业化社会中，这种决策模式的应用范围有限，在处理复杂、动态的城市问题时效果并不理想。随着以大数据、AI 和云计算等为技术突破口的第四次工业革命的到来，人类社会进入了智能时代，南京市在数智城市的基础设施建设上不断加大投入，如推进 5G 网络、物联网、云计算中心等新型基础设施建设，为城市的智慧化提供了坚实的基础。基于这些基础设施，大量摄像头、移动设备和传感器等数字技术设备在城市公共空间中布建。加之，网络化、数据化、智能化和平台化技术的广泛应用，社会面的各种结构化和非结构化的数据，如身高、年龄、性别、声音、偏好，点赞、关注、评论、分享，市场规模、企业经营数据，气象数据、水文情况、空间地理坐标，等等，都可以被实时采集并追踪分析。数据作为新的生产要素已然成为驱动经济社会发展和城市治理的重要引擎及动能。汇聚数据要素资源，并运用统计学（如回归分析、聚类分析等）、机器学习（可以自动识别数据中的模式和趋势）和深度学习等方法，从数据中提取有价值的信息，为资源科学配置和公共服务有效供给提供支持。

在数智城市建设过程中，释放数据要素价值是重中之重。作为核心技术之一的数据分析,是驱动"城市大脑"运转的关键。大数据分析是利用前述先进的信息技术手段,对大规模、多样化的数据集进行快速分析处理,并从中提取有用信息和知识,支撑决策制定、实施和反馈的过程。这一过程涉及海量结构化和非结构化数据的收集、清洗、转换和整合,进而挖掘、提取和分析数据背后有价值的信息和知识,支撑政策过程(制定、执行和评估等)的各个环节,最终提升城市治理效能和公共服务的供给质量。

近年来,南京市陆续发布了《关于推进数据基础制度更好发挥数据要素作用的实施意见》《南京市公共数据授权运营管理暂行办法》《南京市数据资产登记暂行办法》等政策文件。特别是,2024 年 5 月 29 日,长三角数据要素路演中心建立,成为全国首个应用金融路演方式汇集数据产品、发现数据价值的场所。该中心旨在打造数据要素市场化标杆,为数字经济发展打造新引擎、注入新动能,是南京市数智城市建设中的重要事件。

南京市多年来持续不断地投入,建立了较为全面、细致的城市数据采集平台及系统,同时利用大数据分析技术辅助城市治理,这背后强大的算力支撑至关重要。由南京大数据集团与南京江北新区科技投资集团共同建设运营的南京人工智能计算中心,可提供140PFLOPS@FP16规模的AI算力,"政产学研用"五位一体打通,是长三角首个全栈采用国产软硬件根技术、实现软硬件自主创新的人工智能计算中心。在算力和算法的加持下,南京市的城市治理逐渐实现从经验驱动向数据驱动、从经验决策到科学决策及循证决策转变。这些转变促进了南京市城市治理和城市服务更加科学、精准和高效。在这背后,作为核心技术的数据分析发挥了不可替代的作用。数据分析涵盖了数据处理(前提)、数据分析(关键)和数据可视化(结果)等多个环节,并在南京市城市治理和城市服务中得到了较为广泛且深度的应用。

(一)城市治理与数据分析

交通拥堵和环境污染等"城市病",是公众关注的热点话题和城市治理的重点领域。这些领域的基础数据收集、处理和分析技术的不断成熟和应用,为城市治理"城市病"带来了新的技术和手段,进而为有效解决这些问题提供更加科学高效的方案。

城市规划是城市发展的总体蓝图。通过采集城市地理空间和公共交通等历史数据和实时数据分析，解决当下面临的问题并预测未来发展趋势，为城市规划提供整体性方案和决策依据。南京市智慧交通系统的有效运转就是一个典型例子。智慧交通的成功不仅体现在有效缓解了交通拥堵，其背后的数据分析还为城市空间的长远发展规划提供了坚实的数据支持。具体而言，南京市利用 AI 算法分析，形成工单，并迅速通过智能派单系统分发至相关主管部门，促进交通拥堵问题的解决；预测交通拥堵和事故频发地段，为优化交通信号灯配时和调整道路规划等提供决策支持。通过分析城市交通流量数据，南京市成功优化了多个交通拥堵点的信号灯配时，有效缓解了交通压力。此外，随着交通流量这些基础数据的积累，南京市基于此预测未来的交通需求，为新的交通基础设施建设和公共交通系统的优化提供了依据。这种有预见性的规划有助于城市交通系统的持续健康发展，避免盲目建设造成的资源浪费。总之，南京市在智慧交通领域，以数据分析为切口，实现交通流量、路况、公共交通等信息的实时监测和动态预测，也为未来交通规划和城市空间优化提供了科学依据。

环境治理是民众关注度较高的议题。如何打好污染防治攻坚战考验着地方政府的环境治理体系和能力。在这方面，南京市在"精准治污、科学治污、依法治污"的原则指导下，通过深入分析环境数据，不仅能够及时响应环境污染事件，还能够在宏观上发现造成污染的成因，从而制定出有效的长期环境治理整体性方案。例如，运用时间序列方法，分析长期空气质量数据，发现污染物的季节性变化规律，进而为制定差异化的污染防控措施提供依据。在环保领域，南京市借助数据分析工具，实现对空气质量、水质、土壤污染等环境指标的实时监测与评估，为环保及排污减污政策制定、监督执法以及污染源有效防治提供数据支持。一个典型案例是 2023 年获得江苏省数字化绿色化协同转型发展典型案例的"南京市生态环境智慧应用平台项目"。具体来看，该项目由南京市生态环境局组织建设，遵循"智在感知，慧在分析，应需而建，用之有效"的建设理念。它整合了大数据、卫星遥感和物联网等技术，实现了多源数据共享应用，专注于水、大气等环境要素的专业调度，以及固废、移动源和放射源等的实时动态管理与分析。此外，该项目还包括非现场综合监管和精准执法等多个智慧应用。以数据分析为切口，南京市生态环境数据实现了深度分析与应用，提升了南京市生态环境的智慧化治理能力和效能。

（二）城市服务与数据分析

在智能时代，如何精准识别公共服务需求并精准供给公共服务考验着地方政府的治理体系和治理能力。从整体上看，南京市利用大数据和云计算等技术，构建了"城市大脑"，实现了40多个市级政府部门、9家企事业单位的数据资源共享和重点应用整合，数据交换量每天超过1亿条。[7]这些年来，南京市致力于推行和建设"一网统管"，建设城市运行感知体系，打造了"感知城市脉动，建设智慧之城"。以玄武区城市运行"一网统管"平台为例，该区利用大数据、人工智能等技术手段，创新研发了实时接入公众诉求数据和人工智能分析平台等功能。这一平台实现了多事件统一汇聚、多数据资源共享、多终端融合通信和多算法能力接入，构建了"数字底座"，通过"打标签"、绘制词云和排名等方式，直观呈现了城市公共服务中的话题和热度。该模式利用信息技术手段，归集和整合城市数据，形成了预防问题、发现问题到解决问题的城市治理闭环，为公共服务的高质量供给提供了技术上的保障。在南京市智慧城市建设中，数据分析作为重要驱动力，贯穿于城市公共服务供给的各个方面。接下来，将重点选取公共安全服务、政务服务和医疗服务加以介绍。

南京市作为全国公安大数据智能化建设应用试点之一，正在积极创建国家安全发展示范城市。在《"十三五"智慧南京发展规划》总体框架下，南京市还出台了《南京智慧公共安全"十三五"规划》。这一规划初步构建、勾勒了一张"横向到边、纵向到底"的城市公共安全大网。数十万套视频监控覆盖全市，数万套人脸识别系统实现自动比对，上万套智能烟感探头实时感知火患。这些智慧感知触角不断向基层延伸，构筑了城市安全的坚固防线。南京市大数据中心累计汇集各类数据155亿条，全市政务信息化系统上云率达92.5%。[8]南京市公安局还大力发展智慧警务，构建了以"一网一中心三平台"为核心的新一代智慧警务体系。该体系汇聚了4600亿条信息，形成了庞大的"数据湖"，有效支撑了智慧警务的发展。[9]南京市在智慧安防方面的生动实践表明，其对现代科技与公共安全深度融合的重视。在疫情防控期间，南京市利用大数据分析技术进行精准研判，有效助力了疫情防控工作。由此可知，公共安全服务的科学决策、精准研判和有效供给都离不开以数据分析为切口。

在"十三五"期间，南京市基于区块链技术的电子证照平台服务全市 29 个部门和 50 个业务系统，汇聚电子证照超过 3675 万张；全市 55 个部门的 1846 个政务服务事项实现互联网办理，综合自助服务系统涉及 84 个民生、企业服务事项，打造了"一件事一次办"场景。南京市的"一网通办"平台整合了市域内各级政府部门的服务资源，并充分利用数据分析技术，优化各项政府服务流程，实现了数据的共享和业务的协同，提升了政务服务的效率和质量。通过分析用户在平台上的行为特征和模式，优化用户界面设计，提高了用户的体验感；分析政务历史数据，预测市民对不同政务服务的需求趋势，并基于此，合理分配公共资源；剖析服务流程中的关键数据，发现瓶颈环节，进而优化流程设计；借助数据可视化工具，实现各类政务服务数据的形象化和直观化，并辅助决策者理解并利用这些数据，实现了"一屏观天下、一网管全城"。例如，南京生态科技岛作为智慧城市示范区，建立"AI+ 大数据的全域智慧城市服务平台"，试点打造了数字孪生岛，并上线了南京市首个全域智慧城市服务平台。该平台以"AI+ 大数据分析"为核心，整合全岛的市政信息，综合分析，科学调度，实现了城市治理的全流程可视化、可监管和可追溯。

健康医疗数据是国家重要的战略资源。2016 年以来，为响应国家和省市关于医疗卫生信息化建设的要求，南京市启动了区域卫生信息平台的建设。该项目由南京市卫生信息中心负责，通过构建一个包含多个数据库和业务应用的综合平台，实现全面管理和高效利用医疗卫生数据。南京市智慧医疗系统整合了包括电子病历、医疗影像和实验室检验结果等在内的医疗资源，并实现资源共享和数据互联。在疾病预测与防控方面，根据就医人员的历史医疗数据，利用大数据分析和机器学习算法，如决策树、倾向值匹配、随机森林和神经网络等，建立预测模型或分类模型，预测药物反应或疾病的发展趋势，最终为疾病防控以及治疗提供科学依据。在资源优化配置方面，分析医疗资源使用情况，优化医疗资源配置，减少医疗资源的浪费。总之，近些年来，利用大数据分析技术，深度挖掘并有效利用医疗数据，南京市的医疗健康大数据基础不断夯实，市民智慧化就医体验明显提高。

这些案例呈现了在数智城市建设中，南京市如何借助、整合大数据，进行深度挖掘和分析，为城市治理、公共服务和政策制定提供科学依据，实现了城市公共服务的效率和质量的提升。南京市以数据分析为切口，做到了工作轨迹和工作状态等可视化，加速助推队伍从台账管理到数据评估的变革。这不仅是技术层面的创新，更是治理模式和服务模式的革新，实现了城市治理和公共服务供给的人性化、智能化和精细化。这不仅提高了城市治理水平和治理效能，也提升了广大市民的满意度与幸福感。

四、以政企合作为动力

政府与市场合作是数智城市建设中的非常关键的一个因素。数智城市建设是一项专业性强、技术复杂度高的系统工程。它涉及大数据、云计算和人工智能等前沿高新技术，需要巨额的资金投入和专业技术的支持。单凭政府自身的力量难以支撑并持久维继，因此，选择技术领先和实力雄厚的领军企业作为合作伙伴，是破解前述难题的必由之路。伴随数字政府建设进入"政企合作、管运分离"阶段，政府与市场深度合作、各司其职。[10] 典型的政企合作模式有：公私伙伴关系，即政府与企业共同投资、建设和运营城市基础设施项目；政府购买服务，即政府采买企业提供的解决方案和服务（企业负责基础建设、提供和维护技术服务，政府负责顶层设计、业务指导、监管和支付服务费用等）。在数智城市的建设实践中，这两种主要的合作模式有利于发挥各自的资源优势，并实现资源的有效整合，提升智慧城市建设的效率和质量；有利于降低单一主体承担的风险，从而提高城市数智建设项目的可持续性；还有助于带动大数据、云计算和物联网等新兴技术和产业发展，形成产业聚集效应，促进城市经济高质量、内涵式发展。

在数智城市建设中，南京市创新"一网统管"投入模式，积极发挥财政资金的撬动作用并探索市场化推进方式，充分利用社会资本在技术和运营模式等方面的优势。近年来，南京市选择技术实力雄厚的企业作为合作伙伴，以政企合作为动力，共同参与"一网统管"建设，实现可持续运营。政企合作正不断推动城市智慧政务和智慧交通等重点领域的纵深发展。

（一）智慧政务中的政企合作

2022年1月，南京市出台了推进城市治理现代化的重要文件《南京市城市运行"一网统管"工作三年行动计划》。这一计划明确加快建立健全城市运行"一网统管"有关机构和工作机制的工作要求。同年,南京市专门成立了南京市城市运行"一网统管"工作领导小组。该小组下设城市运行管理中心,具体负责和承担日常工作。此后,在《南京市推进城市运行"一网统管"暂行办法》中明确提出,鼓励和支持企业积极参与"一网统管"建设。在"一网统管"工作领导小组的领导、统筹下和相关顶层设计的指引下,南京市近年来加大政企合作及项目扶持力度,为数智城市建设的纵深发展带来了新的生机和动力。

南京市政府与华为签署了战略合作协议,共同组建了城市运行"一网统管""南京-华为"联合创新实验室。这是南京与华为共同促进数字经济发展合作的标志性项目之一,旨在借助人工智能技术,推动智慧城市的建设和产业升级,并在数字化赋能城市发展、人工智能生态构建和人才培养等方面取得了一定的成效。这为数智城市建设注入了新动能,打造了"AI+智慧城市"转型升级的样本。具体项目方面,在"一网统管"的框架下,南京市正与华为合作,着力建设城市运行感知体系,旨在"感知城市脉动,建设智慧之城"。这种政企合作模式侧重城市治理中的重点领域、关键环节、共性需求,以期探索更多务实且具有实效性的新思路、新技术、新方案、新产品和新场景。近些年来,南京市借助华为的科技创新能力和数字化转型经验,驱动并塑造城市新产业、激发新业态和培育新生态。2024年3月,南京市与华为签署了深化战略合作协议。这标志着双方合作迈入深度合作的新阶段。双方将共同推进城市数字治理、人工智能和数字人才培养等领域的务实合作,从而推动南京在探索特大城市治理能力现代化,以及推动战略新兴产业融合集聚发展等方面走在全国前列。

在城市运行"一网统管"综合调度系统项目中,南京市与京东城市(北京)数字科技有限公司合作。该项目依托智慧南京的建设成果,利用人工智能、物联网和大数据等信息技术手段,能够更好地理解、分析甚至是预测城市行为,促进城市治理能力的现代化。这一项目建设内容包括城市运行主题库建设、技术赋能工具(如指标管理、数据爬虫和流程自动化机器人等)和城市运行智能化监测升级等多个方面。京东云为"一网统管"提供技术支持,全维度支撑南京市的经济运行、生态环境和社情民意等研判决策,推动特大城市智慧治理,助力打造人民满意的典范城市。

（二）智慧交通中的政企合作

南京是国家首批"公交都市建设示范城市"。《南京市"十四五"综合交通运输体系发展规划》中明确，"提升交通运输智慧化水平，围绕智慧交通基础设施、5G 在交通运输领域的应用、交通大数据应用三方面，加大新型基础设施建设力度"。经过这些年坚持不懈的探索和持续精准发力，南京市在智能交通领域建设中吸引了众多科技实力雄厚的企业参与，政企合作日趋成熟。这些合作正不断汇聚城市智慧交通建设与发展的新动能。

南京市规划和自然资源局于 2017 年启动智慧南京时空大数据平台（天地图·南京）可行性研究。2023 年 6 月，该平台正式通过自然资源部的验收。其间，其与众多高新技术企业展开深度合作，如吉奥时空信息技术股份有限公司。该公司承担了重要角色，不仅限于技术支持，还包括深化时空大数据平台在经济社会发展、城市治理和自然资源中的应用。该平台会发布丰富、权威的基础地理信息数据服务，为全市提供统一、唯一、权威、鲜活的基础地理信息"智慧底板"。这一"智慧底板"为南京市智慧交通打下了坚实的"底座"。在智能交通方面，"政府主导、企业运营"模式下，以物联网技术为核心的南京城市智能交通股份有限公司，承接了南京市智能交通项目的建设。其电子车辆卡已覆盖南京市 98% 的机动车。此外，在智慧停车项目方面，南京市秦淮区与城建集团合作，打造了全市智慧停车"路内路外一张网"格局。该项目集成了全市 1056 座封闭停车场的静动态实时数据，南京智慧停车管理平台实现了全市约 6.8 万个路内泊位的"一图总览"，为广大市民提供了更加便捷的停车服务。

这些案例生动展示了南京市与企业在智慧城市建设中的通力合作，拓展了投资渠道，创新了投资模式，进而构建起政府投入为引导、企业投入为主体以及社会资金广泛参与的多元化投资体系。近年来，在政企合作的驱动下，南京市突出"市场有效"与"政府有为"的有机融合，通过数字技术营造新场景，促发和牵引新需求，实现从"数字"到"数智"、"治理"到"智理"的转变。这进一步提高了南京城市治理的现代化能力和水平。同时，政企合作也推动了相关产业的发展和升级，特别是大数据和 AI 相关产业的空间集聚，为加快形成新质生产力提供了关键驱动力。总体而言，政企合作是南京市数智城市建设的重要动力，汇聚了各方优质资源和智慧，正推动智能时代下数智城市建设更加高效和可持续发展。

五、以价值共创为标准

公共部门如何根据具体环境行动创造公共价值？这是在快速多变的环境下现代政府的重要使命和必须回答的问题。城市治理的重要使命是创造公共价值，更好地实现公共利益。在高度不确定性和高度复杂性的后工业化社会，如何实现前述目标，需要政府在观念上与时俱进，从战略高度思考未来城市治理的模式。随着人类社会进入智能革命时代，数智城市成为现代城市化发展的重要方向及未来趋势。在建设数智城市中，以价值共创为标准，意味着政府在推动城市智能化和数字化转型的过程中，不仅关注技术进步和经济增长，更强调通过多元化的合作模式，促进政府、企业和市民等不同治理主体高效有序地参与城市治理，进而携手共同创造和分享价值。

近年来，南京市重视长远规划和战略管理，明确了在数智城市建设中的定位，即成为全国领先、全球有影响力的数智城市样板。为此，南京市始终坚持以价值共创为标准，积极构建以技术创新为驱动的发展模式，致力于塑造城市的禀赋、培育城市的动能并激活城市的"大脑"。这些举措有效促进了不同主体之间的分工、合作和互动，创造了较为显著的经济价值和社会价值。

（一）塑造城市的禀赋

南京作为国家重要的中心城市，在技术资源和产业基础方面有着独特的优势。南京市积淀了丰厚的技术资源和高端智力资源及人才。这里高校和科研院所云集，如南京大学、东南大学和南京航空航天大学等。这些高校在人工智能、大数据、云计算和物联网等领域开展了深入的研究和创新，为城市数智化建设与发展提供了雄厚的技术支持并储备了优质的人力资源。另外，南京市还拥有多个国家实验室、工程研究中心和科技创新中心。它们为南京市建设数智城市提供了强有力的技术支持。

同时，南京市是中国重要的制造业基地，拥有汽车、电子、化工、钢铁等传统优势产业。同时，南京市还在集成电路、新能源、新材料等新兴产业领域取得了显著发展。近年来，南京市在数智城市建设中，立足于自身的技术资源和产业基础及其优势。通过整合现有的科研力量和产业资源，南京市着力打造具有地方特色的数字经济发展模式。南京市作为全国首个"中国软件名城"，软件和信息服务业、电子信息制造业等核心基础产业发展势头迅猛且稳中向好，特别是发达的金融、物流和商贸等行业。总之，雄厚的产业基础为南京市建设数智城市提供了广阔的应用场景和发展空间。

在技术和产业基础的双重加持下，南京市的数智城市建设扎实稳步发展，现代化技术正不断塑造城市的禀赋。"云享城墙"南京城墙云景区数字化展示与互动体验平台建设项目（以下简称"南京城墙展示与互动项目"）便是一个典型的案例。众所周知，南京城墙是中国古代城防建筑的杰作，承载着丰富的历史和文化价值。在数字化的时代，如何更好地传承、开发以及展示其独特的魅力和价值，是摆在南京市政府面前亟待解决的问题。在大数据技术及其相关产业的赋能下，南京城墙展示与互动项目运用虚拟现实（VR）和增强现实（AR）技术，将城墙的历史场景和文化故事生动地呈现给广大游客。通过深挖南京城墙的历史文化内涵，甄选恰当的数字科技融入"云上展"、构建旅游情境，展现南京城墙文化意蕴、遗产价值。[11]具体来讲，南京市以知识图谱为脉络进行精准化、体系化知识穿透，积极引导观众发现并汲取城墙知识；利用数字孪生、数字共生、VR等数字科技，以沉浸感体验拉近城墙与人的距离；"互动＋参与"增加观众互动体验，让南京城墙文化更加全面地触达社会大众，实现遗产地与遗产地居民的良性互动，助力文化遗产保护传承。该项目结合了互联网和移动应用技术，开发了南京城墙的在线展示平台。游客可以在手机端或电脑端，随时随地浏览南京城墙的数字化内容，了解城墙的历史故事和文化内涵。另外，这一互动平台还提供了语音讲解和导览功能。

总之，南京城墙数字化展示项目及互动平台展示了如何利用现代的科技手段保护、塑造和展示历史文化遗产，成功地将传统文化与现代科技有机融合。通过引入 VR 和 AR 技术，南京城墙的历史和文化遗产价值得到了更好的展示和传播，更提供了一种全新的文化体验方式。这为其他城市保护、展示和传播历史文化遗产提供了一定的借鉴。

（二）培育城市的动能

在数智城市建设中，培育城市的动能是一个关键议题，它涉及如何利用数字化手段激发城市发展的活力和潜力。培育城市动能的过程也就是激发城市的创新潜力和经济活力的过程。在这其中，充分释放数据要素价值是推动数字经济和数智城市发展的关键，也是未来促进新质生产力发展的主阵地。与数智城市建设相伴相生且迅猛发展的大数据、人工智能、云计算和物联网等新兴技术和相关产业，具有高创新性、高附加值和高成长性的特征。为此，这些年来，南京市政府持续加大相关政策的扶持力度和财政投入，进一步推动了数字经济相关产业的提档及转型升级，为城市的高质量发展注入了新动能。

在加快推进数智城市建设的同时，南京市通过出台政策支持、加大研发投入、培育新兴产业和搭建创新平台等有力举措，吸引了大批科技人才和高新技术企业，加快了与人工智能和量子科技等相关新兴产业的发展壮大。譬如，南京市已经引进了多家知名AI企业，并成立了AI研究院和华为（南京）开发者创新中心，进一步增强了城市的创新能力。例如，在建设"数智城"中，南京市建邺区吸引了华为、阿里、小米等高新技术企业和科技型中小企业，形成了多个百亿级产业集群。以"数"赋能，这些数字经济企业在南京数智城加速集聚，"数字经济高地"正悄然崛起。例如，深信服科技股份有限公司采用政企合作的模式，打造数字经济护航平台，采用发放数字化消费补贴券等方式，快速打开市场局面。其服务区域企业30多家，合同额逾千万元，间接带动的数字经济增加值近亿元。[12]这些企业有效推动了南京市数字经济发展，也为城市的高质量发展注入了新的创新动能。

在建设数智城市的进程中，南京市重视数据资源的收集、处理、分析和利用，也建立了与之相配套的完善的数据收集、管理和应用体系，实现了多维度、多层次的数据融合。一方面，南京市加大包括5G在内的数据基础设施的建设力度，提升数据采集和存储能力；另一方面，也积极鼓励企业利用数据进行创新应用，撬动数据价值的释放。与此同时，南京市还推出了全市统一的数据开放平台，并制定了《南京市政务数据管理暂行办法》，推动数据共享和互通，提高数据的利用率。在这方面，南京市处于全国领先水平。数据显示，南京12个市区级数据链路已全部打通，归集数据268亿条，数据累计被调用2.1

亿次，实现交换 89.88 亿条，为各部门提供了 293 项高频数据服务。[13] 积极推动这些数据的开放和共享，有助于打破数据壁垒，为新兴产业的集聚、协同发展提供内生动能。

总之，在数智城市建设中，南京市城市动能培育的过程涉及政府扶持、产业集聚、技术革新和释放数据要素价值等多个方面。这些方面以及不同主体间的协同发力和有机耦合，推动着南京这座城市焕发新的生机与活力，并不断向高效、可持续和智慧化的方向高质量发展。

（三）激活城市的"大脑"

数智城市建设是当前我国城市发展的必然趋势。人工智能、数字孪生等先进技术逐渐深度嵌入城市治理的各个环节之中，为城市的发展增添了新的活力。国家"十四五"规划中明确提出："全面提升城市品质，推行城市运行一网统管。"以"一网统管"为代表的"城市大脑"作为新型基础设施，是推进城市治理朝智能化、智慧化发展的重要抓手。在加强数智城市建设的过程中，激活城市的"大脑"，成为提升城市治理体系和治理能力现代化的关键所在。

2013 年，南京市就被列为国家首批智慧城市建设试点城市。"一网统管"是南京市数智城市建设的重要组成部分，一直是南京市着力打造的智慧化平台和城市治理的重要抓手。"一网统管"项目中涉及多个具体的合作项目及具体领域。在智慧政务和智慧交通等领域，南京市施行城市数字化合伙人制度，选择了华为等作为"一网统管"城市的重要合伙人，共同探索城市治理的新思路、新技术和新方案。"一网统管"整合了各领域内各类城市治理数据，实现了城市治理的数字化、集中化和智能化。该系统可以实时监测南京市城市治理及实际运行中出现的各类问题，并快速响应、处置和应对。正如前文所介绍的，通过综合分析环保、交通和安全等数据，"城市大脑"能够实现对城市问题的预测和预警，进而采取相应的措施有效防范、化解潜在风险；数智化的平台优化了各类公共服务的流程并增强了政府的透明性，缩短了办事和等待的时间，提升了服务的便利性和满意度。

在数智城市建设中，南京市还特别重视人与技术的有机结合。以大数据和 AI 等为代表的技术是推动城市治理现代化的重要力量，但不能因此忽略城市治理中最活跃的人的因素以及城市治理的初心。在这方面，南京市借助"城市大脑"，鼓励市民积极加入城市治理和建设的行列中，采取建立市民反馈机制、开展公众参与的活动等多样化的方式，促进广大市民成为城市治理的参与者和共建者。此外，南京市还建立了智能决策支持系统，利用数据分析和机器学习技术，帮助决策者和管理者更好地理解城市治理的复杂性，预测城市未来的发展动向，从而辅助城市治理者做出更加精准且有效的决策。南京市在数智城市建设中注重激活城市的"大脑"，展现出数智城市建设的巨大潜力和公共价值。这不仅提高了城市治理的精准度和治理效能，也提升了公共服务供给能力和质量以及政府的回应性，增强了广大市民的获得感、安全感和幸福感。

　　总体而言，作为中国历史文化名城和现代创新城市的南京，在数智城市建设中，不仅追求技术进步和经济发展，还注重公共价值的实现，正逐渐成为数智城市建设的标杆。通过盘点和优化技术资源与产业基础，南京市成功塑造了城市的新禀赋，为实现城市的可持续发展奠定了基础。同时，南京市致力于培育城市动能，激发数据要素的潜力，为城市的数字经济增长注入了新活力。在激活城市的"大脑"方面，南京市打造了"一网统管"的数字化治理模式，提升了公共服务的效率和质量以及政府的透明性和回应性，也提高了城市治理的智能化和现代化水平。这不仅促进了城市治理的现代化，也提升了人民的生活品质，为全国其他城市提供了宝贵的参考经验。

参考文献

［1］奈斯比特．大趋势［M］．梅艳，译．北京：中国社会科学出版社，1984：10-11.

［2］李冉．深刻认识和把握以人民为中心的发展思想［J］．马克思主义研究，2017（8）：26-32.

［3］翟羽．且看南京"智慧"气象　解密风云变幻［EB/OL］．（2023-07-06）［2024-05-06］．http://js.cma.gov.cn/dsjwz/njs/xwzx_4493/mtjj_4497/201812/t20181212_88462.html.

［4］汪金宁．AI分析线索、推送提醒预警，执法时还能视频通话　南京智慧平台"智数化"推进环境执法非现场监管［N］．扬子晚报，2023-11-01.

［5］刘梦洁，张健．南京智慧平台"智数化"推进非现场监管［N］．中国环境报，2023-09-21（6）.

［6］周彦彤．南京推进"智慧交通"：实时公交、"码"上出行［N］．金陵晚报，2018-05-19.

［7］AVCiT魅视．赋智"双万"特大城市，魅视助力智慧南京汇聚势能［EB/OL］．（2023-08-25）［2024-06-05］．http://news.sohu.com/a/714514085_100255549.

［8］南京市公安局．智慧科技为公共安全建设注入澎湃动能［EB/OL］．（2020-11-13）［2024-05-27］．http://gaj.nanjing.gov.cn/jwdt/202011/t20201113_2714074.html.

［9］彭景晖．平安中国闪耀智慧之光——全国公安机关深入推进智慧警务建设［N］．光明日报，2020-05-07（1）.

［10］刘祺．从数智赋能到跨界创新：数字政府的治理逻辑与路径［J］．新视野，2022（3）：73-80.

［11］南京城墙保护管理中心．科技赋能文化遗产，共建共享"智慧城墙"［EB/OL］．（2023-05-10）［2024-06-20］．http://wlj.nanjing.gov.cn/ztzl/mcq/gzqk/202305/t20230516_3912293.html.

［12］卫凌云．南京数智城在建邺加速崛起［N］．南京日报，2024-04-26.

［13］袁忠岩，郑琼洁．加快公共数据高质量开放利用步伐［N］．南京日报，2023-11-22.